开国皇帝有话对你说系列

姜若木◎编著

蟠龙铁棒，平定山河；烛影斧声，湮灭英魂。
恭听宋太祖九五至尊的雄才伟略。

雄才伟略

赵匡胤

有话对你说

中国书籍出版社
China Book Press

图书在版编目（CIP）数据

雄才伟略：赵匡胤有话对你说 / 姜若木 编著. —北京：中国书籍出版社，
2013.4（2021.6重印）
ISBN 978－7－5068－3423－0

Ⅰ.①雄… Ⅱ.①姜… Ⅲ.①赵匡胤（927~976）—人物研究 Ⅳ.①K827=441

中国版本图书馆CIP数据核字（2013）第065292号

雄才伟略：赵匡胤有话对你说

姜若木　编著

责任编辑	张叶琳
责任印制	孙马飞　马　芝
封面设计	高　杨
出版发行	中国书籍出版社
地　　址	北京市丰台区三路居路97号（邮编：100073）
电　　话	（010）52257143（总编室）　　　（010）52257153（发行部）
电子邮箱	chinabp@vip.sina.com
经　　销	全国新华书店
印　　刷	北京洲际印刷有限责任公司
开　　本	710毫米×1000毫米　1/16
印　　张	16
字　　数	200千字
版　　次	2013年6月第1版　　2021年6月第2次印刷
书　　号	ISBN 978-7-5068-3423-0
定　　价	49.80元

前言

　　国家大势，分久必合，合久必分。经历了大唐盛世，中国大地再次陷入一片混乱之中。各方势力你方唱罢我登场，短短的半个多世纪中，就先后出现了五代十国等众多割据政权。皇帝之位，更是混乱不堪，任谁组建一支武装，就敢登基称帝。

　　赵匡胤就是在这种混乱中登上了历史的舞台。赵匡胤自幼就不是一个安分的孩子，但是这种不安分的性子，在乱世之中，却显得更加重要。幼年的赵匡胤不好书文，喜欢习武，这就为后来的征战打下了基础。赵匡胤年轻时，四处游历，希望找到自己的建功之所。投身郭威之后，开始了自己的军旅生涯，他凭借着自己的实力和计谋，逐渐发展起来，最终效法郭威，发动兵变，一举夺得了后周的政权。

　　公元960年，后周天子得到军情报告，说北汉联合契丹，大军压境，命时任周殿前都点检的赵匡胤率领大军北上御敌。出城不久，行至陈桥驿，大军驻扎宿营，将士发生哗变，要推举赵匡胤做天子。在第二天凌晨的时候，将士们拥在赵匡胤营门前，给走出营帐的赵匡胤披上了黄袍，之后一起拜倒，高呼"万岁"。赵匡胤大军不发，回师京城，让后周天子退位，赵匡胤登基做了皇帝。这就是历史上赫赫有名的"陈桥兵变"。

　　建立了自己政权的赵匡胤，面对着林立的割据政权，不禁感慨：

"卧榻之侧，岂容他人鼾睡！"赵匡胤开始了统一全国的征程，凭借着严明的纪律和自己深远的谋略，先是击溃了后周残余势力李筠、李重进的反抗，继而在"先南后北"的战略思想的指导之下，对林立的割据政权——进行歼灭，同时还加强对北方少数民族——契丹的防御，再次建立起了一个统一的国家政权。

赵匡胤在位16年，其在位期间，加强中央集权，提倡文人政治，开创了中国的文治盛世。他是一位英明仁慈的皇帝，是推动历史发展的杰出人物。

赵匡胤是一位宽厚和易的天子，他胸怀宽广，具有雄才伟略，依靠着自己的实力一步一步走向成功，在乱世中崛起，其成功的经历很是值得后人学习。我们对赵匡胤的发展历程进行了简要的整理，对其中能够给予我们现今时代的人以启迪的部分加以解析，希望广大读者通过对本书的阅读，能够透过历史，对赵匡胤的成功之路有所了解，并且能够从中吸收有益于自己发展的东西，进而指导自己的人生发展之路。

目 录

一个人想要获得成功，就要在梦想的基础之上不断充实自己，不断发展自己，这就是我们要谈到的个人发展之路。纵观历史，每一个伟人都有自己的发展之路，可能有与人相同的方面，也可能有自己的独到之处，但是这并不重要，重要的是我们要从他们的发展之路上学习什么。赵匡胤出身地位在历代帝王中并不是很高，他作为一个武将，个人发展之路却有着独特之处，这也正是值得我们借鉴的地方。

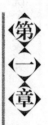

第一章

赵匡胤对你说人生发展

目 录

雄才伟略

赵匡胤有话对你说

第二章 赵匡胤对你说个人修养

一个人的个人修养体现着自身的道德品质及人生境界。古人云：修身、齐家、治国、平天下。修身居于首位，可见个人修养是成大事者成功的基本要素。个人修养，涉及一个人的胸怀气度，个人修养伴随着人的一生，并随着年龄的增长而日渐完善。我们要做的就是不断提高自己的能力，加深自己的底蕴，以海纳百川的胸怀、包容一切的精神，不断提高自己的修养，为自己的成功铺平道路。

第三章 赵匡胤对你说竞争对手

正所谓物竞天择，竞争是生物界不可回避的事实，而在竞争中，如何对待竞争对手，就成为我们必须面对的一个问题。要想进步就要有竞争，有竞争就有竞争对手，如何对待竞争对手，就决定了你竞争的程度、速度、结局和品位。赵匡胤作为大宋开国皇帝，在逐鹿中原的过程中，存在很多竞争对手，而他对待对手的策略和方法，是非常值得我们借鉴的。

战场上，需要运筹帷幄；商场上，需要精打细算；官场上，需要小心谨慎。一个人不可能独自打天下，在有了人，有了物，有了各种资源之后，如何进行有效地管理，让资源进行合理的配置，实现利益的最大化，就是每个人都需要考虑的问题。赵匡胤就很会管理自己的"产业"，他通过各种手段，巩固自己的统治，在赵匡胤当政期间，宋朝欣欣向荣，这和赵匡胤的管理得力是密不可分的。

第四章
赵匡胤对你说管理之道

"谋略"是一种军事术语，最早见于我国公元前五世纪的《孙子兵法》一书。简言之，谋略就是计谋策略。中外许多成功人士把古代兵家谋略广泛用于个人发展、企业的经营管理等活动中，并且都取得了很好的成效，从他们的成功经验上看，有勇无谋者败，这就是军事规律，也是经济规律，更是人生的智慧。

第五章
赵匡胤对你说用人之道

目录

雄才伟略

赵匡胤有话对你说

第六章

…… 赵匡胤对你说纪律

纪律是在一定社会条件下形成的、一种集体成员必须遵守的规章、条例的总和，是要求人们在集体生活中遵守秩序、执行命令和履行职责的一种行为规则。纪律是一切制度的基石，组织和团队要长久生存和发展，纪律是必不可少的。任何一个社会、国家、政党、军队都有维护自己利益的纪律，古今中外，都不例外。

第一章

赵匡胤对你说 人生发展

　　一个人想要获得成功，就要在梦想的基础之上不断充实自己，不断发展自己，这就是我们要谈到的个人发展之路。纵观历史，每一个伟人都有自己的发展之路，可能有与人相同的方面，也可能有自己的独到之处，但是这并不重要，重要的是我们要从他们的发展之路上学习什么。赵匡胤出身地位在历代帝王中并不是很高，他作为一个武将，个人发展之路却有着独特之处，这也正是值得我们借鉴的地方。

思路决定出路

选择重于努力，行动胜过规划，与其抱怨谁动了我的奶酪，不如学会做自己的奶酪。赵匡胤就是这样一个人，在混乱的时代里，他很睿智地选择了自己的人生道路，并一步一步地走到了成功的顶峰。

我们先来对赵匡胤进行一下简要的介绍：赵匡胤出生于混乱的五代十国时期，其父赵弘殷是一员武将。公元927年3月21日，时令已是仲春，乍暖还寒，阵阵北风吹来，仍使人觉得寒意逼人。

这本是极为寻常的一天，但是对于洛阳夹马营赵氏府邸来说，这一天却不同寻常。恐怕谁也没有想到，就是在这座不太起眼的府第中发生的一件极为平常的事，会对后来的中国历史产生巨大的影响。

此时，整个府邸都笼罩在一片紧张不安的气氛中。仆从们忙碌有序地进出着，而客厅中的家主赵弘殷，听着内室里夫人由于临产的阵痛而发出的一阵阵呻吟声，不禁忧心如焚，坐立难安。历代帝王中，多数皇帝出生都会有一些祥瑞的现象。据历史记载，赵匡胤出生时，有像太阳光一样的红光环绕产房，并且有异香扑鼻，经月不散，连续三天，这个刚出生的婴儿的身体上都闪耀着金光。赵弘殷夫妇经过再三斟酌，给自己的孩子起了个乳名：香孩儿。

婴儿出生之时的异象，在封建社会往往会受到人们的重视，赵匡胤的出生给家里带来了很多期待和欢乐。

为了使儿子有良好的教养，赵弘殷让赵匡胤拜师于一位叫辛文悦的儒师，使他尽早接受儒家文化的熏陶。然而，赵匡胤自幼便喜欢习武，不喜欢学习儒家经典。他十分向往外面的世界，觉得外面的世界要比沉闷的学堂丰富有趣得多。因此，赵匡胤在读书时经常心不在焉，学业也一直没有什么长进。他腻烦于那个毫无生气的环境和同样毫无生气的老师，听讲读书对他来说无异于活受罪。

不过，赵匡胤在孩子们中间却十分有号召力。他经常把一起就读的孩子们组织起来，像训练士兵一样训练他们列队，并带领他们雄赳赳气昂昂地穿过洛阳的街巷，引人注目。小小年纪的赵匡胤陶醉于这种威风的感觉，他很希望自己长大之后能统领起一支真正的队伍，建立一番功业。

由于自幼嗜武，少年赵匡胤看上去根本不像个儒雅文弱的学子。他长得很像他的父亲，身体强壮，个子很高，力气很大，天生一个要刀弄枪的胚子。《宋史·太祖本纪》这样描述道："既长，容貌雄伟，器度豁如，识者知其非常人。"

赵匡胤幼年只经历了五六年的太平岁月。在他7岁的时候，也就是公元933年，唐明宗死了，宋王李从厚即位，是为闵帝。李从厚刚当了3个月的皇帝，潞王李从珂就起兵凤翔，扬言将率兵入朝，以清君侧。李从厚派兵征讨，诸道兵马却投降了潞王。次年3月，潞王举兵东下，沿途诸军闻风溃降，闵帝逃奔卫州，接着，李从珂兵进洛阳，夺了帝位，将闵帝杀死在卫州。两年半以后，契丹大败唐兵于晋阳城外，契丹主耶律德光册立河东节度使石敬瑭为大晋皇帝，后唐灭亡，后晋继立。这时候，赵匡胤才10岁。

连年的兵戈扰攘，频繁的王朝更迭，动荡不安的社会，对赵匡胤来说无异于一种再教育，它远比学塾中的教育要深刻、有力得多。因此，他对读书这种生活显得神不守舍。他只是对他的业师、饱学宿儒辛文悦

怀有一种敬意，认为他学识渊博，待人和蔼，但是，仅仅如此而已，赵匡胤绝不想紧步辛老先生的后尘，终生苦守书斋，令他心驰神往的是外面的世界。

赵匡胤不乐学业，迷恋习武，使业师辛文悦深感遗憾。他曾对赵匡胤百般诱导，并以历代文人大儒的辉煌成就和苦学精神激励他，希望他重返学堂，专心致志于经书。但是，赵匡胤却不予理会，他的心思早已不在经书上了。

赵匡胤的母亲杜氏有着和辛文悦一样的心情。她虽然不是大家闺秀，但从小受到良好的教育，颇知礼法，严于治家。从传统的观念出发，她希望儿子学以致仕，不愿儿子舞枪弄棒。多年的兵荒马乱把她吓怕了，她担心儿子一旦介入兵事，置身战争之中，会发生不测。所以，她苦口婆心地劝儿子不要再去习武，安下心来读书。赵匡胤非常孝敬他的母亲，但垂手静听完母亲的教导之后，他却很有主见地说："母亲之言，自有道理，但儿子却以为，儒学虽然高深，亦可使人成器，不过今世却不合时宜。"

杜氏愕然问："儿所言不合时宜指的是什么？"

赵匡胤道："当今之世，兵革不息，烽火遍地，怎能不问世事，躲在房中读书？儿子听说，治世用文，乱世用武，现在正是用武之时。"

杜氏道："从武多风险，沙场之上吉凶难卜，儿若置身行伍，怎不让为娘担忧？"

赵匡胤道："从武之路当然不平坦，但事在人为，至关重要的在于自身的才干。儿愿娴习武事，留得后用，从武同样可以光耀门楣。"

杜氏见赵匡胤志向已定，只好不再劝阻，任凭他去。

武人出身的赵弘殷也对他儿子的学业渐渐失去了信心。政局的动乱使赵弘殷很难从书本上看到儿子的出路，因为连他自己也对读书求仕之路感到渺茫。于是，同样是崇尚武力的他不得不重新安排儿子的前程。他惊讶地发现，小匡胤有良好的习武特质，具备成长为一代将才的潜能。特别是小匡胤颇醉心于此，一听说学习武艺便欢呼雀跃。经过反复忖度，赵弘殷终于同意小匡胤离开学堂，习武学兵。赵弘殷认定，"此儿可教也"，于是自己当起了小匡胤的老师，将半生练就的武艺传授给他。当赵弘殷看到儿子练武刻苦、技艺锐进的时候不禁喜在心头，仿佛在他的眼前闪出了一片阳光灿烂的天空。

赵匡胤没有辜负父亲的希望，他不仅对习武投注了极大的热情，而且付出了辛勤的汗水。没过多久，他已经渐通骑射，技艺高居一般人之上。

赵匡胤从小便不惧艰险，不甘服输，有着强烈的征服欲和百折不挠的奋争精神。他一旦认定了目标，就会勇猛向前，努力实现。

赵匡胤的马上功夫尤其厉害，甚至青出于蓝而胜于蓝，连他的父亲也自叹不如。民间流传有一个故事：有一匹尚未驯化的烈马，一般人很难接近它，年幼的赵匡胤听说了这件事后，打算去试一试。但是他的父亲却坚决不同意，后来，小匡胤百般恳求，父亲才勉强同意。

小匡胤找到了那匹烈马，先仔细审视了一番，果真是匹好马。当下，小匡胤心中便有了计策，他趁其不备，飞身而上，稳稳地骑在马背上。被激怒的烈马嘶叫着狂奔起来，试图将小匡胤甩下来。小匡胤两腿紧紧夹住马腹，就像黏在马背上一样。几番折腾后，烈马终于力竭，趴在马背上被颠得近乎虚脱的小匡胤，终于凭借自己高超的骑术、坚韧的毅力，驯服了这匹烈马。

通过这个故事我们可以看到赵匡胤很强烈的征服欲和百折不挠的奋争精神，我们应该向他学习这种精神。当然，仅仅只有这种精神是不够的，我们还应该有自己明确的思路。

第一章 赵匡胤对你说人生发展

一个人的思路十分重要，很多时候，一个人所面临的机遇是由他自己的思路决定的。有句话是这样说的：看不到机遇的人是蠢人，抓不住机遇的人是庸人，有机遇不抓的人是罪人。

曾经有一个十分勤奋的年轻人，一心想超越身边的人。然而，经过多年的努力，这个年轻人仍然没有长进，他不明白问题出在哪里，于是就向智者请教。

智者叫来自己的三个弟子，让年轻人和他们比赛砍柴，看谁带回来的柴最多。

没过多长时间，去砍柴的四个人都回来了。年轻人已经累得气喘吁吁、汗流浃背，步履蹒跚地扛着两捆柴；智者的两个弟子一人用扁担左右各担四捆柴，另外一人则轻松地在他后面跟着；智者最小的弟子则用木筏载着八捆柴火，停在智者的面前。

智者见状，道："结果大家都已经看到了，你们先说说自己的情况吧。"

年轻人道："我先砍了六捆柴，但是扛到半路就扛不动了，只好扔了两捆；走了一段路，实在是太累了，所以只好又扔掉两捆。所以，虽然我已经非常努力了，我却只担回来了两捆柴。"

智者的大弟子道："我们跟这位施主的做法刚好相反。我和师弟从一开始就各砍了两捆柴，然后我们两人轮流担着这四捆柴，跟在这个施主后面，并且把施主丢弃的柴挑了回来。由于我和师弟是协同合作，轮流担柴，所以并不觉得累，很轻松就回来了。"

划木筏的小弟子道："四个人中间，我个子最矮，力气最小，如果让我担柴的话，这么远的路，别说两捆，就是一捆我也挑不回来。我看到砍柴的地方有一条河，所以，我选择做一条木筏，走水路……"

智者赞许地对自己的小弟子点了点头，然后走到年轻人面前，语重心长地说："施主，你看，思路决定了一个人的成功与否。做一件事情之前，我们应该先选择一个正确的思路，在正确思路的引导下，才可能取得成功。年轻人，你要永远记住：选择比努力更重要。"

成功 = 敏锐的眼光 + 果敢的行动 + 持续的毅力！

成功 = 艰苦的劳动 + 正确的方法 + 少说空话！

赵匡胤的故事和上面年轻人的故事告诉我们：一个人如果选择了不适合自己天性的职业，就注定难以出人头地。我们在踏上自己的发展之路之前，也要认真地审视自己的思路是否正确，在正确的思路之下努力奋斗。只有正确的思路才能奠定成功的基础，因为思路决定出路，选择胜于努力。

不要"随遇而安"

正因为世上有着许多的偶然，许多的不可知，许多的变数，所以，生命才显得有意义，人生才显得多姿多彩。而我们在生命的河流中，有时候会遇到一个安静的港湾。面对这难得遇到的安静港湾，会有很多人选择留下来，沉浸在这片安逸中，默默过完一生；还有些人则选择继续漂流，一直在风浪中搏击，直到冲出陆地的限制，看到成功的汪洋。在我们的生命中，一定要有拼搏的激情，不能够随遇而安，安于现状。

赵匡胤就是一个不肯安于现状的人，我们先了解一下赵匡胤所处的历史时期。五代十国时期是中国历史上最为混乱的历史时期之一，朝代更迭之快，犹如走马灯一般。在这个时代，出现了一个可以作为反面教材的皇帝——石敬瑭。

石敬瑭在中国历史上是一个卑贱无耻的角色。他投靠契丹，被耶律德光册立为晋帝以后，对契丹毕恭毕敬，将燕云十六州割让给契丹，每年输帛三十万匹。石敬瑭还向耶律德光献媚说："若使晋得天下，将竭中国之财以奉大国。"石敬瑭对契丹的奴颜婢膝为世人所不齿，但因他拥兵在手，又有契丹作靠山，所以没人奈何得了他。石敬瑭建晋后，很快举兵南下，直指洛阳。后唐的兵力远不是石敬瑭的对手，最后不战而降。后唐废帝李从珂见大势已去，携传国玉玺登宣武楼自焚而死，洛阳城落入石敬瑭手中。

洛阳城在一日之间更换新主，使少年赵匡胤受到极大的震撼，他看到了强权和武力的神威，更加坚定了自己弃文习武的选择。

后晋天福三年（938年）七月，石敬瑭向契丹上表称臣，谓契丹主为"父皇帝"，契丹主令其称"儿皇帝"，厚颜无耻的石敬瑭竟然接受了这一屈辱的称谓。这年十月，后晋迁都汴州，以汴州为开封府，称东京；以东都洛阳为西京，以西都长安为晋昌军节度，随着后晋迁都，赵匡胤的父亲赵弘殷时任指挥使之职，于是全家也迁至开封龙巷。

在告别洛阳的时候，赵匡胤很是恋恋不舍。他舍不得这块生于斯、长于斯的土地，舍不得和他一起读书习武的伙伴。洛阳的山川名胜、风土人情留给他的记忆太深了，他甚至觉得这是他生命中极为宝贵的东西。他在临走之前喃喃地说："日后我若得了天下，一定要建都于此，让洛阳成为天下人向往的都城！"

赵匡胤随家来到开封时年方12岁。他看到这个新王朝毫无生气，目之所及，衰败残破。他从父亲那里得知，这个新王朝辖境已比前朝大大减少，仅有一百零九州。他还时常看到许多满载金帛宝物的车子络绎不绝地运送出城，长辈告诉他，这是献给契丹的。皇帝为了报答契丹主的扶植，除了依约定每年贡奉金帛三十万外，逢时过节、吉凶庆吊还要额外贡奉，并以此为国策，全然不顾国计民生。听到这些情况，赵匡胤心中深感不平。他觉得皇帝太屈辱、太低下了。不遗余力地搜刮民财，奉事异邦，怎可长久？与此同时，他也对为害中原的契丹贵族怀有深深的怨恨。

在赵匡胤一家初到开封的那几年，天下很不太平，天灾人祸严重，百业凋敝，民不聊生。天福六年（941年）九月，黄河在滑州决口，东泻千里，百姓死伤无数。次年五月的一个月里，就有五个州郡发生大水，十八个州郡遭旱、蝗灾害，一时间饿殍盈野，流民遍地。也就是在这一年，一向愤恨契丹的成德军节度使安重荣集境内饥民，举兵造反，后因兵败被杀，首级被涂抹上油漆，献给了契丹。石敬瑭这样做本想得到契丹主的宽恕，但耶律德光仍然派人前来谴责，石敬瑭忧虑成疾，于天福七年（942年）六月死去。

石敬瑭的继承人少帝石重贵也是个无能之主。他只知宴乐，不问国事，大权被少数几个有实力的大臣操纵。少帝石重贵承袭了他父亲的做法，尽力讨好契丹，卑称"孙皇帝"。但因晋与契丹早有嫌隙，朝臣对向契丹称臣一事怨愤已久，少帝在大臣的劝说下也有意准备对契丹发起战争。天福八年（943年）晋国形势十分恶劣，春夏旱，秋冬水，百姓流离失所，饥馁而死者数十万人，县令们因为征不到粮食，挂印逃去。契丹得知后晋国内的情况，遂于次年初南下攻晋，后晋于是又处于战争之中。

这一年，赵匡胤19岁。

按照汉末以来的早婚习俗，赵匡胤已过了成亲的年龄，这主要是因为战乱的影响。年复一年的兵荒马乱打乱了人们的正常生活秩序，早成家室、早生贵子的传统习俗已渐被淡忘，人们关心的是生计，担忧的是

全家老小的颠沛流离，婚龄大都因此而推迟。

因为社会上已不把晚婚当回事，赵弘殷夫妇在决定给儿子成亲时并不觉得为时太晚。赵弘殷夫妇选定的儿媳是右千牛卫率府率贺景思的长女。右千牛卫率府是东宫六率府之一，千牛，佩刀名，据说锐利可屠千牛。贺景思是禁卫军校，和禁军将领赵弘殷同居护圣营，两家关系十分密切。赵弘殷看好了贺家长女"性温柔恭顺，动以礼法"，因此"为太祖聘焉"。

先是由媒人以草帖子相通，双方各在帖子上写明三代官品职位及名、讳、生日等情况，进行占卜，两家通报，择日过帖。接着便是相亲、下定礼、送聘等程序，定下了这门亲事。在一个阳光灿烂的日子，赵家按照规定的吉时，在乐队、鼓吹的引导下，将贺家长女迎进赵家。

赵匡胤的婚礼简朴又合于礼仪。赵匡胤很满意自己的妻子，新房之内，他感受到前所未有的温馨和宽慰，仿佛已超然于乱世之外，进入一个安详静谧的世界。贺氏比赵匡胤小2岁，在赵匡胤面前温顺而恭敬，脉脉温情和深深爱意使赵匡胤沉浸在幸福之中。但是，此时赵匡胤却有些遗憾：成家而未立业，岂不愧对祖宗？

赵匡胤成亲后的第二年的夏天，天气异常炎热。少帝石重贵满足于阳城之战反击契丹的胜利，自以为天下平定，愈益骄奢淫逸。他把各地贡献都收入内库，修宫室，饰后庭，肆意挥霍。他专门修建了一座织锦楼，令数百织工编织地毯。石重贵尤其喜爱优伶，赏赐无度。而对于战场上重伤的军卒却很冷落，故使士卒离心，怨声四起。开运三年（946年）七月，契丹再度南侵，石重贵以杜威为元帅出兵御敌，杜威贪恋契丹主关于扶他作中原皇帝的许诺，卑鄙地决定投降。他先让诸将在降表上签了字，接着令军士齐聚帐外，军士们原以为要与契丹决战，无不振奋，但听到的却是让他们放下武器的命令，顿时捶胸痛哭，声振原野。

杜威投降后，马上引契丹军南下，挺进开封。

对于契丹的入侵，石重贵毫无准备。惊慌失措中，石重贵急令人在宫中放火，并准备与宫人一起自焚。正在这时，契丹主派人送来书函，说，如能屈身投降，可免杀身之祸。石重贵活命心切，马上令人灭火，率文武百官迎契丹军入城。契丹主将石重贵及其家属掠至契丹境内的建州，后晋遂告灭亡，石重贵在度过了20多年流放生活后客死异域。

后晋灭亡后，晋河东节度使刘知远在晋阳称帝。开运四年（1947年）六月，刘知远顺利经洛阳进入开封，在此建都，是为后汉。

短命王朝又一次出现更迭，赵匡胤也再一次感受到这个世道的动荡不定，再一次认识到武力足可改天换地扭转乾坤。于是，不甘寂寞的他萌生出一种闯荡天下的欲望。他决计走出安乐窝，到社会风浪中去经受一番考验，寻找一个可以施展才能的用武之地。

赵匡胤不甘心让自己的远大抱负和一身武艺埋没于户牖之下，他要为前程奋争。他觉得，自己正当青春年华，贪恋似水柔情无异于葬送自己的未来，而是应该到疆场上去寻找自己的位置。

这天，他来到父母面前，和盘托出了自己的想法。赵弘殷夫妇听罢，先是一惊，继而不约而同地表示反对。这些年，赵弘殷的官职一直未得到提升，他从自己在仕途中的坎坷经历出发，认为当今乱世虽是武人的天下，但能够建立功业或称王称帝者多是根基深厚、割据一方的枭雄。作为一个禁军校尉之子，位卑势小，很难有所作为。杜氏则担心儿子的安全，她说，现在到处动刀用兵，只身一人到哪里去？莫如呆在家中，守在父母娇妻身边，安安静静地过日子，等以后太平了再图进取。

赵弘殷夫妇的一番劝说并未动摇赵匡胤的决心。但他觉得一时又难以说服父母，只好点头应诺而去。

赵匡胤把自己的想法告诉了新婚不久的妻子，一向恭顺的贺氏只是

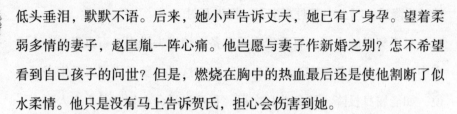

低头垂泪，默默不语。后来，她小声告诉丈夫，她已有了身孕。望着柔弱多情的妻子，赵匡胤一阵心痛。他岂愿与妻子作新婚之别？怎不希望看到自己孩子的问世？但是，燃烧在胸中的热血最后还是使他割断了似水柔情。他只是没有马上告诉贺氏，担心会伤害到她。

一个雾蒙蒙的黎明，20岁的赵匡胤身背简单的行囊，走出了他从小厮守着的家门，走出了后汉都城开封。他没有过多的留恋，只是昂首前方，大步前行。在混乱的时势中，作为武将世家的赵家，相比其他平民家庭可以说有着更加优越的生活条件，而赵匡胤此时已经是娶妻之人，在传统思想中，可以说到了安家立业的时期，正是要稳定生活的时候，但是赵匡胤并不满足于安逸的生活，而是选择了出外闯荡，并从此踏上了成功之路。

我们应该学习赵匡胤不肯安于现状，一定要拼搏的激情。在我们周围，你可以发现许多这样的人：他们的生活状态不好不坏；他们生活的质量不高不低；他们的人生说不上成功，也算不上失败。他们人生最大的愿望，就是保持目前的生活状态，不愿做出改变。他们也想过冒险，从而使自己的人生更加丰富多彩，但他们又担心万一失败连自己现有的也失去了。也就是说，他们追求的最高人生目标就是寻求一种生活的安全感。

客观地说，随遇而安、过一种普普通通的生活这也是一种人生，因为我们大多数人都是这么过的。但是，如果总是随遇而安，把所谓的生活安全感放在人生的第一位，久而久之，就会在我们的心理上形成一种惰性，机会来到门前也不会把握。

因此，从某种意义上说，安于现状是走向成功的绊脚石，因为安于现状并不安全。

安于现状的人都有一种共同的心理特征：普遍缺乏控制想象的能

力。他们往往会打开自己的心扉，收听有关自身的好消息和坏消息。于是，在一个很短的时间里，他们就能想出好几十种甚至几百种于自己不幸的事情。与之相反的是，那些成功的人，那些具有远大发展目标的人，他们能控制自己的幻想，预见自己拥有一切美好的事物。

对我们而言，生命之所以有意义，就在于有着许多的偶然，许多的不可知，许多的变数，人生因此才显得多姿多彩。如果我们除去人生中种种可能的风险，将可能连带而生的种种惊奇也一并消除了，生命对许多人而言，竟然显得那么的苍白与无聊，也显得那样的无趣。如果人生的一切我们事先都清清楚楚、明明白白，人生也就失去了它的意义。对于人生的未来，只有一件事情我们清清楚楚，那就是生命总有终结的一天。但在生命终结之前，一切的可能性都是存在的。

所以，我们不应该安于现状，而是去学着过一种惊险刺激、有声有色的生活。

有许多人在生活中喜欢体育运动，例如足球，例如拳击；也有许多人喜欢到一些有比较刺激的娱乐设施的游乐场，去参加"蹦极"运动，坐翻滚列车，好让自己充分体会"吓得半死"的那种刺激的感觉。人们之所以要"花钱买罪受"，就是为了享受那种感觉。其实，在我们的人生、工作、事业发展上，也可以效仿这种做法。

对于别人提出的难以解答的问题，一个真正的学问家不会害怕；大政治家每天都会战战兢兢、提心吊胆，因为政治随时可能破产；一个具有积极的成功导向的人，绝不会为下个月的账单而发愁；一个学得很好的学生往往喜欢老师进行临时测验。他们在这些活动中，都充分体会到了人生刺激的感觉。

人生之路漫长修远，经历一些磕磕绊绊在所难免，坎坷路途最终都要走过。这时，就有一个如何面对困境的问题。有些人在困境中不堪重

第一章 赵匡胤对你说人生发展

负，被压弯了腰；有些人在困境中却能够斗志昂扬，披荆斩棘，最后走向成功；有些人不安于现状，迈上一个生命的高峰之后，还想要再迈上更高的高峰。

成功者需要后两种人那样的品质。作为成功者，经受的生活考验和磨难比平常人会更多。而磨难当头却百折不回，困境之中却保持热情，只有这样才能够显现出其"英雄本色"。顺境之中不满足，也能够显出成功者独特的人格。

成功者应该具备身处困境不悲观失望、身处顺境不忘乎所以的优良品质。只有具备这样的品质，才能做到"胜不骄，败不馁"。

每个人的人生只有一次，如果你能从安于现状的状态中走出来，那么，对你来说，你已经有了两次发展自己人生的机会。

一个人也只有不安于现状，不断进取，才能不断地发展自己，成就自己。

善于争取更多的机会

谦虚是中国人的传统美德，锋芒毕露的人好像就要受人非议，然而，"谦谦君子"固然高风亮节，但是不得不承认一味地坚持"含而不露"，很可能造成怀才不遇。一些人抱怨世无伯乐，但是不可不说的是，不把自己的千里之才展示出来，所以被人当做驽马驾驭，也不能太怪世人的眼光。

在赵匡胤成名的过程中，不得不提到两个人，就是郭威和柴荣。郭威本是后汉大将，柴荣是其养子。郭威通过武装政变夺取了后汉的皇权，建立了后周，在此过程中，赵匡胤还是郭威属下的一员小兵。

在拥立郭威的活动中，赵匡胤可谓出力不小。郭威没有遗忘这位无名小卒，将他擢升为东西班行首，成为一名禁军军官。不久，赵匡胤又获重用，被任命为滑州驻军的副指挥使。正当赵匡胤准备赴任的时候，郭威养子柴荣授任开封尹，柴荣很赏识赵匡胤，遂请命于郭威，将赵匡胤招至自己属下，让他当上了开封府统属的骑兵长官马直军使。至此，赵匡胤时来运转，前途一片光明。

公元954年，郭威死，柴荣即位。赵匡胤的机会来了。

后周世宗柴荣，史称五代第一明君。他身世卑微，自幼即追随郭威左右，经过艰苦的军旅的历练，身经百战，智勇双全。即位之时，年仅34岁。

柴荣即位之始，即遭逢一场大战。

原郭威灭后汉建后周时，后汉宗室刘崇在太原建立北汉，这是五代十国时期十国唯一在北方的一个小国。此时见后周举丧、柴荣新立，看准时机，联合契丹，率大军乘虚进攻后周。

这对柴荣是一个巨大考验。血气方刚的柴荣毫无惧色，当即决定亲征，与北汉契丹联军会于高平。

后周大胜，所获辎重、兵器、驼马、乘舆器服等不可胜数。柴荣选北汉降卒数千人编成效顺指挥军，派予将领，发往淮上。赐其余两千降卒各绢2匹，乡兵绢1匹，并给其衣装，放还本部。而后凯旋潞州。

柴荣声威大振，皇位得到了巩固。他立即转向下一个目标——实现统一天下的愿望。为达此目标，首先需要强化军队。

战后，赵匡胤奉柴荣之命，对禁军进行了大规模的整编。

禁军是皇帝的警卫亲军，也是当时唯一直属皇帝的部队。但在武人争雄，王旗迭换的五代，军队在新主旧主手中屡屡传递，只要饷足禄厚，便为新主效命。新一朝代的君主也习以为常，像承接其他财产那样，将军队、特别是禁军，从前一朝代原封不动承接过来。军士长期受到骄纵，不加淘汰，老弱骄惰，无国无君，不遵军纪，不从将令。一旦与敌交战，往往非逃即降。高平一役便是明证。

柴荣对赵匡胤切齿恨道："百户农夫未能赡养一名军士啊！朕把这些骄兵惰将、没用的废物、叛主的匹夫……"他顿了顿，接言道："兵在精不在众，汝可一一点选精锐升在上军，庶期可用，又不虚废，那些怯懦者……"

柴荣作了个坚决砍掉的手势。

赵匡胤心领神会，对禁军大肆裁汰整编。在令各地选募壮士送京师的同时，张榜发文，搜寻访求，广招天下勇武之士。一时间，通衢古道，俊杰星驰；京师校场，英雄云集。彩旗飞舞，鼓乐齐鸣，各门各派大显身手。刀枪骑射、格斗拳脚、内力轻功……令东京日日万巷皆空，观者如潮，彩声如雷，自是一番热闹景象。

赵匡胤就在其中挑选最优秀者，编为一军，称为"殿前诸班"。

从此，最为精锐的殿前诸班，加上原有的侍卫马军、侍卫步军（后合称"三衙"），成为一支"兵甲之盛，近代无比"、"所向无敌"的强大军队。

这支军队直属皇帝。它不听命于任何人，只听命于皇帝。

而27岁的赵匡胤，正是从受命整顿禁军、组建殿前诸班，才真正开始了叱咤风云、以平天下为己任的逐鹿生涯。

柴荣在位时，赵匡胤参与了南北5次大的征战，功勋卓著，其中以三次征战南唐立功最为显赫。

周世宗柴荣第一次发兵征战，是在显德二年（公元957年）四月，西征后蜀。

后蜀秦、凤、成、阶4州（在今陕、甘地区），原属后晋。晋末大乱之时，后蜀乘机夺占。柴荣派偏师西征有两个意图：一是夺回4州，小试锋芒；一是声东击西，掩护主力进攻南唐淮北之地的真正企图。

不料，由于军粮补给跟不上，对方固守等原因，周军出师不利，与蜀军胶着。

后周廷议纷纷，罢兵撤军的呼声甚嚣尘上。

柴荣深知"一鼓作气，再而衰，三而竭"的道理，明了如若就此罢兵，势必影响以后的士气，但却要拿出有力论据，平息廷议。

他沉思了一下，派赵匡胤赴前线视察军情。

赵匡胤完全了解柴荣的战略决心，完全赞成柴荣对后蜀的分析与估计，也完全清楚柴荣派自己去前线视察的意图。他如旋风般去而复回。

对同一事物的感受，从来就是因人而异，因角度而异，甚至是因心情而异的。那君臣荒淫，兵将虚骄的区区后蜀，即便能勉强支撑于一时，在雄心勃勃、气吞山河的赵匡胤眼中，又算得了什么呢？

朝廷之上，赵匡胤激昂慷慨，列举大量事实，陈述了足以令满朝信而服之、同仇敌忾的精到见解……不但可战，而且必胜！

十一月，周军全胜。秦、凤、成、阶4州，俱为周有。显德三年（公元956年）正月，柴荣调兵遣将，开始了第二次征战——发大军进讨南唐。柴荣亲征，赵匡胤随驾。

赵匡胤率一支轻骑到达涂山。遥见南唐水军系舟山下，蔽江耀日，煞是齐整。赵匡胤自忖以陆军破水军，唯有计取。他伏兵涡口（今怀远东北），派百余骑兵直奔敌营，将敌军引入伏地。

南唐将领何廷锡留了后手，他嘱令战舰50艘，随之驶至涡口，准备即遇不测，也可登舟速退。不想，战舰未到，已自中伏。一声唿哨，周军大出，何廷锡还未醒过神来即被斩于马下，唐军被尽数全

歼，周军大获全胜。后至的50艘战船，亦被赵匡胤全部夺得，乘往御营缴令报功。

柴荣深知，对赵匡胤最好的嘉奖是再予他立功之机，于是随即把攻打滁州（今安徽滁县）的重任交给了他。

滁州四面环山，是淮南军事要冲、屏蔽南唐国都金陵的门户。滁州一下，不但寿州成为孤城，而且将从根本上震动南唐，使战局发生更有利于后周的变化。

赵匡胤正有余勇可贾，风风火火接令挥师而去。

南唐大将皇甫晖、姚凤以1.5万军（不少史书记载滁州守军为15万，论者以为有所夸大，故多采《旧五代史》之载）据守滁州城外清流关，这应当算是南唐精锐部队之一。单只皇甫晖，便是五代有名的兵痞骁将之一。唐庄宗李存勖失政时，皇甫晖曾为首发动贝州兵变，推赵在礼为主，率军大掠城中。至一家问姓，答姓"国"，皇甫晖即曰："吾当破国！"遂尽杀之。又至一家问姓，答姓"万"，皇甫晖即曰："吾杀万家足矣！"又尽杀之。后晋时，皇甫晖在京为卫将军，赵在礼做到了节度使。赵在礼来京时，皇甫晖便去见他，厉言道："公有今日，从某而发，难道不给点报酬么？若不给，祸起坐中！"吓得赵在礼忙奉上钱财美酒消灾弭祸。皇甫晖饮酒拿钱，不揖不谢，扬长而去。契丹灭梁后，皇甫晖跑到江南，李王用为歙州刺史、奉化军节度使。此役率军驻守清流关，职衔是北面行营应援使。

赵匡胤知如正面强攻，会遇困难。遂率数千军马偃旗息鼓，衔枚疾走，连夜兼程，往袭清流关。

到关之时，天色微明。唐守军尚在梦中，全不知晓。鸡啼数次，方有一小队侦骑，伸着懒腰，启门出关，探望敌情。不料，城门一开，尽见周军铠仗。吓得连忙奔入，无奈关门不及，被周军一拥杀入。唐守军没有任何思想准备，顿时大乱，被周军杀死无数。侥幸余存者丢盔弃甲，跟着皇甫晖、姚凤，都向滁州奔去。皇甫晖、姚凤率残兵刚刚奔入滁州，回首一望，尘土滚滚，旌旗猎猎，赵匡胤率周兵也已追杀过来。当即下令，拆除城外吊桥。不料，周军逼近护城濠，一齐下马凫水而过。赵匡胤马不停蹄，勒缰一跃，竟飞过七八丈宽的大濠，随即指挥周军驾起云梯，督众猛攻。

皇甫晖城上抱拳，高声道："赵将军请了！你我无怨无仇，不过各为其主。你既取我清流关，又穷追至此，且容我成列出战，与你一决胜负。大丈夫明战明胜，幸勿逼人太甚！"

赵匡胤大笑，道："你无非使个缓兵之计，却又怎的？你尽管出城！我便让你一箭之地，容你列阵，赌个你死我活，叫你死而无怨！"

说着，鞭稍一挥，率众退后，让出一块空地。

唐军列阵出城。

两阵对圆，赵匡胤手抱马颈，飞驰闯入敌阵，大叫道："唯擒皇甫晖！他人闪开，非某敌手也！"

声未落，马已至皇甫晖前，抽刀猛挥，击中皇甫晖之首。宋军一拥而上，生擒皇甫晖，占领滁州城。滁州大捷，振奋了周军上下，乘胜向南推进，摧枯拉朽，势如破竹。很短的时间内，就下扬州，取泰州（今江苏省属）。淮南之地，"半为周有"。赵匡胤之名，一时传遍天下。

赵匡胤抓住了机会，在恰当的时候，展示了自我的才能，才为自己的成功之路打下了根基。有些真知灼见，你不表现，别人就不知晓。有些对社会进步具有促进作用的创新见解，你不宣传，也就无法得到推广。

中国人喜欢"含而不露"，并将其看做是一种美德。一个人的优点、成绩和才能，只能由别人来发现，至于自己，尽管你已作出许多成

第一章　赵匡胤对你说人生发展

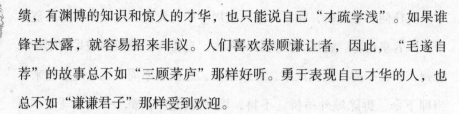

绩，有渊博的知识和惊人的才华，也只能说自己"才疏学浅"。如果谁锋芒太露，就容易招来非议。人们喜欢恭顺谦让者，因此，"毛遂自荐"的故事总不如"三顾茅庐"那样好听。勇于表现自己才华的人，也总不如"谦谦君子"那样受到欢迎。

在当今竞争激烈的年代，如果只是一味地做"谦谦君子"，就会将自己的功底埋没掉。竞争就是要"竞"要"争"，就是要敢于和别人去一比高下。随着当今时代社会变革的加快，知识的更新也在加快。在现代社会，人们的才能和精力都受时间的制约。一旦错过了时机，知识就会变得一文不值，精力就会衰退。如果一个人在自己的黄金时代，不能抓住机会，大胆地、主动地贡献出自己的聪明才智，而总是"藏而不露"，那就会贻误时机。等到有一天别人终于发现你时，也许早已错过了时机，你的知识和特长也已经成为过时的东西。在知识骤增的今天，不管你怎样"学富五车"，你的优势也只能在短时间内得以保持，能不能在这短短的时间内获得施展知识的舞台，将成为决定你成败的关键。在人才济济的现代社会，可供社会选择的人才很多。你既然忸忸怩怩，羞羞答答，表示自己这也不行，那也不行，那么，将没有人愿意采用你。既然存在着竞争，对于机会，别人就不会同你谦让。一旦你失去被选择的机会，别人就会捷足先登，而你只是一再地错过机会。

有人把勇于表现自己的胆识与才华同"出风头"联系在一起，这显然是不对的。主动进取，充分显示自己的才能，是对自己的尊重以及对社会的负责。有些对社会进步具有促进作用的创新见解，必须要宣传，得到推广。如果得不到推广，就不仅是个人的损失，也是社会的损失。人们只知道贝尔发明了电话机，殊不知在贝尔以前，早有人发明了这类装置，不过当时人们不理解这种发明的社会意义，不予理睬，而那位发明人也就此罢手了。贝尔发明电话机后，遭遇也并不比那个人好，但他却顽强地向人们宣传自己的发明成果，像"马戏团"那样到许多城市去表演。在实在行不通的情况下，又办了个"贝尔电话公司"，最后才把电话推广开来。倘若没有贝尔的"自吹自播"，电话机怎能进入人们的家门？可见勇于表现是优秀人才不可缺少的一种品德。在这里，当"谦谦君子"是没有必要的，你就是自己的"伯乐"。

当然，自我表现并不代表自我吹嘘，两者之间是有着本质区别的。自我表现者是靠真才实学，靠实实在在的行动，靠看得见的成果来表现自己的价值的；而自我吹嘘者则拿不出什么实实在在的东西，而是靠谎言和欺骗等虚假的东西来表现自我价值。这种自我吹嘘，只有一时的诱惑力，一旦真相暴露，就将被人们所唾弃。

今天的时代主题是快节奏、高效率，需要的是干脆利落、敢断敢行的作风。时间如此宝贵，人们无法忍受那种吞吞吐吐、羞羞答答的"谦逊"，不要听那种婆婆妈妈、"弯弯绕"式的"自谦之辞"。你行，就来干；不行，就让开。故作姿态的"谦虚"，完全没有必要。在现代社会，精明的企业家招聘员工，聪明的领导者挑选下属，并不是首先看你怎样言辞周到、谦虚有礼，而是首先看你有多少真才实学。你应当实事求是地宣传自己：我有什么长处，有哪些才能，想做什么，能做什么。直来直去，使别人了解你。这样，反而容易使你得到机会。所以，暂时摒弃谦虚吧，在关键时候亮出自己，获得更多的机会吧。

做好机遇到来前的准备

机遇对每个人都是平等的，但是坐等机遇是不可取的，正所谓愚

雄才伟略

赵匡胤有话对你说

蠢的人总是浪费掉机遇，平常的人只会等待机遇，聪明的人为机遇做准备，所以，在机遇到来之前，我们要做好准备，在机遇来临时，才能抓住机遇，改变命运，走向成功。

少年时期的赵匡胤，在洛阳和开封默默无闻地打发日子时，他是绝对没有什么政治野心的。

当他独自一人离家出走，一路风餐露宿、衣食无着、无人问津的时候，赵匡胤至多只能把虚妄的"皇帝梦"拿来温习一番，却不会想到有朝一日居然"梦想成真"。

当他投奔郭威，当上一名帐前小卒供人驱使的时候，他也不会想到日后会有怎样的成就。

可是，当他靠自己的勇猛和谋略、靠一系列的战功屡屡受到周王朝的重用和提拔时，当他手握重兵的时候，他又会想些什么呢？

动乱年代，战争时期，军人权势的膨胀是极其自然的。

作为职业军人，赵匡胤自然知道，当兵这一"行"，自古到今，战将如云，都出人头地。"当年万里觅封侯"比"学而优则仕"要快捷得多，也要便利得多。

在一般人的眼里，起码在周世宗柴荣眼里，赵匡胤是一名不凡的军人，一员对政治不感兴趣的骁将。所以周世宗只让他"参军"，而不让他"参政"，国家大事向来不征求他的意见。

然而赵匡胤不仅仅是一名军人。他对政治的兴趣，大约产生于整顿后周禁军之时，萌动于征战淮南之际。治军之余，含而不露的"小动作"做得十分周全。

首先是罗致人才。武人觎国，往往要倚重手下的幕僚出谋划策。孤家寡人成不了大事，古今中外，概莫如是。自唐代中期以后，被网罗在中央政府的人才不见得多，地方幕府却是人才济济。《旧唐书·赵憬传》有句话讲得很客观，里面说"大凡才能之士，名位未达，多在方镇"。当时，割据一方的节度使自不用说，就是一般的武臣刺史，也常有谋士侧身其间。许多节度使的幕府，收留的不是一位，而是一批。梁太祖朱全忠有敬翔，后唐庄宗李存勖有郭崇韬，明宗李嗣源有安重海，后晋石敬瑭有桑维翰。这些人在藩主登上帝位后，无一例外地成为新朝廷权重一时的大臣。

赵匡胤在升任节度使前后，也采取同样的手段，罗致了一批人才。

大致在显德三年，后周大将、永兴军节度使刘词死后，赵匡胤接收了他的幕僚班底的主要成员。首先是王仁赡。王，字子丰，唐州方城人。入刘词幕府，追随多年，赵匡胤"素知其名"，刘词死后，曾遗表向周世宗推荐王"有才可用"。当然，赵延纳王仁赡至其门下，当时尚不敢贸然做主，是请示柴荣得到正式批准的。

刘词的另一幕僚楚昭辅，也在刘词死后被赵匡胤收留。楚，字拱辰，宋州宋城人。《宋史》载他以才干著称，甚得赵匡胤的信任。陈桥

陈桥驿

兵变后，赵匡胤派去与城内家人沟通消息的心腹，就是这人。最值得一提的是他在征淮之战中与日后的重要谋士赵普的际会。赵普也曾是刘词的幕僚。平定滁州后，由宰相范质推荐，出任滁州军事判官。赵匡胤与他相识后，对赵普的才干很是欣赏。当时军方捕获了一百多名所谓的"盗贼"，按规定都要予以处死。赵普反对简单照搬法律，他请求先审讯，然后再判决，结果使80%的无辜者得以存活。此事表现了赵普的吏治才干，令赵匡胤刮目相看。

征战淮南时，赵家父子都领兵参与战斗，在赵匡胤攻克滁州后，赵弘殷从扬州率兵来滁，赵匡胤见过父亲后即领兵去寿州城下追赶周世宗，不料父亲却病倒在滁州，多亏赵普"躬亲药饵，朝夕无倦"的照顾，才使赵弘殷的病情得到好转。赵弘殷出于感激之情，从此将赵普看成是一家人。赵弘殷被封为匡国军节度使兼殿前都指挥使时，他马上表荐赵普做节度使推官，协助赵匡胤治理节镇事务。自此后，赵普始终在他身边充当谋臣，当赵匡胤移镇宋州时，他又马上表荐赵普为掌书记。这样，年长5岁的赵普与赵匡胤开始了一生的恩怨纠缠。

除刘词的班底外，另有几位谋士也先后进入赵匡胤的幕府。

一是幽州人吕馀庆。吕历仕晋、汉、周三朝，在濮州任录事参军时，其才干为节镇澶渊的柴荣所知。显德初，赵匡胤领同州节度，闻吕馀庆有才，遂荐为从事。后赵领滑、许、宋三镇节度使时，把吕馀庆调到自己身边，"并为宾佐"。

一是宋州人刘熙古。刘为后唐长兴进士，善骑射，文武双全。历任后晋三司户部出使巡官，永兴、渭桥、华州诸仓制置发运，后汉卢氏县令，后周亳州防御推官、澶州支使、秦州观察判官。赵匡胤领宋州节度使时，进入赵的幕府，出任节度判官。

一是开封人沈伦。沈初以教书为业，后充当后汉镇陕大将白文珂的幕僚。显德初，赵匡胤领同州节度时，由曾担任过开封知府和副留守的后周重臣咎居润推荐，进入赵的幕府。后赵领滑、许、宋三镇，沈伦一直充当幕府从事，掌留使财货，干得颇不错。

一是潞州人李处耘。李以军事才能见长。曾是后汉及后周大将折从阮幕僚，随折历任邓、滑、陇、邠四镇从官。显德中，折从阮死，遗表推荐给担任殿前亲军指挥重职的赵匡胤，任都押衙。后成为陈桥兵变的重要谋士之一。

经过这些年的经营，赵匡胤的手下可谓人才济济，既有披荆斩棘的开路先锋，又有运筹帷幄的谋者智士；既有善于呐喊的宣传行家，也有长于理财的经济高手。尽管他们各有特点，能力高下也不一般，但他们全都对赵匡胤忠心耿耿。事实证明，这一重要的谋士集团对于赵匡胤日后夺取政权和巩固政权发挥了不可低估的重要作用。

除罗致人才外，赵匡胤也深知军事实力的重要性。为此，他又准备了另一手，在军队里培植亲信。

五代时期政治风云变幻，皇位更迭迅速。时势造英雄，在这种时代背景下，赵匡胤从小就立下了干出一番惊天动地事业的宏愿。然而，要想做出一番事业，光有雄心壮志是不行的，还要具备争霸天下的实力。赵匡胤是一个有远见的人，他早在投军进入郭威帐下之时，就开始暗中精心培植自己的势力。

要增强自己的实力，无非是用这样几种手段：权势、金钱、感情。如果权势灼人，那么趋炎附势、攀龙附凤的人便会蜂拥而至。使用钱财，有钱能使鬼推磨，重赏之下，必有勇夫挺身而出为己所用。但无论是权势，还是金钱，赵匡胤开始时都不具备，那么剩下的，只有依靠感情来笼络了。赵匡胤正是如此，使用了一种古老而又行之有效的方法，即通过拜把子兄弟来拉拢人才，培植自己的势力。

第一章
赵匡胤对你说人生发展

这一点，同后周开国皇帝郭威的做法如出一炉。郭威早年，曾同一班情投意合的中下级军官结为生死兄弟，号称"十军主"。他们曾刺臂宣誓："凡我十人，龙蛇混合，异日富贵无相忘，苟渝此言，神降之罚。"后来，郭威正是依靠"十军主"的支持和拥戴，才一举登上皇帝宝座的。

赵匡胤受命辅佐的小皇帝柴宗训不过是一个无知的孩童。他年仅7岁，根本不知道如何处理政务，军国大事全由大臣决断。在此"主少国疑"的情况下，后周王朝无法避免地处于动荡之中，不甘寂寞的赵匡胤表面上一心辅佐幼主，暗地里却在开始勾画他未来的蓝图。

显德六年周世宗去世、宗训继位时，赵匡胤掌管禁军大权已6年。此间，他一方面恩威兼施，使禁军将士服伏在地，一方面把一些重要将领拉到自己身边，与其结拜为兄弟，称为"义社十兄弟"，其主要成员是：

石守信，开封人，早年奉事周太祖郭威，广顺初年，累迁亲卫都虞侯。曾跟随周世宗柴荣征晋阳，和赵匡胤一起参加了高平大战，因功迁亲卫左第一军都校。大军凯旋后，迁铁骑左都校。之后，又作为前锋，参加了征淮南之战，在六合、涡口、扬州等战役中再建奇功，遂领嘉州防御使，后转殿前都虞侯，转都指挥、领洪州防御使。恭帝即位，加领义成军节度。石守信能攻善战，为后周功臣，在禁军将领中举足轻重。

王审琦，其先为辽西人，后徙家洛阳。后汉乾祐年间，甚得郭威信任。曾随驾平李守贞之乱，以功署厅直左番副将。又随世宗讨刘崇，征淮南，破南唐军于紫金山，授官控鹤右厢都校，领虞州团练使。后周军围濠州时，王审琦率敢死队数千人拔水寨，夺月城，攻克濠州。王审琦有勇有谋从世宗攻楚州时，城将攻陷，王审琦准确判断敌军逃遁方向，设伏以待，全歼逃敌。又从平瓦桥关，再建战功，恭帝即位，迁殿前都虞侯，领睦州防御使。赵匡胤以王审琦为挚友，在他当皇帝以后曾令王审琦侍宴，说："酒，天之美禄；审琦，朕布衣交也。"

李继勋，大名元城人，也曾效命于郭威帐下，显德初年任昭武军度使。周世宗南征时，曾令李继勋率黑龙船30艘于江口滩败敌兵数百，获战船2艘，以功迁左领军卫上将军，后改右羽军统军，恭帝即位授安国军节度使。

韩重斌，磁州武安人，少以武勇隶属周太宗郭威帐下，也是跟随世宗战高平、征淮南的功臣。

此外，还有杨光义、刘庆义、刘守忠、刘廷让、王政忠等人。赵匡胤与这些人以义气结拜，组成了一个志趣相投、关系密切的小圈子，号称"义社十兄弟"。这些人大都是后汉初投入郭威麾下的，经过数年的战乱洗礼，他们都已成为军中的中高级将领，兵权在握。他们对赵匡胤忠心耿耿，一心希望他能当皇帝，自己也好跟着享尽荣华富贵。他们是赵匡胤能够夺取皇位的最大助力，这一点，赵匡胤本人也曾亲口承认。

据历史记载，赵匡胤夺取帝位后的第二年7月，曾在宫中设宴款待自己的这几位兄弟，酬谢他们的拥戴之功，并亲自向他们敬酒，赞道："如果没有大家的鼎力相助，我不可能有今天，你们都是国之重臣，国家的栋梁，是我的左臂右膀啊。大家的功劳，我必不会忘记。"

这里，还有必要说一说赵匡胤的弟弟赵光义。赵光义是赵弘殷的第三子，生于后晋天福四年10月17日，比赵匡胤小12岁。因出身武将之家，父兄均为大将，所以他也从小学习弓马，并参与一些战阵之事。16岁时，曾跟随父亲赵弘殷南征，多次与敌将交锋。18岁时，随周世宗和赵匡胤攻下瓦桥关和瀛州、莫州，也建有战功。

封建史家记述说，赵光义是杜氏"梦神人捧日以授"而怀孕，赵光义出生时"赤光上腾如火，闾巷闻有余香"，及长，"隆准龙颜，望之

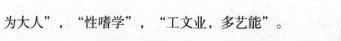

为大人"，"性嗜学"，"工文业，多艺能"。

工于心计的赵匡胤既与义社兄弟结为死党，又得赵普等谋士亲信，他的两个莫逆之交韩令坤、慕容延钊一个外领重兵守边，一个为殿副都点检，一外一内握有兵权，再加他的胞弟赵光义，便形成了一个强大的军事集团。这个集团人才济济，兵权在握，足以使后周江山倾覆。

在掌握着军事大权的赵匡胤之上，还有范质、王溥等宰相，但他们都是书生出身的文臣，不知武事，在"武将拥立"成风的年代，一旦风云突变，战乱骤起，只能是束手无策，徒叹奈何。

面对赵匡胤集团的羽翼渐丰，一班洞晓时事的文臣十分忧心，一位叫郑起的谏官上书宰相范质，指出，赵匡胤众望所归，不宜典掌禁军。可范质掉以轻心，把郑起的上书束之高阁。

武将之中，还有一位老资格的韩通，他担任禁军高级统帅官马步军指挥使，与赵匡胤同掌禁军。可这人刚愎自用，治军乏术，在军中并无威望，其势力根本无法与赵匡胤匹敌。韩通的儿子韩囊驼曾劝父亲对赵匡胤加以防范，甚至力劝韩通杀死赵匡胤以绝后患，但胸无城府的韩通却漠然置之。

势力强大的赵匡胤当然没把韩通当回事，至于那班只知出谋划策、舞文弄墨的文臣，他更未放在眼里。他只是把一切心思都用在巩固、加强和扩大他的朋党上面。他早已消去了对后周王室的忠诚，他再也不需要像当年效命周世宗那样侍奉一个不懂事的小皇帝了。他有自己的大略宏图，他有自己的辉煌伟业，他要按照自己的意愿改天换地，重建一个崭新的江山！

赵匡胤一直在为机遇的到来做着准备，所以他是聪明的。他在机遇来临时抓住了机遇，改变了自己的命运，最终走向了成功。

机遇从来都是给有准备的人的。我们应该在机遇还没有到来之前，做着思想、身体、知识、能力、心理各方面的准备。只有这样，在机遇到来之时才可以把机遇牢牢抓住。

一位美国大学生毕业求职时，问加州报馆的经理："你们需要一个好编辑吗？""不需要。""记者呢？""也不要。""那么排字工、校对员呢？""不，我们现在什么空缺也没有。""那么你们一定需要它了。"大学生从包里掏出一块精致的牌子，上面写着："额满，暂不雇用。"加州报馆的经理看到了这些，最终将这位年轻人留了下来让他去干该报馆的宣传工作。因为，那个年轻人做好了准备，得到了机遇的垂青。

一个人的一生中会遇到很多机遇。例如，改革开放就是好的机遇。有的人成功了，认为得益于机遇，而不得志的人则常叹息"机遇不好"、"生不逢时"等。

机遇对每个人都是平等的，但是只有为机遇做着准备的人才能把机遇变成现实。机遇只是一种可能性，不会自动变成现实，要把机遇变成现实，需要付出艰苦的努力。天上是不会掉下馅饼来的。

在一次冬季演习中，一位团长为了鼓舞士兵，始终走在队伍的中间，经过了长达几个小时的急行军，这时他感觉到有一些口渴，就转回头问身边的士兵，有谁带了水。然而士兵们的水壶早已被冻结了，根本无法从里面倒出一滴水来。此时，一个新任排长从他的破棉帽子里拿出一个带着体温的水壶，而且还从那里面倒出了淙淙细水。团长拿起了水壶"咕咚咚"地喝了一大口，喝完之后又仔细地打量着这个新任排长，脸上露出了笑容……

过了几天，演习结束后，这位新排长在一片惊讶声中走进了团机关的大门。

其实这个新排长就是后来的美国总统——艾森豪威尔。

第一章 赵匡胤对你说人生发展

机遇偏爱有准备头脑的人。很多人都知道这个道理，然而在现实生活、工作当中又有多少人能够真正地为了机遇去准备呢？他们不思进取、不求上进、不愿付出，以至很多"机遇"送到眼前也无法抓住，最终只能留下遗憾。这种人，是永远也无法成功的。其实，机遇就像那一壶水，谁都有机会，可抓住机遇的却只有艾森豪威尔一人。

机会，绝不会轻而易举地落入哪个人的怀中。正所谓"天下没有免费的午餐"，"有几分耕耘，就有几分收获"。机会，总是青睐那些有准备的人。

一个人有准备的头脑，不仅指天资聪颖，更重要的是指在长期工作、学习、生活中通过艰苦的实践磨炼出来的才能。

在我们的发展之路上，不会一帆风顺，在我们登上成功的顶峰之前，我们要做的就是做好准备，将自己的各种能力和力量都发挥到极致，等机遇来临之时，才能抓住机会并走向成功。

学会与领导和谐相处

为人处事是一门很高深的学问，尤其是和自己的上司相处，如果你应变得当，那就会为自己铺平道路，让自己成为赢家。赵匡胤虽然年轻，其资历无法与老将相比。但他面对复杂的局势，在处事待人上却做得十分周到，尤其是和柴荣的关系处理得相当得体，从而赢得了高层人物的信任，这是一般人很难做到的。

常言说"伴君如伴虎"。赵匡胤与周世宗无亲无故，给周世宗的好印象完全是靠才干、靠战功打拼出来的。他与李重进、张永德这样的皇亲国戚不同，也没有韩通、李继勋那样根基深厚的背景，因而在处理与周世宗的关系问题上，赵匡胤采取了小心翼翼的谨慎态度，特别是在屡立战功得到不断提拔时，他总是努力表现出自己的忠诚恭顺，而不留下功高震主、悍将难制的坏印象。

下面几件事颇能显露赵匡胤的这种心计。

第一件，攻克滁州后，周世宗派翰林学士窦仪到滁州清点后蜀军留下的财物，窦到滁州后，便将官府所藏逐一登记造册。赵匡胤派亲兵到窦仪处索取府库中贮存的绸绢，遭到窦仪的拒绝。按说作为占领军司令、攻克滁州的首位功勋人物，克城后纵兵剽劫都算不上大事，五代时期这样的战将比比皆是，索要一些绸绢也在情理之中，但窦仪却不买账，他的理由是：这些财物既然已被官府没收，就成了后周王朝财物的一部分，要取，可以，但得拿皇帝的诏书来，否则不行。当时赵匡胤也很恼怒，堂堂攻城司令索要区区一点绸绢都不行，这战将可当得够窝囊。但他转念一想，又冷静下来，既然不赏面子，就说明自己还没有居功自傲的资本。所以赵匡胤没有大吵大闹，而是遵从了窦仪的意见，悄悄平息了此事。

第二件，也发生在占领滁州期间。当时父亲赵弘殷率领一支部队从扬州来到滁州，深夜赶到城下，希望进城看望赵匡胤。在赵弘殷看来，父子相见，特别在兵戎相见的战场上重逢，应当是亲情浓烈如火。按说父亲远道而来，风尘劳顿，儿子打开城门迎接才是人之常情。但有头脑的赵匡胤却一反这种"常情"，断然拒绝父亲入城。他站在城头，向他父亲讲了一番大道理："父子虽至亲，城门王事也，不敢擅自打开城门。"遂将父亲拒之门外。这番冠冕堂皇的表白，言外之意是说忠孝难全，既尽力于皇帝，就得把亲情放在一边，以王事为重。他的这番大道理未必发自内心，但父亲却不见得会理解儿子的苦心。在城外苦熬一夜

第一章 赵匡胤对你说人生发展

的赵弘殷次日入城后竟一病不起，几个月后死于返京途中。

第三件，发生在平定滁州后从周世宗征战寿春之时。当时南唐军队连连败退，赵匡胤屡立战功，大名传遍南唐朝廷上下，李煜无可奈何之际，想用反间计离间赵匡胤与周世宗的关系，派人私下找到赵匡胤，馈赠白银3000两，并修书一封，许给高官厚禄，赵匡胤却不为私利所动。为防止和消除柴荣的猜疑，赵匡胤主动将白银交给了内库，同时将情况报告了柴荣。

赵匡胤在处理人际关系方面小心翼翼，但在某些方面却很张扬。比如打仗，关键时刻挺身而出的人物中总少不了他。又比如每次临阵指挥战斗，他必定要将坐骑打扮得十分夺目耀眼，武器和铠甲也必定要与众不同。部将们大惑不解，说这样容易被敌人发觉。赵匡胤回答说："我就是要让敌人认出我来。"其实这种毫无必要的举动，除了炫耀自己的威名外，更多的，恐怕是想留下一个勇猛的、纯粹的军人形象吧。

赵匡胤虽为一介武夫，却不像人们想象得那样头脑简单。说他"不学（其实从那时起他已开始留心读书了）有术，粗中有细"是颇为形象的。对周世宗小心翼翼，谨慎伺候，就在于他采取了一种沉稳而不露声色的策略，特别是不提建议，不代人言，只是默默完成周世宗所交给他的任务。他的这种策略，在当时是很难有人能与之相提并论的。

周世宗的真正心腹，是他的亲戚张永德。张永德忠厚诚恳，对周室的忠诚无可怀疑，但他的致命弱点就在于关键时刻没有主见，身为大将却无大将风度；另一个弱点是好为人代言，有人一煽动，他就迫不及待地向皇帝上书，让周世宗深为失望。最典型的一件事是：周世宗北伐契丹，因病而还，到达他的发祥地澶渊时，柴荣留恋不舍，迟留不行，《却扫编》记载说：虽宰辅近臣问疾者皆莫行见，中外震惧。时张永德……以亲故，独得至卧内。于是群臣因永德言："天下未定，根本空虚，四方诸侯，唯幸京师之有变。今澶、汴相去甚迩，不速归以安人情，顾惮朝夕之劳而迟回于此，如有不可讳，奈宗庙何？"永德然之，承间为世宗言如群臣旨。世宗问曰："谁使汝为此言？"永德对："群臣之意，皆愿如此。"世宗熟视久之，叹曰："吾固知汝为人所教，独不喻吾意哉！然吾观汝之穷薄，恶足当此！"即日趣驾归京师。

这段故事，《旧五代史·世宗纪》中也有记载，可见其真实性是不容置疑的。周世宗一句"吾固知汝必为人所教"，足见柴荣素知张永德之性格，透露出对其难以成大事的失望。结果，回京之后就罢免了他的殿前都点检职务，转而起用赵匡胤了。

赵匡胤和张永德都供职于殿前都指挥使司，张是赵的顶头上司。按后周三衙分立的军事体制，除殿前都指挥使司外，还有侍卫亲兵马军和步军都指挥使司。

广顺二年（公元952年），这三个军事部门分别由李重进、樊爱能和何徽掌管。高平之战后，周世宗改革军队，扩大殿前诸班军力，使这支近卫军异常精锐。

显德三年（公元956年）十二月，周世宗任命张永德为殿前都点检，这一职务虽低于当时李重进的侍卫亲军马步军都指挥使，但权力却有过之而无不及。这样一来，殿前司系统和侍卫司系统不可避免地要发生摩擦，产生许多矛盾。事实上，张永德和李重进这两名大臣不和的问题，大家都很清楚。

显德三年（公元956年）十月，周世宗从淮南返京，前方战事紧张，时李重进驻军寿州，张永德率军屯下蔡（今安徽凤台），"永德每宴将吏，多暴重进短，后乘醉谓重进有奸谋，将吏无不惊骇，永德遣亲吏乘驿上言，世宗不之信，亦不介意。二将俱握重兵，人情益忧恐"。这事载于《宋史·李重进传》。从张永德每次请客都要讲李重进的不是，甚

赵匡胤陈桥兵变后的皇宫

至拿莫须有的事派人给柴荣打小报告这点看，两人的矛盾已经很深。其中不免有张永德依仗实力故意陷害和排挤李重进的成分。

　　这种恶意的中伤，甚至是故意陷害，与史籍记述张永德的宽厚性格形成了鲜明的对比，让人联想起是某些别有用心的部将对这位遇事无定见的主帅的有意挑唆。

　　分析张永德和赵匡胤的关系，或许便会从这扑朔迷离的浓雾中找出点答案。

　　据《宋史·张永德传》记载：张永德亲闻睢阳书生预言赵匡胤续弦王氏时，张永德还出钱数千资助。出资助娶，作为对部将，尤其是自己所钟爱的部将的一种支持，应在情理之中。如果说张永德以皇亲国戚兼殿前司统帅的身份，有意去亲近和巴结一个下级，颇不可思议。如果拨去谀奉的史臣在两人关系上布下的疑云，说赵匡胤巴结张永德，才是一种合乎逻辑的解释。

无论怎么说，张永德和赵匡胤的关系的确很亲密。在赵匡胤当了皇帝后，赵匡胤还时常找张永德"道旧故，饮以巨觥，每呼驸马不名"。

上下级关系如此融洽，赵匡胤在张李关系上吹吹风，出出主意之类的动作应该说也是很正常的。

虽说赵匡胤与张永德关系密切，但他的聪明之处在于从不公开介入矛盾。他身为张永德所倚重的殿前司部将，却注意与侍卫司的将帅搞好关系。赵匡胤与书本打交道不多，但与人打交道却不少。虽然他的上司总要找些岔子与侍卫司的同行们过不去，但赵匡胤对他们却总持一种客气和尊敬的态度。

例如他对侍卫司虎捷右厢都指挥使赵彦徽"以兄事之"；与侍卫司虎捷左厢都指挥使张光翰交情很深；同幼年好友、侍卫马军都指挥使韩令坤"情好亲密"；与原侍卫步兵都指挥使李继勋，更是结拜了兄弟。

对李重进和韩通等将帅，赵匡胤虽说有许多看法，表面上却恭敬有加，没有明显地支持张永德来攻击李重进。由此可见赵匡胤处事的圆滑。

攀龙附凤，这是政治技巧。但仅此还不够，还有那些位高权重之人，如不侍候周全，也会成为自己晋升的绊脚石。年轻的赵匡胤很会为人处世，对那些声望、地位比自己高出许多的老将们，一个都不得罪，反而加以笼络，为己所用。赵匡胤最后能够脱颖而出，赖于他高明的政治手腕，正是因为他能够和上司和谐地相处，才获得了皇帝的信任，为自己的成功打下了基础。

我们应该学习赵匡胤的这种为人处世的方式，在我们步入社会后，要懂得如何与自己的上司相处，为自己的发展铺平道路。

通常在下属中的某些出类拔萃者或者功高盖主者，他们一般都会

第一章 赵匡胤对你说人生发展

有恃无恐，比较容易犯这类毛病；还有一些娇生惯养、目无尊长的人，他们心浮气躁，也容易犯这类毛病。但是，如果你恃才傲物，或者顶撞上司，当你的行为直接有损上司的形象时，那你就成了一个蔑视上司的人，一旦上司对你心生厌恶，那么你的发展道路将变得曲折。

恃才傲物和顶撞上司都是下属目无上司的表现。"人生不如意事十之八九"。生活中常会有这样的情形：工作了一段时间，你发现你的上司很不如你的意，很别扭。虽说是择优而仕，可你却没有"跳槽"的机会，或因为制度等等方面的原因使你不能"跳槽"，怎么办呢？

有些人采取的办法是：向上司"叫板"！但不知这些人想过没有，如果过于计较一些小的得失，就可能导致全盘失败，特别看重眼前利益就可能导致更大的损失。

当你只能留在一个集体中时，就必须学会忍耐不如意的领导。

另外，与上司争功也是下属目无上司的一种表现。

老子有这样一句话："大巧若拙，大辩若讷"。意思是聪明的人，平时却像个呆子，虽然能言善辩，却好像不会说话一样，也就是说人要匿壮显弱，大智若愚。

生活中嫉贤妒能的领导很多，华君武的漫画《武大郎开店》，讽刺的就是这样的领导。他们不能容忍下属超过自己，他们必须保持自己在集体中的权威地位，即使他水平很低，就像武大郎一样，在武氏的店中是不能有高大身材的伙计的。

生活中总有些人对平庸的上司十分不满，怨天尤人，就算是好的上司，他也常感不舒服，逆反心理很重。上司的奖励，他会看作是拉拢人心，上司禁止的事情，他偏要做。

要与上司之间建立和谐的关系，就该放弃自己的逆反心理！切记：枪打出头鸟！

把握机遇，走向成功

机遇并不是随时都能遇到的，调查显示，在人的一生中，能够改变命运的机遇可能只有五六次，所以，我们要在这极少数的机遇中抓住机遇，只有这样我们才能走向成功。但值得注意的是，尽管每个人一生中都能遇到机遇，却并不是每个人都能够把握住机遇，只有少数人把握住了机遇，并走向了成功，赵匡胤就是其中之一。

赵匡胤是一个不甘于寂寞的人。自打他幼入学堂，便另有所思，终于弃文习武，悉心骑射。及至别妻出走，闯荡天涯，他希望能够步入军旅，在血肉厮杀中闯出一条成功之路。

赵匡胤对后周的创始之君太祖郭威和一代有为之主世宗柴荣都是至忠至诚的。他敬仰他们的雄才大略，钦佩他们的文治武功，因此，心甘情愿地效命于麾下，希望通过他们的提拔，升迁富贵。他曾经把皇帝的恩赐视为荣登高位的唯一途径，决心冒锋镝，用万死不辞的忠勇在皇帝心目中建立起不可动摇的信任。

时顺天助。赵匡胤的努力没有白费，他在自己选择的道路上屡有惊人之举，一个个美好的愿望相继变为现实。短短十年间，他由一名普通士卒跃升为禁军的最高统帅，执掌起全国的军事大权。随着职务的擢升，赵匡胤的内心深处也滋生出一种主宰天下的欲望。这欲望虽然不得不极力地压抑着、掩盖着，不敢有丝毫表露，可是，其强烈程度却与日俱增，犹如地下火在运行，随时都可能冲出地面，化作滚滚流淌的炽热

第一章 赵匡胤对你说人生发展

岩浆。

虽然赵匡胤百般遮掩，但他不可告人的心计还是时有显露。一个突出的迹象便是他的志趣、爱好的变化。前面提到过在征战南唐的日子里，他于战事之暇悉心收集了图书千卷，随时阅读。这对于笃信武力的赵匡胤来说实属反常。因为他知道，勇武只可为将帅，得天下还得文武兼备。他已经不满足能够统兵作战，而是把目光投向更加振奋人心的未来。

赵匡胤这一变化被精明的周世宗发觉了，问道："既为将帅，应以治戎装、磨刀剑为正事，怎么读起诗书来了？"

周世宗的发问使赵匡胤吃惊不小，忙道："臣受陛下恩重，常感力不从心，所以想广学多闻，增长见识，以不负圣望。"

周世宗不再追问，时值战事繁忙，周世宗慢慢将此事忘在脑后。

可是赵匡胤却并未因此改变初衷。他不仅留意经史，而且还不遗余力地网罗党羽，结交名士，组织自己的势力集团，等待时机，以求一逞。特别是在世宗去世、小皇帝宗训继位之后，这一酝酿多时的宏大计划迅速进入实施阶段。

赵匡胤是把握机遇的能手。在他意识到机会来临的时候，手握重兵的赵匡胤迅速调整了自己的策略。他努力抑制住内心的狂喜，让自己处于这样一种态势：不急不躁，掌握主动，进可以攻，退可以守。他对眼前的机会的最细微处进行了认真的筹划。

首先是朝廷内部的变化，周世宗柴荣已经驾鹤西归。柴荣从发病到不治，不足两月，又正当盛年，对后事没有作出妥善安排，不得已，只好匆忙地将符氏立为皇后，封年幼的皇长子柴宗训为梁王，显然含有"接班"的意思。7岁的孩童即位，后周王朝将真正处于"主少国疑"的状态。

再看人事方面。人事方面的调整对赵匡胤也非常有利。柴荣在病情加剧的时候，对后事粗粗地作了些安排。文臣方面，任命范质、王溥参知枢密院事，魏仁浦兼枢密使。这样的安排当然有托孤的意思。这三位宰相中，魏仁浦"虽处权要而能谦谨"，性情宽厚，不会咄咄逼人，与赵过不去。而且，赵家与魏家颇有交情，母亲杜氏还是魏家的常客；王溥则早以向赵"阴效诚款"，并开始巴结赵。急性而好面折人的范质与赵虽无深交，需要小心对付，但范毕竟是文官，在军队中没有派系，号召力有限，不足为虑。最使赵匡胤惬意的是，真正使他畏惧的谏议大夫、开封府尹王朴已在三个月前去世，这就相当于拔掉了眼中钉和肉中刺。

赵匡胤最不放心的军队系统，此时也出现了对赵绝对有利的变动。殿前司系统，张永德已被免职，殿前都点检一职已由赵本人担任，安排赵做殿前都点检，自然也带有"托孤"的使命。赵由此权重位荣，办起事来也比较方便。原来一直空缺的殿前副都点检一职，由慕容延钊出任。慕容是赵匡胤"素所兄事"的故交，关系非同一般；原来空缺的殿前都虞侯一职，则由王审琦担任，此人既为赵匡胤的"布衣故交"，又是义社十兄弟之一，与当时已担任殿前都指挥使的石守信一样，都是赵匡胤势力圈子中的核心人物。这样，整个殿前司系统的所有高级将领的职务全部换成了"赵家军"成员。侍卫司系统，原来只有韩令坤有"兄弟"之谊，周世宗去世后，韩升任一直空缺的侍卫都虞侯一职，其空出的侍卫马军都指挥使一职由高怀德出任；原由与赵匡胤有矛盾的袁彦担任的侍卫步军都指挥使一职，则由张令铎取代。高、张两人一年后都与赵匡胤结为姻亲，由此可见他们当时与赵匡胤关系之密切。如此，在侍卫司系统的5个高级职务中，赵的亲朋故友就占了3位。余下的两位，一位是侍卫司的马步军都指挥使李重进，侍卫司的最高统帅，但此时正领兵驻守淮南扬州。另一位是副都指挥使韩通，他一人的实力已难以同赵

雄才伟略

赵匡胤有话对你说

匡胤相抗衡。

赵匡胤还想把事情做得更细密些，他估摸到了对他有利的民情。还是在周世宗在位时，就已有"点检做天子"的舆论在传播，周世宗死后，年仅7岁的梁王在柴荣的灵柩前即位，太后符氏既不是梁王的亲生母亲，又是匆促册封的皇后，地位并不稳固。孤儿寡母充当后周国主，最高权力实际出现了真空。"主少国疑"的状态弥漫于京城的每个角落。原来由柴荣主持的北伐大业，此时已被迫终止。后周王朝今后何去何从，不仅京城百姓心里没底，连朝廷大臣也心中无数。

这个时候的赵匡胤还是有所顾虑的。特别是手握重兵的韩通驻守在开封城内，周围又有一批效忠周室的大臣，要在京城下手，万一不能成功，不仅会身败名裂，连性命也难保住。

赵匡胤从不干没有把握的事情。

在显德七年正月初一日，正当后周君臣喜庆新年，朝野上下沉浸在节日的欢乐之中的时候，忽接镇、定二州急报：契丹举兵入侵，北汉也引兵东下，与契丹会合为一，正势不可挡地越过边界，直奔开封而来！

年幼无知的小皇帝吓慌了，他赶忙问计于顾命大臣范质。范质一时慌乱，未及认真核实军情，忖度对策，便为小皇帝柴宗训匆忙起草了一道诏令，命归德军节度使、检校太尉、殿前都检点赵匡胤率领宿卫禁军前往御敌。

如同以往领受圣命一样，赵匡胤毕恭毕敬地在柴宗训的御座前行了为臣之礼，然后，接过那道发兵的诏令，连呼万岁，表示不负圣望，御敌于国门之外，用热血和赤诚维护大周社稷的安全。赵匡胤谦恭地离开大殿，万岁连声地向皇帝告别，像是告别一个即将寿终正寝的王朝。

小皇帝又继续陶醉在佳节的欢乐之中了。他正值贪玩的年龄，有那么多人变着法子使他快活，为他助兴，他感到很满足，他要尽情享受这至尊之乐，用最丰富、最有趣的内容充实这宝贵的时光。

相比之下，赵匡胤却显得有些紧张。这紧张不是来自对强敌的畏惧，而是来自举大事前吉凶未卜的不安。只有他和几个亲近幕僚才明白，这火急军情纯属子虚乌有，镇、定二州告危的情报是在他的授意下凭空编造出来的。这一纸假情报的炮制，给他带来了集结军队的契机，标志着一场兵变的开始。

当然，赵匡胤对此是讳莫如深的。他像历次出征前一样，煞有介事地运筹谋划，调兵遣将，部署兵力，郑郑重重地任命他的莫逆之交嫡系亲信、殿前副点检慕容延钊为前锋，率领一支精锐部队先期发出，他自己则调集大军，准备紧随其后。这一天是正月初二，接到军情报告的第二天。赵匡胤对敌情反应迅捷，令朝野咋舌，众人都对这位新任都检点的忠心效主称颂不已。

与此同时，赵匡胤又派人到处散布"将以出军之日，策点检为天子"为自己夺取政权制造舆论。一时间，将要改朝换代的消息四处蔓延，传遍京城每一个角落，只是瞒住了高墙深院之中的内宫，他们还蒙在鼓里。老百姓不辨真假，10年前郭威兵变进入开封后纵兵大掠的情景又浮现在眼前。于是本该是喜气洋洋、充满欢庆祥和的传统佳节，却是满城风雨，人心浮动，从小市民到士大夫，搬家的，逃难的，早已乱成一团。

事态演变至此，赵匡胤的图谋已昭然若揭，即使是三尺童子，也知道大变将至。此时，韩通是制止事变发生的最强力量，但他却不相信赵匡胤敢犯上作乱，对于充斥耳边的传言，置若罔闻。赵匡胤率军出发前，也就是大年初一的晚上，到韩通府上辞行，韩徽献计，恳求干掉赵匡胤，然而被韩通阻止。后周政权丧失了最后一次机会，赵匡胤代周自立已无法阻止，势成必然了。

正月初三，慕容延钊出发后一天，赵匡胤正式率大军离京出发，为了给欢送他的京都市民留下一个良好印象，也为了显示他的部队与其他骄兵悍将的区别，赵特意下令对部队严加约束。果然，成千上万的市民目睹赵匡胤率领禁军秩序井然地离开爱景门时，都轻轻吁了一口气，浮动的人心稍稍安定下来。其实，赵匡胤需要的正是如此效果。

离开京师，赵匡胤开始有条不紊地动作起来。先是禁军军校苗训跳了出来。此人学过星术，善于望气观星，在周围军士中小有名望。他指着太阳对众人说：天上有两个太阳，黑光磨荡争斗了很长时间。并煞有介事地对赵的亲信幕僚楚昭辅解释道："一日克一日，这是天命。"两人一问一答，一唱一和，既形象、又逼真，周围兵士很快一传十，十传百地流传下来。

苗训"一日克一日"的神秘预言，经过楚昭辅的肆意渲染，在目不识丁、以当兵为职业养家糊口的士卒们眼里，赵匡胤俨然天意有归，授命有兆。

对于这些职业军人，其实从心底里并不在乎谁当皇帝，他们没有什么奋斗目标，只是以"当兵吃粮"为目的，甚至起码的节操之类的道德观念也没有。他们的人生目的是要有权有势有钱，活得快活。他们之所以热衷于兵变，一是增加一次发财的机会，因为政权更换，起关键作用的禁军将士会获得大量赏赐，赶上好的主子，还会纵容他们大肆剽掠几天。二是给枯燥的生活增加些新鲜的刺激。对于拥立者或者被推翻者而言，可能是黄袍加身或人头落地，可对他们这些供人驱使的士卒来说，没有丝毫损失，只是换个主子，换身衣服而已，一切的一切都轻车熟路。

当晚，大军到达离开封40里的陈桥驿，此地紧靠黄河。在陈桥与封丘二门之间，是开封通向东北方大道的第一驿站，唐朝时称上源驿，后改为班荆馆，是对少数民族使臣迎接赏劳之处。多年来，这里车行马驰，征尘飞扬，行人塞路。赵匡胤大军来到这里，已人困马乏，于是传令军中安营扎寨，驻足暂歇。

夜色将陈桥驿染成一片漆黑，兵士们很快进入梦乡，陈桥驿营寨寂静无声。这时，一些将校聚集在一起，商议道："主上幼弱，未能亲政，今我辈出死力为国家破贼，谁能知道？不如先立点检为天子，然后再北征不迟。"都押衙李处耘将此事告诉赵匡胤之弟赵匡义，赵匡义立即向归德军节度使赵匡胤的掌书记赵普作汇报。话未说完，诸将突然带着兵器闯了进来，大嚷道："军中定议，欲策太尉为天子。"这些人所称的太尉即是赵匡胤。

老谋深算的赵普胸有成竹。他先是装模作样地对他们大声呵叱了一通，待众人安静下来后才慢慢讲出他的意图："策立，大事也！固宜审图。尔等何得便肆狂悖！"这是说，这样的大事得周密筹划，轻举妄动成得什么气候！赵普之所以要讲这番话，一是要把兵变的责任推给众将，二是要从气势上压住这些骄兵悍将：有勇无谋，难成大事。三则道出他的真实想法：不能胡来，得仔细策划。

谁来策划？自然非赵普莫属。为了试探诸将士的决心，赵普故意讲了番大道理："外寇压境，将莫谁何，盍先攘却，归始议此。"意思是大敌当前，应先"攘外"再讨论此事。按照赵普所说的先退敌，班师回朝时再议此事会是什么结果呢？这是任何人都能想得到的。推翻皇帝就是大逆不道，就是谋反，这个罪名在当时是要受族灭的处罚的。再说，在这场即将开始的战斗中，谁能保证自己能苟全性命而不客死异乡。这些心理，赵普其实了如指掌，他只是想借众人之口说出自己想要说的话来。果然，诸将均不同意。说："当今政出多门，但当急入京城，策立太尉，徐行而北，破贼不难。太尉如不受策立，六军定亦难以使之向

第一章
赵匡胤对你说人生发展

前。"

赵普需要的就是这个。于是他按着早已准备好的路数发话了："兴王易姓，虽云天命，实系人心。前军已过河，节度使各据一方，京城若乱，不惟外寇愈深，四方必转生变。若能严敕军士，勿令剽劫，都城人心不摇，则四方自然宁谧，诸将亦可长保富贵矣。"

赵普这番话说出了好几层意思，既有威逼，也有利诱。第一，扶立新皇帝既是天命也符合人心，所以赵匡胤当皇帝合法而神圣。第二，京城不能乱，否则局势难以控制。第三，必须严肃军纪，不能洗劫民众，如能做到，大家都有好处可图。若不行，则什么事情都可能发生。

诸将表示服从。赵普和赵匡义于是开始了下一步的行动。一方面让诸将校分头鼓动，加紧调遣部队，作好准备。另一方面又火速派遣军使郭延赟连夜策马飞驰回京，向石守信和王审琦通报情况，做好接应准备。

好戏就像经过彩排，一幕一幕按计划顺利进行。次日天刚亮，一夜未睡环立赵匡胤帐前的将士们发出了呼叫，此地呼声一起，四面群起响应，响声动地，声震原野。接着，一部分将士握刀持剑，直奔赵匡胤寝帐，守卫在门外的赵光义连忙推醒尚蒙着被子睡大觉的哥哥。赵匡胤酒意刚去，打着呵欠，缓缓地爬起床来。这时将校们个个手持兵器，立于庭前，齐声高叫："我辈无主，愿奉点检为皇上。"不等赵匡胤答话，就将他拥至厅堂，把一件早已预备好的绣黄龙袍披在他的身上。然后退至庭前，齐刷刷跪倒在地，口中高呼"万岁"。

戏剧进入高潮，作为主角的赵匡胤，不能总是躲在幕后，该是自己登台亮相的时候了。赵匡胤及其谋士们深知，单靠玩弄迷信符命那一套把戏，只能蒙骗一时，不能"维系人心"于持久。士兵将校今日拥立自己，他日又可能拥立别人，这样的事例太多了。若不严明军纪，那么将士们就会恃功倨傲，骄横难治。这样即使得到天下，也不会长治久安。于是，赵匡胤高声宣布："你们贪图富贵，强立我为天子，我心存感激。可是无规矩不成方圆，你们若能服从我的命令，我当这个天子。否则，就请诸位另请高明。"众将齐声高呼："我们一定服从命令。"赵匡胤见目的已经达到，就不再客气，当即"约法三章"："我曾称臣于太后及少帝，同文武百官并肩共事。对他们，你们不能随意侵犯凌辱。近代帝王起兵，初入京师时都纵兵大掠。今天你们不得再这样劫掠都市民众，抢夺府库财物。服从命令的，将得到重赏；不服从命令的，将杀无赦！"

赵匡胤率师离京，就是为了黄袍加身。如今目的已达到，本就子虚乌有的辽汉联兵入侵的消息，自然也就无踪无影了。于是，赵匡胤勒转马头，回转京师。早已等候的石守信、王审琦，打开城门，赵匡胤进入城中。开封的百姓，饱受历次兵变的苦痛，有如惊弓之鸟，听说大军去而复回，不免担惊受怕。等到部队入城之后，秋毫无犯，这才放下心来。有几个市井无赖，想趁机劫掠发上一笔横财，不料被巡逻的士兵捉住，作了刀下之鬼。京城的秩序很快安定下来，赵匡胤也回到了殿前都点检的公署。

这时，正是早朝时分。后周的宰相大臣们听说兵变的消息，一个个手足无措。只有韩通一人，从朝中飞奔回家，企图组织抵抗。行至中途，被赵匡胤的部将王彦升发觉。王彦升跃马随后追赶。韩通刚进家门，还来不及掩上大门，就被王彦升闯入府内杀死。那个曾劝说干掉赵匡胤的韩橐驼，也一并命归黄泉。宰相范质，紧紧抓住另一宰相王溥的手，痛悔不已地说："匆匆派兵，导致此变。我们有负先皇临终所托，断送了周家天下，罪该万死啊！"

这时，诸将拥簇赵匡胤登上了明德门。这里是天子的登临之处，赵

第一章 赵匡胤对你说人生发展

匡胤身处此地，俯瞰京城，心中充满了成功的喜悦。他意识到，他已经完全控制了局势，兵变已获成功。于是，便传令甲士还营，他自己也回到殿前都点检的公署小住。他不再担忧敌对势力的反抗，而是将整个心思都用在怎样登基称帝的事情上。他准备顺顺当当地从恭帝手中接过皇权，风风光光地举行登基大典。

范质、王溥二宰相被将士们连推带拥地逼了进来。在这种别无选择的形势下，范质不愧是颇识时务的老臣，他明智地调整了自己的思维，迅速地转到赵匡胤一边。他向赵匡胤献策道："事已尔，无太仓卒。自古帝王有禅位之礼，今可行也。"赵匡胤追问其详，范质道："太尉以礼受禅，则事太后如母，养少主如子，无负先帝旧恩。"赵匡胤挥泪许诺，然后率百官成礼。世宗临终顾命的大臣，就这样改换了门庭。剩下宫中的寡妇孤儿，唯一能做的就是拱手让出江山。

事态的发展出人意料的顺利，赵匡胤兵不血刃，轻而易举地夺取了政权。于是，赵姓集团忙碌地筹备着禅代大典。夜长梦多，事不宜迟，当天下午，开封城中锣鼓喧天，旌旗招展。

禅代礼在崇元殿进行。赵匡胤召集百官各就各位。至黄昏时分，一切安排就绪，但恭帝的禅位诏书迟迟未到。众人正焦急等待，忽见翰林学士陶谷走上殿来，大呼："禅诏在此！"这一石破天惊的消息顿时使大殿上的气氛缓和下来，赵匡胤和侍立班位的百官都舒了一口气。

关于这从天而降的禅诏，史载不一。有的说是后周前恭帝从内宫传出；有的说是宰相范质先与恭帝商议，然后召陶谷草拟。此二说都有可能，因无关紧要，无须作过多考证。现在的事实是：禅诏送到了崇元殿，并当众宣读，这就标志着赵匡胤已正式从恭帝手中接过皇权，禅让成为现实。这一天是正月初五。赵匡胤改元为建隆。因赵匡胤即位前任归德军节度使，镇府治宋州，所以，诏定国号为宋，赵匡胤从此成了大宋王朝的开国之君，庙号宋太祖。这一年，赵匡胤34岁。

五代时期，像赵匡胤这样通过兵变来实现皇帝梦的例子，无论是成功的还是失败的，都不在少数。前面提到的李嗣源以及赵匡胤亲自参加兵变的郭威的称帝，都是成功的例子。赵匡胤发动的这次兵变，仍是五代时期兵变的一种延续。读者只要仔细对照一下7年前郭威的那场兵变，就会发现，此次赵匡胤使用的招数，与7年前的那场兵变惊人的一致，特别是"黄袍加身"和"禅让退位"两出戏，简直如出一炉，不能不令人发出"何其相似乃尔"的感慨。

不过，赵匡胤虽然效法郭威，但他吸取了历史上种种兵变的教训。特别是在约束军队纪律上显得比他们高出一筹。当年郭威初至滑州，正准备向京师开进时，郭的亲信王峻便公开许诺士卒，攻下汴京，允许剽劫数日。等部队开进汴京，众军士大肆洗劫，使开封几乎成了一座空城。京城百姓侧目而视，差点酿成大变。纵兵剽劫，严重损害了郭威本人和军队的形象，赵匡胤当时正在郭威军中，对此当有切身体会。此次兵变，他吸取教训，未入汴京前即与将兵"约法三章"，不得惊犯太后、幼主，不得侵凌大臣，不得侵掠京城。这些措施的效果是明显的。据司马光《涑水记闻》记载，大军开进汴京后，"市里皆安堵，无所惊扰，不终日而帝业成"。这表明，对部队的约束，对实现政权的顺利过渡起了重要的作用。

从陈桥驿兵变到崇元殿禅代，不过三天时间。这三天是赵匡胤生命史上最辉煌的三天，也是唐末以来从分裂走向统一的开端。宋王朝的建立使小朝廷频繁更迭、割据政权犬牙交错、政治经济混乱不堪的社会升起了希望的曙光。赵匡胤称帝后没有让皇权再染上鲜血的颜色。他奉后周小皇帝为郑王，符太后为周太后，让他们迁居西宫，依旧过着养尊处优的生活。又大赦天下，内外马步军士皆加优给，酬功封赏。又命官员

第一章
赵匡胤对你说人生发展

祭告天地，表明天授皇权，天命使然。遣中使传谕天下，诸道节度使也分别诏赐。

在复杂的社会形势中，赵匡胤终于等来了自己的机遇，这种机遇很多人一生中都遇不到，而遇到这种机遇，赵匡胤将其牢牢握住了，他步步为营，一点一点地将机遇化为现实。他敏锐地观察着形势，妥当地控制着政局，他要按照自己的意志，一扫前朝弊政，振兴天下，振兴民生！

机遇对于每个人来说都是公平的，但是对于渴求成功的人，机遇的质量重于数量。曾经有人对包括比尔-盖茨在内的世界上500位有影响的成功人士进行过研究，发现每个人一生中拥有对人生事业有重大影响的机遇只有六七次。可是，人们往往对第一次都抓不住，因为那时候太年轻；对于最后的一次也往往抓不住，因为太老了。在剩下的几次中一般又会错过两次，最后只两三次机会！一个成功者，不仅要善于选择对自身成长最有效用的机遇，主动放弃那些对成才帮助不大的机会，尽可能使机遇在成才的道路上发挥出最大的作用，而且对于机遇的到来必须要有敏锐的嗅觉与正确而合理的判断。一旦把事情审查清楚，计划周密，也就不会再怀疑，敢于当机立断、果断行事。这样，在当别人对机遇的到来还麻木不仁之时，你就能够捷足先登，抢占先机，就抓住了机遇，从而大获成功。

现实生活当中总是有那么一类人，他们做人、做事缺乏主见，做任何事都要依靠别人的扶持，哪怕遇到一点小事，也得东奔西走地去和亲友商量。愈商量、愈拿不定主意，愈东猜西想、愈是糊涂，弄得大半生都消耗在犹豫不决之中，最终错失良机，失去了成功立业的机会。

也许有人会说，自己的一生中没有碰到过机遇。实际上并不是没有碰到机遇，而是机遇到来的时候你没有及时发现它，抓住它，而是让其自然而然地从你身边溜走。

据某报记载，在1973年3月，非洲国家扎伊尔有一股叛乱的军队借着月色逼近了赞比亚，一场激烈的战斗已经不可避免。日本三棱公司一个采购商获悉到这个消息之后，及时电传公司总部，大本营立即命令各驻外分公司大量收购铜。此时的伦敦黄金交易所，也得到了这个消息，然而他们却并没有重视这个消息，交易所的铜价依然照旧。过了一段日子，叛军与政府军的拉锯战严重影响了铜矿生产，加之交通受阻，铜运不出来，以至使铜价猛涨，这个时候，三棱公司便开始大量抛售铜，从中赚得一笔巨大的利润。从这个事例可以看出，在一切事物中，都可能有机遇隐藏，有时一句话或一个看似不相关的事情就包含着一个成功的机会！

机遇对每个人都十分重要，正所谓"时势造英雄"。因此，在当机遇来临之时，应该审时度势，认清形势，做出正确的选择，千万不可优柔寡断，错失了良机，因为"机不可失，时不再来"。机遇对于任何一个人来说都是公平的，有些人抓住了，有些人错过了；有些人不知晓；有些人不断创造机会，有些人在苦苦等待机会。而懂得怎样创造机遇，怎样把握机遇的人，往往是成功的。人们常说：机会可遇不可求，一个人如果错过了机遇，将会后悔终生；而抓住了机遇，则他的一生就会改变。

亲爱的朋友，好好把握你人生的每次机遇吧，当到达成功顶点的时候，你就会庆幸，你的命运将由你自己掌控！

第一章 赵匡胤对你说人生发展

第二章

赵匡胤对你说 个人修养

　　一个人的个人修养体现着自身的道德品质及人生境界。古人云：修身、齐家、治国、平天下。修身居于首位，可见个人修养是成大事者成功的基本要素。个人修养，涉及一个人的胸怀气度，个人修养伴随着人的一生，并随着年龄的增长而日渐完善。我们要做的就是不断提高自己的能力，加深自己的底蕴，以海纳百川的胸怀、包容一切的精神，不断提高自己的修养，为自己的成功铺平道路。

以宽厚的胸怀包容一切

在人与人之间的交际活动中，有一颗包容的心是十分重要的，广阔的胸襟将为我们带来意想不到的好运。宽厚的胸怀是成功者的共同点，纠结于细小琐碎的问题不肯放手，只会增加自己的负担，为自己的成功之路增添不必要的障碍。所以，我们应该用自己的胸怀包容一切，赵匡胤就是这样一位宽厚和易的皇帝。

后周恭帝柴宗训是周世宗柴荣32岁时得的儿子。此前，柴荣还有三子，都在乾祐三年（950年）被后汉隐帝刘承祐杀害。柴宗训生于广顺三年（953年）八月四日，其母是柴荣侍妾。继柴宗训之后，柴荣又得三子，宗训居长，故得以继承皇位。

赵匡胤代周时，柴宗训才7岁，他身下的三个皇弟皆幼小，有的尚在怀抱之中。赵匡胤既得皇位，没有像其他新君那样，将前朝皇子斩尽杀绝，而是大度和宽容地保全了他们的性命，并特许承袭封爵。这一方面是赵匡胤未忘世宗之恩，更重要的是为了帝位的巩固。他把安定看得至为重要，他不希望看到因仇恨而带来的混乱。

史籍中记载了这样一则故事：某日，赵匡胤见宫妃抱一小儿，面有惊恐之色，便询问小儿是谁，宫妃怯生生地回答：是世宗之子。此时，赵普在侧，力主杀死此儿，赵匡胤迟疑有顷，摇头道："即人之位，杀人之子，朕不忍为。"遂令宫妃好好看护，不得有丝毫差池。后周旧臣潘美得知此事，大为感动，说："臣与陛下曾北面共事世宗，若劝陛下杀死此子，自觉有负世宗；若劝陛下不杀，又恐陛下生疑。今陛下天恩浩荡，赦免世宗遗子，真明君也！"

赵匡胤微微一笑，道："此子可交爱卿收养，易名可也。"于是，潘美领养了这个皇子，更其名曰潘惟吉。此子长大后官至刺史，竟然不妄为帝室之后。赵匡胤还立下祖宗家法："柴氏子孙，有罪不得加刑。纵犯谋逆，止于狱内赐尽，不得市曹刑戮，亦不得连坐亲属。"

赵匡胤的这种宽容和大度在后周官僚中产生了很大影响。他们不再心怀疑虑，忐忑不安，而是以一种轻松坦然的心情等待着新君主的恩赐。他们认定，后周宗室既得保全，他们这些前朝旧臣也不会遭到厄运。他们希望得到信任和录用，心甘情愿地为新王朝再效犬马之劳。他们从内心深处觉得，新君主胸襟宽广，治国有方，值得他们为之效死。

身着黄袍的赵匡胤确实没有辜负后周旧臣的期待。即位伊始，他便首先考虑到后周旧臣的去留问题。这位知人善任的大宋皇帝经过一番深思熟虑之后，一反古来开国君主的所为，采取了气度非凡、惊世骇俗的怀柔之术：原有官员全部录用，重臣权相予以加官。

最先得到好处的就是范质、王溥、魏仁浦三人。三人在后周皆为平章事之职，位列宰辅。平章事全称为"同中书门下平章事"，此衔号起自唐初。后周官制大体沿袭唐制，设中书门下省，置"中书门下平章事"。范质是司空平章事，王溥是礼部尚书平章事，魏仁浦是刑部尚书平章事，三人皆参知枢密院事。他们都是后周政权的核心人物，顾命大臣，皆效忠周主。赵匡胤为六师推戴兵变还京后，他们虽被迫接受了这一现实，仍未归心，与新王朝貌合神离。

宋太祖赵匡胤没有对这三位前朝老臣采取敌视态度，而是让他们官居原位，并加赐新职：范质加兼门下省长官侍中，王溥加兼三公之一司空，魏仁浦加兼尚书省长官右仆射。但是，他们都被罢免参知枢密院

事。也许赵匡胤是别有用心：枢密院总理全国军务，与中书门下共掌文武大权，号称东、西二府，三人皆罢参知枢密院事表明宋太祖虽对他们原职录用，也在加以谨慎的限制。

尽管如此，三位前朝权臣还是相当满足的。若不是遇上宋太祖这样的宽厚仁义之君，他们早已是阶下之囚了。身首异处、夷灭三族也未可知，岂敢奢望今日之高官继做、富贵安享？特别是范质，当初闻赵匡胤陈桥兵变，曾与王溥愤然叹息，深悔不该仓促遣将，让赵匡胤率兵出征，竟悔恨交加地将王溥的手掐出血来。他被迫就范之后，并非口服心服，明眼人一看便知。然而，就是他这样的人也受到宽大重用，怎不使他感恩戴德，心花怒放？

后周重臣中还有一位叫吴廷祚，官居枢密使。此职略低于宰相，与参知政事、门下侍郎、中书侍郎、尚书左丞统称为执政官。枢密院掌管兵籍虎符，若得皇帝批准，有调动兵马之权。枢密使这一官衔在唐太宗时就设置了，但唐代的枢密使只负责管理军事情报、机密情报之类，由宦官兼任，权力并不大。五代时仍保留这一官衔，但实权已远非唐时所能比。赵匡胤称帝后，仍循五代之制，置枢密院，设枢密使，所以，吴廷祚仍官居原职，并加官同中书门下二品。

对张永德的安置是赵匡胤怀柔之计的得意之笔。张永德在后周为皇亲，是赵匡胤的前任殿内都点检，长期担任禁军高级将领，可谓权倾一时。张永德在赵匡胤代周以后仍然有些不安。这位经历过宦海沉浮，谙于官场政治的后周老臣深知，政治风云变幻莫测，官场上的敌友常因利益关系而重新确定，与新君主最亲密者往往难逃厄运。况且，自己又是赵匡胤的前任都点检，即便自己并不因被取代而耿耿于怀，也难免会被无端怀疑。想到这些，张永德心情很复杂，是去是留，难以定夺，只好怀着一种未卜吉凶的迷茫，等待着赵匡胤的处置。

其实张永德的担心是多余的。赵匡胤既然能让范质等官居原位，岂会冷落了这位曾经玉成他好事的恩人？这天，赵匡胤将张永德召至后苑，设宴款待，举酒叙旧，情谊如初，而且还像以前那样，尊称他为驸马，不直呼其名。这样，张永德才彻底放下心来。接着，张永德加官侍中，授武胜军节度使。

其余后周的文武百官，只要不是死心塌地与新王朝为敌的，也原职录用。这样，几乎是后周朝廷的原班人马又成了大宋新王朝官员，鹄立于赵匡胤的文武排班之中。赵匡胤没有对他们另眼看待或心存嫌恶，而是推诚以待，信任有加。这对后周旧臣来说实在是莫大的慰藉。他们心满意足而又感恩戴德，一朝天子一朝臣的恐惧和担心冰释而尽。他们脱去了旧朝服换上了新朝服，喜气洋洋地上朝议事，安然无忧享乐荣华，先前效命后周的往事渐渐淡忘，他们只知道自己是大宋王朝的臣子，他们拥戴的是大宋王朝的皇帝。

赵匡胤不弃后周旧臣，更重元勋故旧，他论功封赏，分别授以官职。赵匡胤镇宋州时的掌书记、智囊人物赵普以佐命功授右谏议大夫，充枢密直学士；赵匡胤"素所兄事"的少年故交慕容延钊加殿前都点检、昭化军节度使，同中书门下二品；与赵匡胤有兄弟之谊的韩令坤为侍卫马步军都指挥使、天平节度使、同平章事；赵匡胤胞弟赵匡义加睦州防御使，赐名光义；王审琦迁殿前都虞候、领泰宁军节度；石守信迁侍卫马步军副都指挥使、领洪州防御使；韩重斌擢为龙捷左厢都校、领永州防御使；罗彦环擢为控鹤左厢都指挥使，后改内外马军都军头，领眉州防御使。其余义社兄弟和拥立功臣也都得到封官赐爵。

在所有被封功臣中，最为风光的当属高怀德。他生于后唐天成元年（926年），比赵匡胤大1岁，真定常山人，也是将门之后。其父高行周是一位赫赫有名的将军。高怀德忠厚倜傥，有勇武，后晋开运（944—

946年）初年即随父北征，在被敌军包围数重、情势危急的情况下左右驰射，挟父冲出重围，因功领罗州刺史。高平之战，高怀德与赵匡胤率军直前，大破北汉军。此后，又随周世宗征淮南，大破南唐军，威名远播。恭帝即位，高怀德升为侍卫马军都指挥使。高怀德在拥立赵匡胤的过程中功不可没，他和所有的功臣一样，也受到封赏，被拜为殿前副都点检、义成军节度使。

赵匡胤代周后，适逢高怀德夫人新丧，恰好赵匡胤的胞妹燕国长公主寡居，于是赵匡胤遂与杜太后商议，拟将燕国长公主嫁给高怀德。赵匡胤有妹二人，一位已夭折，追封陈国长公主，燕国长公主曾嫁米福德，不幸夫亡，竟致寡居。当杜太后将此意告知燕国长公主后，长公主曾因高怀德入直殿廷时见过他，颇有好感，便默然应允。这样，高怀德便荣幸地娶了这位皇妹，加官驸马都尉，既得高官，又纳爱妻。

一个新王朝的官僚机构就这样组建起来。在宋太祖赵匡胤的御座前，既有后周旧臣，又有拥立元勋，可谓一朝天子两朝臣，皆大欢喜。赵匡胤得意于自己的高明，更希望两班人马和睦相处，共建大宋。他坚信，这个梦想是可以实现的。

赵匡胤的宽厚胸怀、包容之心不仅体现在对待旧人上，还有一些事情同样说明赵匡胤的包容和宽厚。

赵匡胤登基之后，身居皇宫。威严神圣的皇宫在京师三道城垣的层层环绕之下，如众星拱月般成为帝国的中心。宫城诸门正一一打开，赵匡胤早在修宫城之前，就下令："凡诸门与殿，须相望，无得辄差。"此时，他高高端坐于福宁大殿，召集百官人观，谕曰："此如吾心，小有邪曲，人皆见矣。"

还有一次，一军校向赵匡胤献一拐杖。赵匡胤看了看，觉得没什么特别之处，便问："此拐有何异于常拐之处而献之？"军校十分诡秘地说："陛下试着动一动拐首。拐首即为剑柄，有兵刃藏于拐柄之中。平常可以做拐杖，危急时可以防不测。"赵匡胤笑着将其掷于地上，说道："危急关头，此物果足依恃？"

在一统天下之后，对于投降的各割据势力的降王，有人劝谏赵匡胤诛杀降王，以绝后患。赵匡胤笑道："彼守千里之国，拥十万之军，仍不免为我所擒，今孤身远客，尚惧其反乎？"可见赵匡胤的宽阔胸怀。

早先宋太祖在游历期间，曾一度衣食无着，到达当时的复州（今湖北天门）时，他去投奔父亲原来的同僚、复州防御史王彦超，希望王彦超能看在父亲的面子上，收留并提携自己一下，闯出一番事业。可是，当时王彦超看到宋太祖穷困潦倒，不愿收留他，只是看到他父亲面子上拿出十贯钱便打发了宋太祖。三十年河东三十年河西，没想到后来宋太祖竟然当了皇帝，王彦超反而是一个臣子。

一天，宋太祖在宫中设宴招待群臣。酒酣耳热之时，宋太祖偶然发现了正在坐席之上的王彦超，不由想起了当年他流落时的窘况和十贯钱的故事。太祖忍不住问王彦超："昔日我落魄之时，到复州投奔于你，你为何将我拒之门外？"王彦超一听此话，立刻吓得酒意全无，惊慌中答道："当时臣下只不过是一个小小的刺史而已，一勺之水哪里能够容得下您这条神龙呢？假如臣下我当时收纳了陛下，陛下怎能有今天呢？"宋太祖听后，至感回答巧妙，遂抚掌大笑，继续与大家喝酒作乐，此事也从此打住。事后，王彦超还担心宋太祖会对自己不利，但最终什么事也没有发生，王彦超的官场生活一直比较顺利。

宋太祖在流浪期间遇到的另一次尴尬是在随州（今湖北随县）。时任随州刺史的董宗本也是宋太祖父亲的老友，他虽然顾及老友的面子，收留了落难的宋太祖，但他的儿子董遵诲却打心眼里看不上宋太祖这个远道而来的流浪者，经常借故羞辱、打击宋太祖。宋太祖经过磨砺，也

深知人在屋檐下，不得不低头的道理，所以处处忍气吞声，让着董家这位少爷。

一次，二人在一起讨论兵书战策，模拟带兵打仗之法。董遵诲整日不学无术，只知吃喝玩乐，对行军用兵之事根本不是宋太祖的对手，议论起来自然一败涂地。此时，董遵诲虽知自己输了，但少爷脾气却上来了，指着宋太祖便大肆挤兑挖苦："阁下既然如此足智多谋，才华盖世，又怎会落得今天这个地步呢？"说罢，便扬长而去。经过此事，宋太祖深受打击，再也不愿呆在董家受窝囊气，一怒之下，离开董家，又开始了新的流浪。

宋太祖当上皇帝后，董遵诲也在朝中为臣，任骁武指挥使，每次见到宋太祖都是心惊胆战，生怕太祖提及旧事，治自己的罪。有一次，太祖在便殿之上召见董遵诲，董遵诲以为太祖要和他算老账，吓得一进殿便伏地请死。此时，有机灵之人听说皇上的旧事后，便趁机上奏董遵诲的不法罪状十余条，企图落井下石，置董遵诲于死地。然而，出乎大家意料的事情发生了。太祖不但没有治罪于董遵诲，反而令左右将其搀扶起来，和颜悦色地对董遵诲说："我现在正在赦罪赏功，怎么还算计以前的不快之事呢？你不要有什么顾虑，我仍然会重用你。"董遵诲听完，深受感动，感激太祖不念旧恶的宽大胸怀，决心以死效忠于皇上。

后来，董遵诲受命镇守边地通远军，十分尽力，屡立战功。当董遵诲派人赴京向太祖进献良马时，太祖将自己所穿的真珠盘龙衣脱下来赏赐给他。大臣们纷纷反对说，臣子不能穿这么贵重的衣物。太祖却说："我与董遵诲的关系不同于一般人，用不着这个那个。况且，我派他为国家戍守边地，也不能计较太多。"

另外，当太祖得知董遵诲的母亲流落在契丹人控制下的幽州，母子多年未得相见的情况后，多方设想，重赂边民，将他的母亲偷偷地接回来，使母子二人团聚，所有这些，都让董遵海一家感激得五体投地，还怎能不为皇帝肝脑涂地、鞠躬尽瘁呢？

对待反对自己的敌人，宋太祖也表现出泱泱大度。陈桥兵变后，京城中的侍卫马步军副都指挥使韩通是朝中最有实力的反对派。他一听到兵变的消息，便准备调集兵马对抗，不承想半路上被王彦升斩杀。而此前，韩通的儿子也曾劝其父及早将宋太祖杀掉，以免生乱。宋太祖对这些情况虽然耳知肚明，但为了安抚后周旧臣，他还是做出了相当高的姿态。将杀死韩通的王彦升重罚，并永不叙用。追封韩通为中书令，并予以厚葬，以嘉其忠勇。

南唐后主李煜手下有两位大臣非常忠诚，一个叫徐铉，一个叫张洎。李煜君臣投降后，宋太祖便召此二人责问。他厉声责问徐铉为什么不早劝李煜归顺朝廷。徐铉正色答道："臣为江南大臣，而国灭亡，罪固当死，不当问其他。"宋太祖听后，不怒反乐，和颜悦色地安慰徐铉说："忠臣也。事我如事李氏。"

对张洎的责问，要比对徐铉严厉得多。太祖首先责问张洎："汝教李煜不降，使至今日。"并出示了张洎起草的调兵诏书，意欲置张洎于死地。张洎毫不害怕，面色凛然，答道："实臣所为，犬吠非其主，此其一尔，他尚多有，今得死，臣之分也。"太祖听后，改变了要杀他的主意，并称赞说："卿大有胆，朕不罪卿。今事我，无替昔之忠也。"此后，太祖授予张洎太子中允之职，后又改任刑部。而张洎的仕途也从此一帆风顺，至太宗朝时官任参知政事。

周世宗原先的幕府中有一文人王著，尤喜饮酒。宋立国之后，被太祖录为翰林学士，仍然嗜酒如命，经常喝得酩酊大醉，且不顾场合大声喧闹。一次，太祖在宫中招群臣宴饮，王著酒醉后喧闹。太祖因他曾

与自己同过事，又是读书人，所以对他十分客气，命令左右将其搀扶回去。但王著死活不肯回去，反而走近屏风，掩袖放声大哭。没办法，左右只好采取强制手段，将其拖回家中。第二天，有大臣上奏揭发王著说："王著逼宫门大恸，思念周世宗。"这句话，如果换了另外一个皇帝，王著早就没命了。但宋太祖听后，却宽容地说："王著乃一酒徒。同在世宗幕府时，我很了解他的情况。况且一介书生哭周世宗，也没有什么不对的。"

我们可以从宋太祖的故事中知道：一个人的成就与他所拥有的气度和胸怀是分不开的，心胸开阔、包容如海的人，做人做事都更容易成功。而心胸狭窄、不懂克制的人即使满腹经纶、力大无比，最终也难逃失败的厄运。

包容是勇气和毅力的体现，是一种蓄势待发的信念，包容者无敌。真正的制胜之道，不在于屈人之兵，而在于化敌为友。包容他人，就是包容自己。包容他人对自己的伤害，是让人钦佩的气概；包容他人曾经的过失，是对他人改过的最大鼓励；包容他人对自己的敌视、仇恨，是人格至高的袒露。

包容别人是一种幸福，让别人心存感激更是一种幸福。包容的智慧是一种精神的凝聚，是一种善良的结晶，是人性至善至美的沉淀。包容的美德可以使人格得到升华，让心灵得到净化，它是香兰被人踩倒却留香脚底的气质。"君子尊贤而容众，嘉善而矜不能。"真正的高贵者，应该有宽广的胸怀，能够包容各种各样的人。

我们应该努力追求人格、知识、品德、志趣的完善与高尚，可是不能因为自己的这种高尚追求而让自己变得心胸狭隘。一个人，不但要追求更高的境界，而且要追求更广的境界。

对于那些和自己有共同语言的人，我们很容易接受，可是有的人和我们的共同语言不多，行为方式也不一样，他们带给我们的感觉并不是很舒服，我们没法避开这些人。尤其是当我们试图包容或者接受这种人时，他们不但不领情，不认可我们的好意，反而对你很排斥很无礼，让你感觉很不舒服，这时，你该怎么办呢？

懂得包容的人明白出人者为高，容人者为贵。你拥有比别人更好的出身，这只能说明你是一个幸运的人，你拥有比别人更强的能力和才干，这只能说明你是一个高人。可是，如果你能包容别人，你就会得到更多人的拥护和尊敬，你会拥有较高的威望，得到较高的地位，这个时候，你就会成为一个贵人！

懂得包容的人，可以做到一半雅为上，一半俗为下；一半屈权势，一半找出路；一半藐出身，一半荣未来；一半安心忍，一半暗地搏。最终会因为包容了别人，而成就了自己。

勤奋好学　不满足于现状

一个人无论有多大的成就，都应该抱着不满足之心，如果满足于现状，就会止步不前，所以满足于现状是自己走向成功最大的障碍。为了继续完善自己，就要不断学习、不断读书。赵匡胤一开始并不重视读书学习，但是在不断的战斗中，取得了一定成就之后，他不满足于自己的状况，怀着更大的野心，他不断地读书学习，充实自己的能力，最终走向了成功。

赵匡胤的治国方针和策略大多是在读书的过程中形成的。赵匡胤作为一个草莽英雄，因为孜孜不倦地好读书、读好书，才转变成为见识广

博的治世明君，他的仁义之名和权术之精，大多得益于此。

书籍是千百年来人类智慧的浓缩。在封建时代，士人以读书通史为荣，并有"书中自有黄金屋，书中自有颜如玉"之类的说法。长期以来，儒家的"四书五经"是读书人的必修课。读书人从中而知礼义廉耻，从中得到做人处世的道理。另一方面，书中的史实和经验又为后人留下借鉴，使后人避免重蹈覆辙，取捷径来实现自己的人生理想。

五代十国时期的战乱，使唐代以来"学而优则仕"的理念被纷乱的政局所打碎，许多士大夫"絷手绊足，动触罗网，不知何以全生"。即便位列宰辅，身居高位，也只不过在经济上稍为宽裕，而且备受有实权的武将欺凌，动辄性命不保。在这种环境中，赵匡胤从内心深处产生了"读书无用论"。于是对读书学习毫无兴趣，成天活跃在练武场上，苦练骑术、箭术和兵法。

在随郭威征战过程中，赵匡胤以其忠诚和英勇善战而崭露头角，逐渐受到郭威的重视。郭威称帝后，赵匡胤也成为他的得力助手，身居禁军高级将领之列。随着政治地位的上升，赵匡胤深感所学文化知识甚少，如果不抓紧充实，一辈子只能做一个有勇无谋的猛将。

赵匡胤早在少年时便听老师讲过项羽的故事，项羽少时读书不成，转而学剑，又不成，自言"天生我材必有用"。虽然在战争中异军突起，以力大无穷、英勇盖世而著称，却胸无点墨，手下虽有雄兵百万，战车无数，却被刘邦打得落花流水，最后只能演绎出一曲"霸王别姬"，自刎于乌江。项羽的悲剧给正处于上升时期的赵匡胤当头棒喝，也促使赵匡胤在打仗之暇，抓紧时间学习文化知识。

在行军打仗的过程中，赵匡胤意识到仅凭武艺很难实现自己的远大抱负，要想创一番事业，知识是必不可少的。当时军中的武将大多信奉"安朝廷，定祸乱，直须长枪大剑，至如毛锥子，焉足用哉"，所以在

赵匡胤

实践中，他们只知行军打仗，只想做一个风风光光的将军。赵匡胤则截然不同。为尽快弥补知识的不足，赵匡胤表现出求知若渴的胸怀和顽强拼搏的精神。他一面加紧网罗多谋善断的读书人，组建自己的智囊团，一面发奋读书，充实自己，甚至在行军途中也是手不释卷。如果听到民间有奇书，便不吝千金购之。行军之时，别的兵将携带的都是抢来的金银珠宝，而他的马背上基本全都是书本。

有一次，赵匡胤随周世宗柴荣攻打淮南，夺取寿州后，收集了不少木箱，足足装了几辆马车。有人嫉妒他，认为他借机搜刮了大量的金银财宝，便向周世宗告发。周世宗派使臣前往核查，箱子打开后，那些告发者们不禁大失所望。所谓的金银财宝一样也没有，装在箱中的全部都是书籍。

周世宗知道此事后十分不解，便问赵匡胤："你作为一员大将，为我开疆辟土，应当努力坚甲利兵，要这么多书有什么用？"赵匡胤回答说："我作为皇帝的亲信大臣，却不能经常出谋划策，为皇帝分忧，心中十分不安。也害怕见识浅薄而不能领会您的意图，所以我到处搜集图书观看，目的是想从中学到有用的知识，增广见闻和智慧。"

赵匡胤从少时的重武轻文，转变为文武双修，到尤重文学这一过程，体现了他对知识与日俱增的重视过程。正是因为对读书的重视，他的学识和胸怀都得到了进一步的提升，也才形成了后来的以"仁"治天下的统治思想。

赵匡胤登基后，深感"以马上得天下，但不能以马上治天下"之理，于是倡导以文治国。

据载，赵匡胤刚刚即位几天，就召山人郭无为到宗政殿为宋代君臣讲解立国兴邦之策。赵匡胤还经常对左右侍从说："我想下诏让全国的武将都读书，让他们通晓治国的方法和道理。"于是全国上下，不论文臣武将，还是商贾百姓，都崇尚读书，成为一时之风尚。

即位后，赵匡胤更喜欢读书，经常派人到史馆去借书看。兵部郎中卢多逊担任史馆修撰、判馆事后，总是预先派人打听太祖所要借阅的书目，然后及时通读，在心中记下有关书籍的内容，等待宋太祖问询。而每当太祖问到涉及书中内容的问题时，卢多逊自然是对答如流，往往令同僚佩服不已。

赵匡胤不仅自己好学不倦，还劝导文武臣僚和皇室子弟读书。赵普听从他的劝导，养成了读书的习惯，终日手不释卷。赵普在年轻时，没有多少学问，只是对吏事较为精通。做了宰相后，太祖经常劝他多读点书，否则在朝廷难以立足。于是赵普有了好学不倦的习惯，每天处理完政事回到家中，就关起门户，从书箱中取出书来，"读之竟日"。由于有了丰富的书本知识，"少习吏事"的赵普临政处事，更是如虎添翼，得心应手。赵普去世后，家人打开箱子一看，原来是《论语》20篇，所以有赵普半部《论语》治天下的说法。对于武臣，赵匡胤也鼓励他们读书，他说："今之武臣，欲尽令读书，贵知为治之道。皇室子弟也应读书，他曾对秦王侍讲说："帝王的后代，应当多读经书，知道历史上治乱的情况。"

赵匡胤读书的目的十分明确，即广见闻、增智虑。劝导文武臣僚读书的目的也十分明确，就是知为治之道、知治乱大体。说得具体一点，就是吸取书本上的知识以及历史上的经验教训，提高自己的知识水平和办事能力。赵匡胤经常与大臣一起讨论历代王朝的治乱兴衰及其帝王君主的得失。公元974年（开宝七年）闰10月20日，监修国史薛居正等呈上新修的《五代史》150卷，第二天，赵匡胤就谈出了自己的心得体会。他说："昨观新史见梁太祖暴乱丑秽之迹，乃至如此，宜其旋被贼虐也。"公元966年（乾德四年），赵匡胤策试制科举人的时候，同翰林学士承旨陶谷等人一起谈到历代帝王得失问题，他说："则天，一女主耳，虽刑罚枉滥，而终不杀狄仁杰，所以能享国者，良由此也。"史称宋太祖"留意听断，专事钦恤"，对御史台、大理寺等部门的官员的选择尤其严格审慎，这与赵匡胤注意吸取历史上的经验教训有关。赵匡胤曾对御史台官员冯炳说："我每读《汉书》，见张释之、于定国治狱，天下没有冤民，这正是我所期望于你的。"赵匡胤曾立有一条"家法"，即不杀士大夫及上书言事人，这条家法的出现，也是赵匡胤善于吸取历史上的经验教训的结果。

赵匡胤对书籍的搜罗和收藏非常重视。唐末五代之际，兵火战乱相继，图书散亡甚多，部分流落民间。在统一战争过程中，赵匡胤对各国的图书极为珍视，想尽办法加以保护和搜罗。平蜀后得书1.3万卷，平江南后得书2万卷。公元966年（乾德四年），赵匡胤专门为搜求、征集民间藏书颁布诏令，凡是官吏、百姓献上的书籍，由史馆查看篇目，凡馆中没有的书就加以收纳。为了鼓励人们献书，规定献书人都可到学士院接受关于做官的道理的策试和询问，适合担任相应官职的，记录下姓名，然后上报赵匡胤。这一年，涉弼、彭干、朱载应诏献书，共计1228卷，受到奖励，赐给科名。通过向民间征集书籍，迅速丰富了国家藏书，史馆藏书量很快增至8万卷。丰厚的藏书为随后大型类书的编纂准备了物质条件。

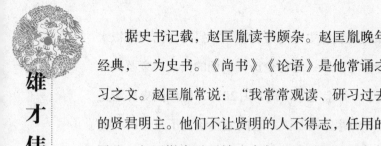

据史书记载，赵匡胤读书颇杂。赵匡胤晚年喜欢读的书，一为儒学经典，一为史书。《尚书》《论语》是他常诵之典，旧史、国志为其久习之文。赵匡胤常说："我常常观读、研习过去的史书，非常仰慕以前的贤君明主。他们不让贤明的人不得志，任用的都是这些贤能的人。"因此，赵匡胤表示要效法先贤，录用那些忠孝仁义、德才兼备、文经武略的人才。

说到儒学经典，最具代表性的应属"五经"，其核心就是"仁义"二字。

"仁义"作为儒家道德规范体系的核心，是孔子在我国政治、伦理思想史上的一个重大贡献。它不仅能够最直接地反映统治阶级的利益，在政治领域直接发挥作用，指导人们在社会生活中的言行。而且可以评判人们行为的是非，辨别真伪善恶。孔子在总结以往道德规范的基础上，把零散的道德规范系统地加以整理，使之成为一套完整的体系。他把自己认为的人类美德和有价值的人类社会规范，都包括在"仁义"的内涵之中。因此，"仁义"成了社会美德的代名词，自然也就成为人类道德规范体系的核心。

《论语》是孔子思想言行的权威代表。据统计，在《论语》一书中，"仁"字出现109次，其中作为道德原则使用的就有105次。孔子认为，"仁"的基本内容就是爱人，即人与人之间要有爱心。要互相尊重、互相关心、互相爱护。君主要以仁义立国安邦，臣民要以仁义对待他人。

儒家另一代表人物孟子也认为："仁，人心也；义，人路也"，"仁，人之安定也；义，人之正路也。"也就是说，"仁"是道德行为的出发点和归宿，是道德的总原则；"义"是实现"仁"的具体规范和规定。然而，仔细一想，仁义概念的区分不是非常严格，而且二者相互渗透和支撑。

赵匡胤通过反复阅读并思考儒学经典后，愈发认识到知识的宝贵，也认识到仁义对治国的重要性："仁义"是宝贵的，但施行"仁义"却是简单的、廉价的，其效果却是宝贵的、无价的。

赵匡胤通过读书，学到了很多灵活应敌的战略和方法。其中送给吴越国王钱俶一事便是从古书中活学活用的例子。

赵匡胤在书上看到苟巨伯仁义驱胡的故事。汉代有一名士苟巨伯以仁义著称。一次，他去远方探望重病卧床的友人，正好赶上胡人攻打友人所居的城市，城里的人纷纷弃城逃命。

友人对他说："我现在是走不了了，你赶出城逃命去吧。"

苟巨伯说："我苟巨伯难道是那种为了求生而抛弃仁义、不讲信用的人吗？"并坚辞不去。

城陷后，胡人问苟巨伯是什么人，为何能够行走却不逃命，竟敢独自留在城中。

苟巨伯正色答道："我的朋友身患重病而不能行走，我不忍心把他丢下而独自逃命，我宁愿以自己的身躯来换取朋友的生命。"

胡人听后，非常感慨："你真是个仁义之士。我们这些无仁寡义之人，算是闯进有仁有义之地了。"于是，胡人放弃了杀掠，撤兵离去。一郡的生灵由此得以保全。

于是，赵匡胤把这种方法运用在对吴越国王钱俶的计策中。

宋军兵伐江南之时，赵匡胤对吴越使者说："待平定江南后，你主钱可暂来开封与朕一见，以慰相念之情，见后即可复还。"

开宝九年（公元976年），吴越王钱俶迫于形势，冒死前往开封朝见。虽然每天赵匡胤盛情盛宴款待，但钱俶内心仍然不能平静，生怕赵匡胤为了统一大业而食言，将自己扣为人质，趁机要挟吴越投降。

钱俶在这种惶恐和焦虑中度过了两个月后，赵匡胤忽然诏令他可以返回故国。在送行的宴会上，赵匡胤还送给钱俶一个黄布包袱，并嘱咐他到了途中方可打开观看。钱俶开始非常高兴，以为是赵匡胤赏赐给自己的财物。但到了途中打开包袱，吓得钱俶差点背过气去。原来，包袱中根本不是原来所想的封赐，而是朝中数十位大臣要求扣留钱俶做人质的奏章。这样一来，赵匡胤假群臣之手给钱俶造成心理上的压力，迫使钱俶向宋朝投降。另一方面，赵匡胤又将群臣要求扣留钱俶的奏章交给他，并放他回去，让钱俶感受到赵匡胤的仁慈与宽厚，用恩情来感化他投降，这正是对书中知识的运用。

汉代刘向说："少年好学，就像早上的太阳；壮年好学，就像十五的月亮；老年好学，就像点燃的蜡烛。"赵匡胤少时重武轻文，青年时代顿然悔悟，嗜书如命，晚年仍然手不释卷。

赵匡胤通过读书观史，不断地学习，学会了治国之术，将书中的知识运用到治军和治国之中去，树立了以"仁"治国的方针，成为一个既能文能武的君主。

我们做人就应该像赵匡胤一样勤奋好学，永远不能满足于现状，我们应该在人生的道路上不断地完善自己。有些人心里常这样想："我现在的生活充满喜悦和满足，往后要怎么做才能维持这种状态呢？"

这些人对现状心满意足，一心一意想要继续维持下去。然而，"想要维持现状"这种观念如果是采取"守"的态度，终究会演变成消极的态度，而失去以前所拥有的积极、前进的动力，也就无法成长。

有这样一个故事：

有一个人去上海出差，顺便去看望他的一个大学同学。他的这个同学毕业后去了上海，找了份好工作，又娶了位好太太，生活得很好。这个同学带他到锦江饭店去用餐。同学虽不缺钱，但也没到可以随便去锦江饭店的份儿。所以，他对那位同学说："都是老同学了，随便找个地方吃点算了。"同学看出了他的意思，便说道："我不是打肿脸充胖子，到这地方来对你对我都有好处。"他不解地问："为什么？"同学说："你只有到这地方来，才知道自己口袋的钱少，才知道哪里是有钱人来的地方，才会努力改变自己的现状。如果你总去小吃店，就永远也不会有这种想法，我相信只要努力，总有一天我会成为这里的常客。"

进步的先决条件就是不满足，唯有不自我满足的人才能不故步自封，才能在人生的旅途中找到成功的路。

不满足于现状，才有向上的动力；而不断地学习，则是走向成功的阶梯。人无完人，为了进一步完善自己，就要不断充实自己。我们的人生应该是不断学习的过程，勤于读书学习，用不断的学习充实自己，提高自己；持续不断的学习，能够使我们与社会共同进步，在日益激烈的竞争中，保持自己的优势地位。知识就是财富，但当今社会知识的更新速度日益加快，我们为了与社会共同进步，更要勤奋学习，让自己不断进步。

不要满足于现在的状态。做到了好，还要做到更好，只有努力超越自己，才能创造一个更美好的人生。为了自己的不断前进，不断刷新自己成功的高度，所以我们就需要勤奋好学，不断充实自己，让自己不满足现状，向着更高层次提升，直到走向成功。

正确对待犯下的错

古语说：人谁无过？过而能改，善莫大焉。说的是人这一生中，会

犯很多错误，但重要的是，犯了错误要勇于改正，这样才是最好的。赵匡胤一生中并没有太多的恶习，但是赵匡胤却有知错能改的良好品质。

赵匡胤一生中没有太多的不良嗜好，不像一些昏庸的皇帝耽于酒色，相反，赵匡胤十分勤于政事。但是人无完人，再勤政的皇帝也有懈怠的时候。

统一天下的征程中，赵匡胤兢兢业业，终于天下有了一统的雏形。在中原初定的时候，赵匡胤把矛头指向了偏安一隅的西蜀。在兵发西蜀之后，赵匡胤有必胜的把握，也就显得有点清闲，每天处理完日常政务之后，便在御书房看看书，偶而也会召集一些亲信近臣们射猎、蹴鞠，这是他平生最喜欢的两项较力型运动。自登基当皇帝以来，不是戎马倥偬，便是政务繁冗，难得这样清闲过。

这日早朝之后，赵匡胤在几个嫔妃宫人们簇拥下，来到皇宫后苑，挟弓弹鸟。

此时已是初冬天气，花草凋零，树木萧条，后苑中略显得有些清冷。但是今日艳阳高照，晴空万里，身边又有这些正值豆蔻年华的妙龄宫女们相伴，赵匡胤觉得心里暖融融的。有许多鸟儿正站在光秃秃的枝头上晒太阳，对这群又说又笑的闯入者毫无戒备。

赵匡胤张弓拈弹，略一瞄准，"嗖"的一声，一粒豆粒大小的弹丸利箭般射了出去，一只翠鸟立时羽毛纷飞，应声坠落下来。妃嫔宫女们一齐欢呼起来，纷纷向赵匡胤恭贺。赵匡胤只淡淡一笑，又挟弓向另一处走去。一连射了四五次，次次弹无虚发，射下的鸟儿各种颜色都有，有的死了，有的还活着。宫女们捧着这些美丽的战利品，一片啧啧称颂之声，她们是从心底里敬佩这位神武英睿的君王。赵匡胤亦十分高兴，脸上漾着从心底泛起的笑意，他有些陶醉了。

就在这时，却有一名太监来报，说是侍御史陈子政求见。赵匡胤认为臣下此时求见，必有大事，便宣他进了后苑，让妃嫔们暂到一旁回避。

陈子政行过大礼，便开始啰啰嗦嗦地禀奏，说了一件又一件。赵匡胤耐着性子听着，好不容易奏报完了，却都是些无关紧要的琐碎之事。赵匡胤便有些生气地说道："这算什么大事急事，何必如此惶急地前来禀报？"

谁知那陈子政却是个憨直之人，居然当面顶撞赵匡胤道："此事虽不算甚急，但是总比陛下弹鸟还急切些吧？"

赵匡胤登基以来，难得像今天这样清闲，正玩得兴致勃勃，却被这人搅扰了，本就不太高兴，更想不到会被下属当面顶撞，还带着几分讥讽的口吻。就连那些手握重兵、桀骜不驯的大将军们，以及赵普等那些位高权重的宰执大臣们，在自己面前都是俯首帖耳，言听计从，谁敢如此放肆？赵匡胤顿时勃然大怒，只觉得一腔热血都涌到了头顶上，情急之下，顺手拿起了旁边的一把斧子，用斧柄狠狠地向陈子政脸上捣去。却不料陈子政倔强地立在那里，不躲不闪，竟被撞掉了两颗门牙，一股鲜血立时从嘴里流了出来。

陈子政既不谢罪，也不说话，却弯下腰把掉落在地上的两颗门牙拾了起来，仔仔细细地擦干净，以手帕包了，放入袖中。

赵匡胤甚感奇怪，余怒未息地问道："怎么？你难道要收集物证，去告朕的状不成？"

陈子政却不急不慢地说道："陛下贵为天子，微臣还能到何处去告？不过还有史官在，他们会将此事载于史册。"

一句话说得赵匡胤目瞪口呆，他顿时醒悟。是啊，自己身为天子，至高无上，可以为所欲为，臣下都怕自己，可是历史却不怕，它会无情地把自己的功过得失流传下去。历史上，许多帝王都是因耽于玩乐、荒废朝政，最终导致误国丧权、身败名裂。自己怎能因为弹鸟作乐而不听

第二章　赵匡胤对你说个人修养

劝谏，还动手打了臣下呢？想到这里，赵匡胤只觉得悚然心惊，一股冷气沿着脊骨往上蹿，连忙笑着说道："你说得对，朕不该耽于游乐，玩忽职守。"说罢，赵匡胤命人去取来一些金帛赐给陈子政，以示歉意。

这件事给赵匡胤的震动极大。自此以后，他每出一言，行一事，都会想起那血淋淋的两颗门牙，想到史官会记录在册。

如果是你做错事，你能不能像赵匡胤那样勇于承认自己的错误呢？

松下幸之助说："偶尔犯了错误无可厚非，但从处理错误的态度上，我们可以看清楚一个人。"老板欣赏的是那些能够正确认识自己的错误，并及时改正错误以补救的职员。那些一犯错误就辩解开脱的员工，只会引起老板的反感。犯了错误并不可怕，怕的是不承认错误，不改正错误。

能坦诚地面对自己的错误，再拿出足够的勇气去承认它，面对它，不仅能弥补错误所带来的不良结果，在今后的工作中会让自己更加谨慎行事，而且别人也会痛快地原谅你的错误。在犯了错误之后，绝对不要采取下面的行动：

犯错后一味地撒谎否认。说谎的人总说："我没做那件事"，或者"不，不，那不是我干的"，或者"我不知道这是怎么一回事"，还有"我发誓"等之类的话。还有一类人犯了错误后，习惯于说："噢，这没什么大不了的，情况会好起来的。"或者"出错了吗？哪里出错了？"或："不要着急，事情会如你所愿的。"

不敢承认自己的错误，只会指责别人。这种人犯错后会说："这是你的错，不是我的错。"他们也会说："我的雇员对我不忠实。""他们说得不清楚。""这是老板的错。"等等。还有些人会说："如果再给我点时间的话，我会做好的。"或者"人人都这样，我为何不可。"

做事经常半途而废。这种人经常说："我早就告诉过你那样做不管用！""这件事太难了，不值得我投入这么多的精力，还是换个简单一点的吧。""瞧，我都做了些什么啊？我不想自找麻烦了。"如果我们犯了错，就要迅速而诚恳地承认。这样不但能产生良好的效果，而且比为自己争辩好得多。

如果你总是不敢承认自己犯下的错，那么，你不妨试试下面的办法：如果你的错必须向别人承认，与其找借口逃避，不如勇于认错，在别人还没有来得及把你的错到处宣扬之前，尽早对自己的行为负起责任；如果你的错误影响到其他人的工作成绩，无论他是否发现，都要主动向他道歉、承认错误，不要自我辩护、推卸责任，否则只会令对方更加恼火；如果你在工作上出错，应该立即向领导汇报，这样虽有可能被大骂一顿，可是在上司的心目中你将是一个诚实的人，因此，上司将来会更加信任你，你所得到的将比失去的多。

犯错是每个人无法避免的，尤其是当你工作过重，精神不佳，压力太沉重时，不小心犯错是很正常的事情。如果我们能在犯错之后正确地面对，就不算什么大事情，甚至还会提升你的形象，对你日后的交往起到大的帮助。

著名的革命家、思想家、政治家列宁有这样一个故事：

有一次母亲带着列宁到姑妈家中做客。小列宁把姑妈家的一只花瓶打碎了。于是，姑妈问孩子们："是谁打碎了花瓶？"

小列宁害怕受姑妈批评，于是就跟着其他孩子一起说："不是我！"

然而，母亲猜到花瓶是淘气的小列宁打碎的，因为这孩子特别淘气，在家里经常发生类似的事情。但是，小列宁向来都会主动承认错误，从未撒过谎。她装出相信儿子的样子，一直没有提起这件事，而是给儿子讲诚实守信的美德故事，等待着儿子能主动承认。

突然有一天，小列宁在妈妈讲故事时失声大哭起来，痛苦地告诉妈妈："我欺骗了姑妈，我说不是我打碎了花瓶，其实是我干的。"

列宁带着羞愧妈妈诉说，妈妈耐心地安慰他，告诉他只要向姑妈写信承认错误，姑妈就会原谅他。于是，小列宁马上起床，在妈妈的帮助下，向姑妈写信承认了错误。从此以后，列宁没有再说谎，长大以后，他也通过诚信的品质获得了人民的支持。

敢于承认自己的错误，需要一种大智慧和大勇敢。俗话说："智者千虑，必有一失。"一个人再聪明，再能干，也总有失败犯错误的时候。人犯了错误表现出两种态度：一种是拒不认错，找借口辩解推脱；另一种是坦诚承认错误，勇于改正，并找到解决的途径。

每个人都会犯错，关键在于你认错的态度。只要你坦率承担责任，并尽力去想办法补救，你仍然可以立于不败之地。

有些人认为承认错误会让自己面子上过不去，便害怕承担责任，害怕惩罚。而事实却恰恰相反，勇于承认错误，你给人的印象不但不会受到损失，反而会使人尊敬你、信任你，你在别人心目中的形象反而会高大起来。只有知错能改的人，才能不断完善自己，更加容易走向成功。

言传身教　教子有方

子女是父母生命的延续，他们在一定程度上体现着其父母生命的价值，所以如何教育子女，就成了一个很关键的问题。对子女的教育，不是要大棒教育，也不能空口文章，而是应该言传身教，让孩子切实体会到自己良苦的用心，太祖赵匡胤就很重视对子女的言传身教。

赵匡胤有6个女儿，申国、成国、永国三公主皆早亡。魏国大长公主，开宝三年（970年）封昭庆公主，下嫁左卫将军王承衍；鲁国大长公主，开宝五年（972年）封延庆公主，下嫁左卫将军石保吉；陈国大长公主，开宝五年封永庆公主。赵匡胤对这三位公主管教也很严，平日衣服费用皆有节制，不使其奢华太过。三位公主也很听从赵匡胤的教诲，不敢逾矩。

开宝五年夏天，永庆公主要出嫁了。永庆公主是赵匡胤原配夫人贺皇后所生。永庆公主很像她的母亲，恭顺、知礼、温柔，长相也和贺皇后相像。赵匡胤很喜欢这个女儿，特别是在贺皇后去世后，一看到她便想起自己的结发妻子，更因自己新婚燕尔即离家远行，浪迹天涯，难得照顾妻子儿女，心中存有深深的歉疚。所以，他对永庆公主格外怜爱，凡事大都任着她，尽量使她快快乐乐，无忧无虑。这似乎是一种爱的补偿，爱的延续。

永庆公主的婚事是杜太后在世时定下的。那还是在赵匡胤没有当皇帝的时候。有一次杜太后到宰相魏仁浦家里做客，见他的小儿子魏咸信侍奉在其母身边，面如冠玉、风度翩翩，言谈举止、又显得恭谨有礼、少年持重，顿生好感。

当时老太太便想，魏家历来家教极好，这魏仁浦的宽厚仁爱是远近知名的。很早就听说，魏仁浦小的时候，家道贫寒。有一次他母亲借了几尺黄缣为他缝制了一件衣服，让他穿在身上。当时仁浦只有13岁，却心中感到老大不忍。他一边穿着衣服，一边流泪道："作为当儿子的不能尽孝，反让慈母为自己求贷缝衣，于心何忍？"

不久，他便辞别老母，欲去洛阳闯世界，挣前程。半路过河时，他将母亲给他缝制的这件衣服，包裹上石头沉于河底，对河水发誓道："我魏仁浦此去，若不能富贵发达，决不再过此河，永不回家。"

后来，魏仁浦果然历练成材，周太祖时已官居羽林将军。周世宗时更被授为右监门卫大将军兼枢密副使。在赵匡胤登基后，与范质、王溥一起，成为主持朝政的宰执大臣。

有其父必有其子，有魏家这样的门风和家教，魏咸信又是块质地优等的朴玉，日后定能琢成大器。因此，杜老太太便为自己宠爱的孙女儿选择了这位如意郎君，定下了这门亲事。

赵匡胤对于母亲杜氏的话一向是言听计从，但是女儿的婚姻大事，他不能掉以轻心，他一心要让儿女们一辈子幸福，这件事他不能不管。

现在，女儿和咸信都到了男大当婚、女大当嫁的年龄了，该是给他们办婚事的时候了。可是这乘龙快婿自己还没见过。一天，他让赵光义把魏咸信带至皇家校场，让他与党进等一批将军们校射。魏咸信领命后翻身上马，绕场一周后，不慌不忙引弓搭箭，嗖嗖嗖一连数发，竟是箭箭中靶，武艺不在众将之下。党进等众将领一齐向太祖恭贺。赵光义也笑着说道："咸信不仅骑射好，而且知诗书，有才略，陛下又得一德才兼备之佳婿，可喜可贺。"太祖大喜，遂下诏永庆公主下嫁魏咸信，并授咸信右将军、驸马都尉。婚礼于近期择日举行。

成婚这天，汴京城里热闹非凡，士庶百姓一大早便扶老携幼，在御街上转来转去，等着看这空前热闹的婚礼。他们猜想，赵匡胤是大宋王朝的开国之君，功业显赫，威加四海。永庆公主又是他最小的女儿，这个婚事必定办得十分隆重。可是他们失望了，好不容易盼到迎娶的队伍从皇宫东面的驸马府走来，人们一下子围了上去。却见卤簿、仪仗都十分简略。鼓乐队、彩轿装饰等也都平平，与普通仕宦家的婚嫁场面没有什么两样，连一些朝中大臣的子女们的婚嫁都不如。

原来，在婚事之前，许多大臣都建议赵匡胤，这次下嫁公主，一定要办得特别风光，特别隆重。嫁妆要丰厚，仪仗要繁华，各种程序都应宁繁勿简，这样才能显示大宋的鼎盛和皇家的威仪，也可告慰在九泉之下的贺皇后，不失王朝公主的尊贵。朝中大臣和各级官府都纷纷献来贺仪和礼单，金珠宝玉、绫罗绸缎应有尽有。

赵匡胤将这些贺礼一律斥退。他下令有司，给永庆公主操办嫁妆，必须严格按照规定办事，不得超越。婚礼各项议程也不得过分铺张，连必须举办的喜宴也不准兴师动众，大事张扬，只准在小范围内进行。

出嫁的头一天晚上，赵匡胤把永庆公主召至御书房，十分慈爱地开导她说，皇帝的女儿出嫁，是天下大事，按说就是办得再铺张、再奢华，臣民们也不会说什么。但是，一旦皇家这么做了，朝臣们便会群起效仿，各级官员也会跟上，天下官员都崇尚奢靡，最后还是苦了黎民百姓。这样就会败坏了政风、民风和整个社会风气，时日一久，甚至会腐蚀朝政，动摇江山。

赵匡胤见女儿对他的这些大道理并没听进去，一副不以为然的样子，他只好耐着性子说道："唐太宗李世民这个人，你不会陌生吧？此人堪称千古明君，万世英主。可是他在他最疼爱的一个公主长乐公主出嫁时，准备大事操办，嫁妆要比其他公主多出一倍。他的贤相魏徵出面谏阻，唐太宗很不高兴，回后宫跟长孙皇后说了此事，长孙皇后不但不生气，反而称赞魏徵不愧为社稷重臣，劝唐太宗减少女儿的嫁妆，俭约办婚事。事后，长孙皇后还特意派人向魏徵致谢。你是我的女儿，事事应以江山社稷为重，效仿先贤，为民垂范，才能保我大宋帝业永久……"

赵匡胤说了很多，永庆公主一声不响地听着，虽然口里也答应着，心里却仍不高兴，觉得父皇对自己有些刻薄。

婚后数日，永庆公主回到皇宫，来向赵匡胤请安。父女二人虽然

才刚刚几天未见，却与久别重逢一般，一股浓浓地亲情弥漫在太祖的心中。赵匡胤拉着小女儿的手，亲切地问长问短。永庆公主打量着赵匡胤那慈和的却又为政事操劳得有些憔悴的脸，那满头浓密的黑发中渐渐冒出的银丝，心头一阵发酸，险些掉下泪来。一股巨大的暖流在她的周身激荡。她开始懂得了赵匡胤，这是一种强烈的严父加慈母的爱，这是任何东西都换不到的伟大的父爱。她偎在赵匡胤的胸前嘤嘤地哭了。

赵匡胤与女儿谈了一阵，这才注意打量着她的穿着。永庆公主穿的是一件贴绣铺翠的短襦，显得十分华丽。

赵匡胤的脸色开始变得严肃了，他缓缓地说道："你把这件衣服交给我吧，以后不要再这样着装了。"

永庆公主的脸一下红了，她知道这是父亲在责怪自己。便嗫嚅着说道："父皇，一件短襦能用多少翠羽？这也不算是太过奢华。"

赵匡胤看了看女儿，尽量把语气放得平和一些说道："你这话就不对了。这可不仅仅是你一个人的事，你穿这样的衣服，宫廷中就要效仿，很快官宦豪绅之家都会竞相效仿。京城里翠羽本已很贵，用的人多了，必然促使小民们为追逐厚利而辗转贩卖，长此下去就会危害民生。你生长在帝王之家，富贵已极。'普天之下，莫非王土；率土之滨，莫非王臣'，在有些人看来，整个天下都是咱赵家的。帝王家人可以穿天下最华美的衣服，吃天下最美好的食物，尽情地享受天下的一切。我的女儿莫说穿件翠羽短襦，就是穿金戴银，谁又能说半个'不'字。但是，以朕之见，你们兄弟姊妹，应只担心名不扬德不立，切勿只讲究吃喝穿戴，追求享受。你等不开奢糜先例，为天下人做个俭约的表率，也算是替为朕分忧。"

赵匡胤说得十分动情，说到最后，竟有些激动，站起身在地上走来走去。赵匡胤对女儿所说的话，都是他发自肺腑之谈。赵匡胤是中国历史上少有的几个俭约皇帝之一。《宋史》曾记载道：太祖"躬履俭约，常衣浣濯之衣，乘舆服用，皆尚质素，寝殿设青布缘帷帘，宫闱帘幕，无文采之饰。"

永庆公主深知父亲的俭约，她从小在赵匡胤身边长大。赵匡胤从来不讲究衣着，除了那件上朝穿的龙袍之外，赵匡胤平时只穿普通的粗绸布衫，脚上常年登着一双苎麻编织的鞋子。连他住的寝殿，门帘都是那种以布镶边的普通竹帘。而当时王公大臣家中，就连市面上一些较为豪华的酒肆歌楼，谁家不是珠帘绣额，玉雕金饰？

就在前不久，赵匡胤随意检查大内府库，见从后蜀主孟昶宫中运回的各种器皿，极尽奢侈华丽，就连一件盛小便的溺器，都用七宝装饰。赵匡胤对臣下慨叹道："为人主者，糜烂如此，焉能不国亡家破？我宋廷当以此为戒。"遂命将这些价值连城的器皿，全部搬到院中砸碎。

这些事，永庆公主都是听后宫里的宫女们传说的，当时她还不太相信，现在看来，这是千真万确的了。

她开始明白赵匡胤的一片良苦用心。赵匡胤年轻时只身走天下，尝尽了人间苦辛，甚至过着风餐露宿、寄人篱下的乞丐般的生活。他今日高居九五，仍不忘过去的艰辛和坎坷。为了大宋江山千秋永固，他像勾践那样卧薪尝胆，像唐太宗那样牢记创业难，守成更难……

她羞愧地低下了头，自己太不懂事了，辜负了父皇的一片苦心，误解了父皇对子女那博大深邃的、像江河大海一样的深深的爱。

她的脸上已经挂满了泪珠，看看父皇那刚刚浆洗的、已经穿了好几年的粗绸短衫，哽噎着说道："父皇放心，您的话女儿记住了，今生今世，它都刻在女儿的心里了。"

第二天，永庆公主身上的翠羽短襦不见了，她的床头上却多了一本

书。这是她让人专门从皇家藏书室借来的，是唐太宗的皇后长孙夫人手撰的《女则》。

赵匡胤把这一切都看在眼里，他欣慰地笑了。

从赵匡胤教育永庆公主的事例中，我们可以知道言传身教的重要性。对子女的教育，仅仅停留在口头的说教教育效果肯定不好，尤其是在生活水平日渐提高的今天，对子女的宠爱程度随着生活水平的提高而不断加深，这使得如何教育子女成了一个重要的话题。

宋朝名臣司马光也是同样言传身教，劝导子女节俭的。司马光是北宋杰出史学家，字君实，陕州夏县涑水人，世称"涑水先生"。其一生成就不仅体现在史学上，他还教子有方，一生教子，修身为要，俭朴为重。

司马光生活简朴，并以身作则教育儿子，司马光"平生衣取蔽寒，食取充腹"，但却"不敢服垢弊以矫俗于名"。经常教育儿子说："食丰而生奢，阔盛而生侈"。司马光还撰写家训，教育子女。司马光还给儿子事业上的帮助，在编写历史巨著《资治通鉴》的过程中，就曾经让儿子司马康参与其中，让他进行历练。司马光还寓教于理，对自己的孩子循循善诱。司马光"由俭入奢易，由奢入俭难"的修身警句，被后人奉为经典。在司马光的教育下，司马康俭朴自律，学有所成，在宋朝历任校书郎、著作郎兼任侍讲等官职，并且在为官做人中，廉洁俭朴，留下了千古美名。

教育子女要讲究一定的方法，这就是教育子女的学问，郑板桥对儿子的教育可谓别出心裁。郑板桥诗、书、画都有很高的造诣。他虽然才气过人，但是因傲视权贵，其一生并未得到很高的官位，终其一生都只是一介小吏。郑板桥曾历任县令，虽两袖清风，家境相比普通百姓却也算是富裕。因为担心儿子没有经历过困苦的岁月，郑板桥对儿子放心不下。

郑板桥临终前，儿子问他有什么遗言，郑板桥说：想吃你亲手蒸的馒头。儿子为了满足父亲的心愿，就去厨房忙乱，但是直到郑板桥去世，也没有蒸出馒头。这时候郑板桥的儿子深感自己之前没能学的一技之长，连自己父亲临终遗愿都无法满足。最后在亲手为郑板桥更衣的时候，发现枕边有郑板桥手书的遗言："不靠天不靠地，不靠祖宗靠自己。"在深受震撼之后，终生铭记父亲遗言。郑板桥爱子之心在临终前的一件小事中得以体现，而其对儿子的教育也显得别出心裁。

对于子女的教育，在中国历来受到重视。古代启蒙读物《三字经》、《弟子规》等，在一定程度上都有教子修身的作用。父母作为孩子的第一任教师，对子女的教育有很大的责任，为了引导孩子向善成才，家长更应该以身作则，言传身教，也只有这样，孩子才能走向成功，这是作为家长在人生中成功的延伸。

节俭是一种品质

节俭是一种品质，我国古人一直有节俭的美德，也流传有"静以修身，俭以养德"的警句。源远流长的节俭之风，在我们当今社会同样有着不容忽视的意义，经济的发展，物质的丰富，并不代表我们就可以铺张浪费，以节俭之风修身正己，将每一分物力都用到适合的地方，才是成功之道。

自古以来的帝王之家大都钟鸣鼎食，纵欲无度。在帝王们看来，他们有资格随心所欲，为所欲为，有条件衣天下华衣，尝天下美食，

餐天下美色，作为他的家族自然也应是最富有、最尊贵，可以尽情享乐的。于是，穷奢极欲、纵情酒色、昏邪残暴便成了这个家族的"专利"和不可治愈的痼疾，它像一片阴云笼罩了金碧辉煌的殿堂，使这个衣冠锦绣之乡变得毫无光彩，而层出不穷的丑闻秽事，更是遗臭万年，积怨天下。

从之前的叙述中我们可以看到，赵匡胤的这个"天下第一家"却有些例外。这种情况的出现主要与这个一"家"之"长"赵匡胤有关，是宋太祖的俭朴作风带动和影响了皇家的作风。

赵匡胤不甚讲究穿戴，除了那件上朝穿的黄袍，其余服用都很草率。赵匡胤下朝后往往是一身粗绸衣裤，一双用麻编结的鞋子。赵匡胤说，这样更随意些，行动也方便。更重要的是，年轻时的艰苦生活在赵匡胤心中的烙印太深了。那毫无目标的闯荡，那饥渴难挨的奔波，那风餐露宿近乎乞丐般的日子总是清晰地在他脑海中存留着，每自想起，恍如昨日。他不能忘记过去，也不愿忘记过去。今天是从昨天走来的，通往御座的路布满了艰辛和坎坷，他希望把昨天的记忆作为今天的激励。

开封府尹赵光义却觉得皇兄的做法还是过分了些。身居万民之上的皇帝怎能穿普通人的衣服，像普通人那样服用草率？出于对皇兄的敬爱和关心，在一次侍宴禁中的时候，他委婉地提出了这个问题。他期待着宋太祖能够采纳他的建议，勿损大宋皇帝的威仪。

赵匡胤没有立即回答他，而是若有所思地喝了一杯酒，然后反问道："你还记得夹马营时的往事吗？"

赵光义一愣，说："怎不记得？那时候，家父常年在外谋业，母亲带着我兄弟五人艰难度日，常有衣食之忧，长兄光济、小弟光赞就是在夹马营死去的……"

赵匡胤接着说道："夹马营中岂止仅有艰辛？那时兵祸连绵不断，

百姓朝不保夕，那年母亲用箩筐挑着我俩逃难，简直是九死一生！"说到这里，赵匡胤的眼睛湿润了。

赵光义也低着头，默然无语。夹马营的日子此时像针一样刺痛着他。

赵匡胤站起身来，缓缓地踱着步子，喃喃地说道："服饰玩物，珠宝玉器，不可过于追求，否则，国家的危亡便会立即到来。汉文帝惜十家之产而罢露台之建，唐太宗恐费用过多而停修洛阳宫，朕之德不及汉帝唐宗，若所费太过，岂可为君？"

赵光义道："陛下圣明！臣蒙陛下恩重，恭领开封，自当力倡俭朴，使开封城杜绝奢侈，为天下表率！"

赵匡胤点点头："此言甚合我意。古语有云，身正影直。自今以后，王公以下，第宅、车服、婚娶、丧葬，凡按官位俸禄不该使用者，一律禁止。如此，方能身教于天下！"

赵光义频频应诺，拜谢而退。第二天，赵光义也在退朝后穿起了粗绸衣，一些王公贵族也争相效仿，开封城内政风民气大为改观。

赵匡胤穿衣服很简朴，乘坐的肩舆也朴实无华：两根长竿上只涂了一层红色的油漆，中间的软椅没有任何装饰。起初，软椅上连遮蔽物也没有，后来加上覆盖也是用寻常绸布缝制，素淡而平常。本来，赵匡胤是喜欢骑马的，他到外面巡视多是乘马，只是在大内或有事于城中时才乘坐这种用人力扛抬的代步工具。因为他压根儿就对这东西兴趣不大，所以肩舆的形制、装饰也从不讲究，能够乘坐也便满足了。

宋朝自赵匡胤时起，皇帝的生日定为节日。赵匡胤是二月十六日生，这天定为"长春节"。其后，历朝皇帝都定生日为节日，但名称各不同。如太宗叫乾明节，后改为寿宁节；真宗叫承天节；仁宗叫乾元节；英宗叫寿圣节等等。在后来这些皇帝过生日时，都有十分繁缛的礼仪程序，庆典也特别隆重。如徽宗时在一个月前就开始紧张筹备，教坊

要集合所有的乐伎舞伎进行演练，以备届时表演。生日这天，文武百官要到大内去上寿，音乐演奏之前，教坊人员要在集英殿架设的山楼上先模仿各种飞禽的叫声，仿佛百鸟啼鸣传自半空之中，之后官员们才谢皇帝赐坐，一边饮酒，一边看演出，一边娱乐，终日方息。

建隆二年（961年）二月十六日，当赵匡胤登基后第一个生日到来的时候，他却根本没想这样大操大办，而是鉴于历代帝王过生日花费巨大，特地下诏曰："文武官及百姓，自今长春节及他庆贺，不得辄有贡献。"赵匡胤当时的想法是要永为定制，但后世子孙们却把祖训忘在脑后，各行其是去了。

祭祀，是宫廷的一件大事。自古以来，礼乐仪制，不绝如缕。赵匡胤感于时和岁丰，也曾令范质、张昭等人讨寻故事，详定新制，但在祭祀时却不事铺张。乾德元年（963年）祭祀太庙，将升坛，有司用黄褥铺道，赵匡胤以为太奢，命令撤去，说："朕竭诚事天，不必如此。"还宫时，侍者准备好了饰金的车子，宋太祖却不坐，坚持要坐步辇，他说，乘辇合于典故，不必乘金辂。

以往，祭祀时并用牛、羊、猪三牲，称作"太牢"。赵匡胤认为以牛为祭牲多有不当，于是在开宝二年（969年）七月下诏曰："自今祀天地用太牢，余当用牛者，代以羊豕。"他觉得，牛是本不应成为祭品的，它的位置应该在村舍，在田间为农事效力。

宫女是宫廷中被役使、被欺凌的一群人。她们小小年纪便被选入宫中，充当了皇家的奴仆。她们没有人身自由，没有独立的人格，她们的使命单一而明确，那就是：伺候皇帝，从事宫中劳作。她们必须整日小心谨慎，尽一切力量使主人满意，稍有过错便被责罚治罪甚至被杀掉。她们的青春是禁锢在高高的宫墙内的，大多数终生不能出来，只能在孤独和苦闷中坐待红颜老。唐朝诗人白居易作诗叹曰："三千宫女胭脂

赵匡胤勒马塑像

面，几个春来无泪痕！"

皇帝们凭借权力广选美女，致使后宫充塞，唐天宝时期宫中嫔妃竟多达四万人。赵匡胤时，宫女的数目远不及唐朝，开宝五年（972年）后宫编籍为三百八十余人。这个数字表明，宋太祖与其他帝王相比，还是比较有节制的，赵匡胤还下令遣散宫女，"愿归其家者，具以情言，得百名，悉厚赐遣之矣。"

关于这次遣散宫女的动机，据记载是因霖雨不止，黄河又在澶州濮阳县决了口，赵匡胤认为是上天降灾责罚他时政有阙，这才以愧疚之心下达此诏的。当他和宰相赵普谈到此事时，赵普说："陛下临御以来，忧勤庶务，有弊必去，闻善必行，至于苦雨为灾，乃是臣等失职。"但宋太祖不这样认为，他觉得，上天是惩罚他的，不应施于他人，应该由他向上天谢罪。这种肯于自责的精神也颇值得称道。

与选美充实后宫一样，狩猎也是古来帝王的一大乐事，好多人痴迷于此，竟至荒废了国家大事。

赵匡胤曾经也喜欢狩猎，这或许与他多年来的戎马生活有关。但是，赵匡胤对狩猎之事能够有所克制，力图做到不扰百姓，不碍农时。开宝八年（975年）九月，赵匡胤带着随从数人到开封近郊逐兔为乐，兴趣正浓时，忽然马失前蹄，把他从马背上摔了下来，赵匡胤感觉很晦气，抽出佩刀向马刺去，将马杀死。但他马上又后悔了说："吾为天下主，轻事畋猎，又何罪马哉！"从此以后，赵匡胤再也不狩猎了。

以后，他真的没有再去狩猎。他记住了自己的誓言，反省了自己的过失。

我们说赵匡胤是"勤俭天子"当然是相对而言的。他的勤俭也是有局限性的，史书所载难免有虚假不实的成分，当然，这个在此处就无需提及。

赵匡胤经历过流浪苦难的生活，养成了俭朴的好习惯。当了皇帝以后，这一作风仍然没改。

有一天，赵匡胤与皇后闲聊，皇后说："官家做天子时日不短了，为什么不用黄金装饰一下御轿？"赵匡胤笑道："我以四海之富，不要说轿子，即使宫殿也可全部以金银装饰。但我想到我是为天下守财，岂可妄用。古人言'以一人治天下，不以天下奉一人'，如只顾自己奉养挥霍，天下人便不会敬仰你。以后不要再提这样的事了。"

宰相范质以廉洁自持，赵匡胤十分欣赏，在其去世后，赵匡胤评论说："朕闻范质居第之外，不植资产，真宰相也。"

御史中丞刘温叟更以俭朴清廉闻名于世。按照有关规定，御史中丞每月可得公用茶钱一万文，如有不足，可用罚没赃物充抵。刘温叟嫌这种钱来路不正，分文不取。赵光义听说刘温叟清廉，有意试探，曾派遣府吏送刘温叟五十万钱。刘温叟不敢拒绝，却也不用，只是将钱贮藏在西房，叫府吏用封条封上。第二年重阳，赵光义又送去角黍、纨扇，所派府吏便是上一次送钱的那位。他看到去年所贴封条原封未动，回来后告诉赵光义。赵光义感慨道："我送犹不受，况他人乎？"后来，赵光义在一次宴会上评论当世节俭之士，特地将刘温叟辞钱事告知赵匡胤，赵匡胤赏叹不已。

刘温叟去世后，赵匡胤十分惋惜，认为再难找到这样淳厚的人。其所任的御史中丞一职，迟迟难以选定继任者。此职是监察别的官吏的，要想做好此职，首先必须保证自己不被腐化。因此，当太子宾客边光范接替刘温叟时，赵匡胤仍不放心，只授予他兼判御史台事，直到半年之后，才正式任命他为御史中丞。

赵匡胤不仅自己俭朴，欣赏俭朴之人，而且见不得别人奢侈。赵匡胤这一品德起到了很好的模范作用。最高统治者都这么俭朴，上行下效，对整个社会风气影响巨大。即便有当官的想要腐败，他也得好好掂量掂量。

放眼古今中外，许多历史名人都把节俭当作是自己崇尚的生活准则，并作为一种传统美德加以弘扬。历史上有很多著名人物都明白"成于俭，败于奢"的道理并以身作则。

现代社会中，经济飞速发展，社会生活水平越来越高，但是人们的节俭意识却越来越淡薄了。浪费现象越来越严重，物不能尽其用，甚至有些人，以生活中的奢侈浪费为荣，白白浪费了很多的资源，这是很值得我们反思的。

古人曾说过："俭，德之共也；侈，恶之大也。"放眼历史长河，节俭被人们看做是治国之基、兴业之宝、持家之道，历来受到人们的大力提倡。历代帝王在建国之初，多数都实行节俭的作风。唐太宗李世民在建国之初就厉行节俭，贞观初年，李世民打算在洛阳修建一座宫殿，后来他意识到天下初定，这样做劳民伤财，于是就放弃了这个计划。唐太宗一朝，他教化世人"戒奢从简"，不要随意浪费。唐朝皇帝中不乏节俭治国的皇帝，开元初年，唐玄宗统治初期，在施行的一系列改革措施中，其一就是提倡全国节俭。在推行"戒奢从简"的过程中，唐玄宗甚至将宫内的一批珠玉锦绣烧毁，以示自己的决心。唐太宗和唐玄宗以自己的行动支持了节俭的美德。节俭的作风，使得历史上出现了"贞观之治"和"开元之治"的两朝盛世。总之，节俭是传统美德，应该成为人们的生活准则，而且还能够成为人们的财富之道。

现代人生活在经济水平相当高的时代，多数人都不用再为衣食所担忧。但是作为当代人的我们不能放弃节俭的作风，而是更应该明白"一粥一饭，当思来之不易；半丝半缕，恒念物力维艰"的道理，并且从小事做起，厉行节约，将节俭作为我们永久的财富。

第三章

赵匡胤对你说 竞争对手

正所谓物竞天择，竞争是生物界不可回避的事实，而在竞争中，如何对待竞争对手，就成为我们必须面对的一个问题。要想进步就要有竞争，有竞争就有竞争对手，如何对待竞争对手，就决定了你竞争的程度、速度、结局和品位。赵匡胤作为大宋开国皇帝，在逐鹿中原的过程中，存在很多竞争对手，而他对待对手的策略和方法，是非常值得我们借鉴的。

避强就弱的战略决策

现代社会，竞争日益激烈，在竞争的过程中，会涌现出许多不同的竞争对手，在和这些对手的对决中，总要有个先后之别，而这种先后之别如何进行确定，就成了值得探讨的问题了。赵匡胤崛起的过程中，因为正赶上乱世，群雄纷争，一时间围绕在自己周围的对手可谓形形色色、人数众多，赵匡胤在角逐的过程中，确定了一种先弱后强的顺序的。

我们首先来看一下当时天下的形式。虽说赵匡胤顺利地取代后周做了皇帝，可是实际上，这个皇帝却难以超脱起来，全然没有"普天之下，莫非王土，率土之滨，莫非王臣"的感觉。在他的半壁江山周围，登基称王的不在少数，有些甚至咄咄逼人。

在北方，契丹族所建立的辽国，控制了河北北部燕云十六州和长城以北广大地区，久蓄入主中原之志，是赵宋王朝的劲敌；

在西北，党项族所形成的势力正在崛起，开始显露出威胁中原王朝安全的苗头；

夹在两者之间的北汉政权，以太原为中心，占据山西、河北、陕西部分地区，仰仗契丹支援，长期以来，与以前的后周和现在的宋王朝处于公开的敌对状态。

在西南，后蜀政权占据了四川全境，一度把势力范围扩展到汉中盆地和甘肃东南。蜀政权自后唐时期开始经营，几十年来，一直与中原王朝分庭抗礼，使后蜀第二代皇帝孟昶成为五代十国时期在位最长的一任皇帝。

江淮以南，吴越政权以杭州为中心，控制了浙江和苏南的太湖流域；南唐政权经过后周的三次打击，仍控制了以金陵为中心的长江流域地区；此外，荆南、湖南、南汉、漳泉等割据政权分别占据湖北、湖南、广东、广西和福建等地区。

军阀之间，各有固定的地盘，互有并吞之心。它们并无固定的敌友界限，今日"连横"，明日"合纵"，翻云覆雨，干戈不息。

赵匡胤从邺都投军到开封称帝，渡过了十余年的军旅生涯。此间，他奉事过两代君主，经历过多次战事，他推波助澜并亲眼目睹了郭威建周的一幕，又故伎重演使短命的后周王朝寿终正寝。后周三帝，末帝柴宗训实不足论，可是对太祖郭威和世宗柴荣，赵匡胤却始终怀有极大的敬意。这不仅仅因为二帝对赵匡胤恩泽深厚，信任有加，而是二帝的雄才大略和文治武功在赵匡胤心中留下了极为深刻的印象，使他不由得肃然起敬。尤其是世宗柴荣，在致力于整顿改革的同时，仍念念不忘统一大业，亲冒锋镝，征战无休，屡奏捷音，令人叹服。可惜的是，他英年早逝，壮志未酬。

赵匡胤不是后周王朝的继承人，可他在称帝伊始也像柴荣那样立下了削平天下的志向，决心继承柴荣未竟事业。在赵匡胤看来，这不仅仅是一种事业的延续，而且是新王朝的需要。唐末以来200多年大分裂迟滞了社会的发展，阻碍了经济文化的繁荣，而这种局面的继续存在必将严重地威胁大宋新王朝的安全，这是赵匡胤绝不愿看到的。

环顾四周，赵匡胤深感局势的严峻。他曾对赵普说："吾睡不能着，一榻之外，皆他人家也。"这句话，道出了赵匡胤的深深忧虑。

赵匡胤在立志统一天下的时候，不禁想起了当初周世宗柴荣制定进

第三章 赵匡胤对你说竞争对手

取大策的情景。

公元955年，即位不久的周世宗命群臣计议统一之策。"时群臣多守常偷安，所对少有可取者"，但比部郎中王朴的一篇《平边策》却深得柴荣的赏识。

王朴开宗明义，提出"攻取之道，从易者始"。他认为："当今吴国东至海，南至江，可挠之地二千里，从少备处先挠之，备东则挠西，备西则挠东，必奔走而救其弊，奔走之间可以知彼虚实，众之强弱，攻虚击弱，则所向无前矣。"他提出首先攻取南唐的江北地区，"既得江北，则用彼之民，扬我之兵，江之南不难而平也。如此则用力少而收功多，得吴，则桂、广皆为内臣，岷、蜀可飞书而召之，如不至，则四面并进，席卷而蜀平矣。吴、蜀平，幽可望风而至。唯并必死之寇，不可以恩信诱，必须以强兵攻之，但亦不足以为边患，可为后图，候其便则一削以平之"。

比部郎中的建策，句句切中要害，清如泉水，整篇建议，要点是非常明确的：

一、在总体战略中贯彻"先易后难"的原则；

二、在具体步骤上，应先取江南，再下岭南、巴蜀；南方既定，移兵攻取燕云，最后以强兵制服北汉。

三、在战术上，应避实击虚，避强击弱。

四、在策略上，应分别对待，先诱以恩信，后制以强兵。

这个著名的建议，被概括为"先南后北"策略，得到周世宗的赞同。不过在实际执行过程中根据形势的变化作了一些修订。周世宗首先攻取了后蜀的秦、凤、阶、成四州之地。连续两年用兵淮南，于显德五年三月收取了南唐在长江以北的全部土地。但是，按照"先南后北"的战略，周世宗此时应当乘胜攻灭南唐，可实际上，他却在接受南唐降号

雄才伟略

赵匡胤有话对你说

称藩之后，于四月间班师北返。转而亲率三军直捣幽燕，北上攻取关南之地，直到身染重病，被迫班师回京。

当时，赵匡胤29岁，任职殿前都虞侯，领严州刺史。他十分赞赏王朴的深谋大略，更钦佩周世宗的果断决策，现在，当他也像当年周世宗那样矢志统一的时候，多么渴盼能有王朴这样的近臣为他出谋划策！遗憾的是，斯人已去，往者已矣，赵匡胤的心头不免袭上几分伤感，几分落寂。

在赵匡胤眼里，后周臣僚，也即昔日的同事中，能得到他敬重的人不多，而王朴却是一个。《默记》卷上记载：赵当了皇帝后，一日路过功臣阁，风开半门，正与王朴画像相对，赵匡胤望见，却立耸然，慌忙"整御袍、襟领，磬折鞠躬顶礼乃过"。随从见赵匡胤如此肃然，大惑不解："陛下贵为天子，王朴不过前朝之臣，何须如此？"赵匡胤坦言："此人若在，朕不得着此袍。"老辣的赵匡胤对王朴如此敬畏，在统一问题上，对王朴提出的"先南后北"战略，不会意气用事地将它完全舍弃。特别是他作为这一战略目标的主要实施者，对其中的得失体会应当多于常人。

不过，赵匡胤在采取何种统一方针上还是颇费周章，一时难以决定。

或许是从周世宗身上受到启发，赵匡胤也打算遍询近臣，集思广益。他首先向被他亲切地以"附马"呼之的武胜军节度使张永德密访进攻北汉之策，张永德以为不妥，原因是，北汉兵虽少，但很强悍，"加以契丹为援，未易取也"。他的想法是，"每岁多设游兵，扰其农事"，再"发间以谍契丹，绝其援"。对此骚扰离间之计，赵匡胤表示赞同，不过一时未决。

此后，在一次宴会上，赵匡胤又对宰相魏仁浦说起打算攻打北汉之事，魏仁浦回答说："欲速不达，惟陛下慎之。"这番话，引起了赵匡胤的深思。

在平灭李筠之后，赵匡胤曾以用兵河东事召见了华州团练使张晖，张晖主张，鉴于泽、潞战争创伤尚未恢复，军务复兴，恐不堪命，不如收兵育民，等时机成熟再图进取。

由此看来，宋太祖赵匡胤在制定统一大计的过程中，曾一度欲将北汉作为首要的进攻方向，然而，经过多次征询朝臣的意见和深思熟虑之后，他渐改初衷，开始了对统一方略的通盘设计。

赵匡胤最终定下决心是在走访了谋臣权相赵普之后。

当年十一月，李重进的反叛得以平定，统一战略问题又提到了议事日程。一天夜晚，赵匡胤和弟弟殿前都虞侯赵匡义踏着漫天大雪敲开了赵普家门。皇帝雪夜来访，赵普深为惊异，询问原因，赵匡胤如实相告："一榻之外，皆他人家，难以入睡。"于是三人席地而坐，商议统一之策。赵匡胤称："吾欲收太原。"

赵普听罢，猛地愣住了。他用惊异的眼光看看赵匡胤，道："陛下何有此想？非臣所知也！"

赵匡胤忙问其故，赵普道："陛下欲先攻太原，臣以为大不可。太原势强，一时难下，况太原当西北二边，即便一举攻下，则边患我独当之，依臣之见，莫不如先易后难，先南后北，待削平南方诸国，彼弹丸黑子之地，将何所逃？"

赵匡胤道："卿言之有理。朕曾言王朴谢世，谋臣绝矣，今闻爱卿一席话，岂非王朴再生！"

赵普道："臣不敢妄比王朴，愿效赤诚而已。陛下推重王朴，想必是因那篇誉满天下的《平边策》，但陛下却欲先收太原，此与王朴之谋可谓南辕北辙，臣实不解也！"

赵普所持理由，实际上也是赵匡胤长期考虑的一个难题，是张永德和张晖等人想说而未说出的一层忧虑。所以，首攻北汉的用兵设想，赵匡胤正式将它放弃了。

但是，赵匡胤又不愿在赵普面前丢了面子，便故作坦然之态，笑道："吾意正与卿同，姑且试卿耳。"赵普道："陛下神武，愚臣远不及也！"

一席长谈，确定了先南后北统一全国的战略方针。当然，一个关系到赵宋千秋大业的战略方针，不可能就这样简单而富有戏剧性地制定出来，而是经过两年多的酝酿和反复求证，才最终形成的。早在赵匡胤即位不久，就开始"密访策略"，就统一方针问题广泛征求臣僚们的意见。当时的官员大半不赞成先攻北边，而主张应兵锋南指。正是因为他们的建议，才促使赵匡胤定下了先南后北的战略方针。

先南后北的战略到底包括哪些内容呢？赵匡胤本人对此作过较为完整的表述，他说："中原地区自五代以来，兵连祸结，国库空虚。必先取巴蜀，其次取广南、江南。这样，国家储藏才能富饶。北汉与辽接壤，如先攻取北汉，那么辽国之患，就会由我独自承担，还不如先让他苟延残喘，作为我们的屏障，等到我财用富饶后，再攻取它，为时不晚。"这一战略的着眼点是先弱后强，也就是先易后难，北守南攻，待取得南方雄厚的人力物力资源后，再集中力量对付北面的强敌。当然，任何战略方针的制定，都离不开当时的环境和主客观方面的条件，同时，也会随情况的变化而发生变化。赵匡胤在实施这一战略的过程中，并不是一成不变的，而是视当时的情况不断地进行了调整。

战略已经制定，余下的问题就是如何付诸实施了。荆湖地区的武平和南平割据势力，成为赵匡胤牛刀小试的初选对象。

赵匡胤的这种策略其实就是避实就虚、先弱后强。所谓的避实就虚、先弱后强，就是要先将实力比较小的竞争对手扼杀，然后集中精

第三章 赵匡胤对你说竞争对手

力对付比较强大的竞争对手，这样做首先是自己的优势力量对付势力不足的竞争对手，可以取得压倒性的胜利；其次，这时没有小的竞争对手的羁绊和扰乱，对付实力强大的对手没有后顾之忧；第三，在消灭小的竞争对手的同时，必然会将他们的资源为自己所用，这在无形中就壮大了自己的势力，在与之前的势力雄厚的竞争对手对决时，也有了相对的优势。

我们可以仔细分析一下赵匡胤先弱后强的策略。这个战略方针的制定，根基于赵匡胤君臣对当时各方实力的冷峻思考。战争，首先是交战各方军事力量的竞赛。宋王朝建立之时，神州大地依旧是四分五裂，政权鼎峙。宋和辽虽然都是力量最强的政权，可就辽和宋的力量对比而言，辽的经济、军事实力又显然占据了优势。仅从军力方面讲，辽有军队30万，以擅长骑射的骑兵为主力；宋初军队只有19.3万人，其中步兵占大多数。在燕山以南华北的旷野平原上作战，辽军在数量和兵种构成上，均处于有利地位。再看北汉，兵力不多，却精悍无比，又有辽朝作为后盾，也不是可以轻侮的对象。在这种情况下，如果冒然将兵锋北向，不仅毫无取胜的把握，弄得不好，还有可能损兵折将，动摇新建宋王朝的根基。对此，赵匡胤不能不认真考虑。

战争，还是双方经济实力的较量。没有雄厚的财力作保障，要支撑长期战争，完成国家统一，也不过是一句欺人的大话。赵宋政权虽有后周所奠定的良好基础，不过中原地区自唐中叶以来，兵连祸结，战乱不断，社会生产遭到严重破坏。恢复和发展生产，增强财力，不是一朝一夕可以办到的。而这个时期的南方，虽也有政权的更迭和军事上的冲突杀伐，但时间较短，规模也较小，有些地方甚至几十年干戈不及，对社会经济没有造成特别严重的破坏。加上由于累朝的人口南移，地力开发，经济重心转到南方，南方的经济实力胜过北方。更重要的是，南方各政权政治腐败，军力衰弱，容易攻取。在上述情况下，赵匡胤选择了南方，不过是顺理成章，形势使然。

在现代社会中，我们应该采取像赵匡胤那样避实就虚、先弱后强的策略。在激烈的社会竞争中，将弱小的对手先打垮，吸纳进自己的实力中，然后集中自己的精力，对付自己的主要对手。

给对手的心理施压

在我们的竞争中，面对对手的竞争，有时候，我们不用每一步都明刀明枪地去步步紧逼，其实可以选择一点心理战术，通过施加心理压力，让对手慌乱阵脚，这样有利于我们在竞争中取得胜利。

在这里我们要说的是后周的大将李筠，李筠是并州（今山西太原）人，善骑射，勇力过人，是后周开国勋旧。周太祖郭威在世时，就以多立军功而被任为昭义军节度使、检校太傅，又加封同平章事。周世宗柴荣时，又立新功，加封侍中。恭帝宗训即位，加封检校太尉。其镇守北方边境潞州（今山西长治）达八年之久，领有泽、潞、邢、洺、卫等州，跨有河东、河北两个重要财赋之区，势高权重，满朝无出其右者。

随着势力的巩固和不断增强，作为地头蛇的李筠认为翅膀已硬，于是在镇守之地扩充军力、培植死党，狼子野心渐渐显露。柴荣即位后，他加紧召集亡命之徒，经常肆意截留中央赋税。柴荣看在其老臣多功的分上，虽有责备，却没给他什么惩罚。到恭帝即位后，李筠更不把这个小皇帝放在心上，厉兵秣马，准备伺机而动。却没料到，赵匡胤抢先一步，登基夺权，李筠焉有不气之理。

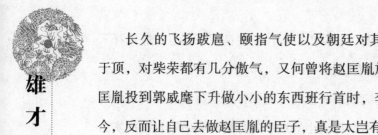

长久的飞扬跋扈、颐指气使以及朝廷对其的一再忍让，李筠眼高于顶，对柴荣都有几分傲气，又何曾将赵匡胤放在眼里。要知道，当赵匡胤投到郭威麾下升做小小的东西班行首时，李筠已贵为节度使了！如今，反而让自己去做赵匡胤的臣子，真是太岂有此理了！

所以，尽管赵匡胤一登位便拜李筠为中书令，企图以高官稳固其心，然而，李筠图谋皇位已非一朝一夕，不要说中书令，即使是并肩王之类也无法抑制其膨胀的野心。双方的较量理应一触即发。

当赵匡胤派使者带着加封中书令的诏书来到潞州时，按照李筠的想法，就要一口回绝，而后发兵出击。然而，李筠的左右幕佐纷纷劝说，或认为兵力尚难以和宋朝兵马抗衡，或认为应该再积蓄力量，等条件成熟，再反叛不迟……李筠见没有人支持自己，只好放弃原来的主意，恭恭敬敬地迎接使者，下拜接旨，并摆下盛宴款待。

一场风波看来就要缓解了。

酒席宴上，李筠强作欢颜，陪侍使臣。其左右当然更加恭敬，小心奉承。使臣看到这种情形，心情放松了不少。心想：看来，朝中大臣有点过虑了，李筠并非狂妄之徒。想着想着，便觉得宴会气氛越来越融洽，交盏换杯，言语也更加随便亲切了不少。

然而，酒过数巡，李筠已脸红脖子粗，突然沉声闷气地喝令手下："将太祖画像拿到大厅！"

众人一怔，不解其意。其子李守节也在宴中，急向李筠丢眼色。而李筠执拗得很，一张脸更红了，竟站起身来，大声喝道："听见了没有？叫你们把太祖的画像挂出来。"

手下见情形不妙，慌慌张张地找了一幅周太祖郭威的画像，挂于厅上。只见李筠号啕大哭，边哭边走到画像前，跪拜不已。

可把左右僚佐吓坏了。为了掩饰，他们急忙向使者解释："令公多饮了几杯，酒后失态，千万不要见怪！"

使者返京，将李筠的言行如实禀报赵匡胤，赵匡胤默然无语。事情既然到了这个分上，赵匡胤如何不知李筠的反叛之心。然而，赵匡胤不像李筠那么容易冲动。他明白，冲动对于一个搞政治的人来说，简直太危险了。从古到今，从没有哪一个冲动的政客能得到好下场。这么一想，赵匡胤反而心宽了许多，他意识到：无论斗智斗勇斗力，李筠均远逊于己。既如此，何不坦然对待。

如何一步一步地既斗倒李筠，又深得人心，这才是上上之策。

不久，赵匡胤亲赐诏书，对李筠加以劝慰，并召李筠的儿子李守节进京出任皇城使，掌管宫门禁令、宿卫。

在赵匡胤深谋远虑、稳健部署的时候，李筠却仍然处于要反不反、犹豫徘徊的状态中。冲动已使李筠的行迹败露，犹豫更暴露出他的优柔寡断。无论如何，李筠未战先败，首先在心理上输了一大截。可是，他又没有自知之明，其狂傲湮灭了清醒，尽管他明白迟早要反，可就是不知道应该在对手未发觉之前，抓准机会一击而中……

当然，对李筠的上述分析，或许只是片面的。换个角度看，李筠可能确实有自己的难处或者有自己的一整套策略。

兵不厌诈，身为大将的李筠或许真不像我们想象得那么愚蠢。

北汉主刘钧得知李筠有反宋的企图，大喜之余，马上写了一封密信，用蜡封好，着人火速送交李筠，鼓动李筠与北汉联合，共同起兵对付赵匡胤。李筠见有了强援，反叛之心昂扬，便欲举事。

然而，内部再次出现纷争，李筠举起的宝剑再次缓缓入鞘。

长子李守节明达事理，劝父亲道："潞州一隅之地，恐难抵挡大宋军兵。还请父亲三思而后行，切勿躁动。"

李筠怒不可遏地吼道："你懂什么？赵匡胤身为周朝旧臣，不思

报效周主，反而趁世宗晏驾，欺弄孤寡，诈称辽、汉侵犯边界，领兵行至陈桥，然后买通将士归附于他，回军逼宫。废少主，幽太后，大逆不道，我如何还能北面尊他为君？如今我出兵平叛，为国讨逆，纵有不敌，虽死无憾！"其凛然大义，当不下于任何一位忠直之士。

李守节仍不甘心，涕泣谏道："父亲即使想要举兵，也应计出万全，不可冒昧。依儿之见，不如将北汉来书，寄上汴都。宋主见我们如此效忠，就不会产生疑忌。到那时，我们再相机行事，攻他一个措手不及。"

李筠听此话有理，沉吟一会，说道："此计倒也可行。正好赵匡胤让你进汴梁，你不妨去那儿探探虚实，同时乘机联络一下周朝旧臣。也好里应外合，谋取大业。"

在前往汴梁的路上，李守节翻来覆去地思忖：如何拜见赵匡胤，赵匡胤可能问什么问题，该怎样小心谨慎、不露一点痕迹地应答。父亲宴中哭泣之事，宋主肯定知道了。那么他必然会对我加以防范，我该如何巧言解脱……应变之策想了千千万，但想破头脑也总觉得心中没底，最后只得暗叹一声：到时候，只好处处小心，随机应变了。

但是，李守节无论如何小心，都防备不了赵匡胤的一记绝招。他怎么也不会想到，赵匡胤在他三叩九拜后，竟突如其来地说道："原来是太子到了，何故而来？"

李守节的头"轰"的一下炸了，吓出一身冷汗，早将诸多对策丢于爪哇国中，慌不择言地说道："陛下何出此言，陛下何出此言……一定有坏人挑拨我父与陛下的关系。"

说完，连连叩首不已。

赵匡胤冷笑道："你父子二人实在太聪明了，以为凭一蜡书就可将我蒙在鼓中。哈哈，好你个李守节！"

李守节失了方寸，闻听此言，只吓得全身发软，跌倒在地。一切都不必隐藏了。赵匡胤冷冷的目光像一把利刃直插入他内心的最深处，李守节已藏不得半点虚假，和盘托出："臣尝泣谏臣父，勿生异心。"

赵匡胤这才缓和一下语气，转而温言道："朕也知道你的行为。你父亲怪你多口，所以把你送到京城，想要借朕之刀，杀你之口。"

看见李守节的脸色变了，赵匡胤继续说道："朕念你尚怀忠诚，特赦免你。回去告诉你父，朕未为天子时，你父可自由行动；朕既为天子，他难道就不能让我几分吗？"

李守节惶恐而退。从这时起，他才知道什么叫做天威，那是一种令任何人难以违抗的力量！

李守节心服口服，回去以后细细述说在京情形，力劝其父悬崖勒马，免取灭门之祸，但这一番言语换来的却是父亲的大声呵斥。李筠反心已起，便断然没有返回之意。既然赵匡胤已捅破纱窗，李筠也就不再犹豫了。李筠起兵并未经过精心准备，这为其失败埋下了伏笔。

所谓的心理战术，就是要通过对自己的对手进行心理上的情感和意志进行影响，已达到自己的目的，是现今的竞争中普遍运用的一种对待竞争对手的方法。赵匡胤在对付李筠的策略上，心理战术起到了很大的作用。首先，赵匡胤对李筠施以恩德，在人们眼中，给李筠的反叛造成了舆论上的负面效果。其次在李筠的儿子入朝觐见的时候，以戏谑的口吻成李筠的儿子为太子，这给了李筠的儿子很大的心理压力，在一定程度上，征服了李筠的儿子，造成李筠叛军中的离心离德。最重要的是，李筠如果一直默默地发展自己的势力，赵匡胤没有办法对其进行削弱，等到李筠准备充分、实力壮大之后，在想要进行清楚，就会付出更大的代价，通过心理施压，让李筠不能进行充分的准备，草率起兵，可以比较容易消灭。

心理战不仅适用于战争，在我们当今社会的竞争中，向竞争对手施加心理压力，仍是一种很有效的竞争手段。在当今社会的商业谈判中，运用心理战术，给对方施加心理压力是很平常的事情。

谈判双方有着各自不同的利益，都希望争取到自己最大的利益，于是就有了实力雄厚的一方，以盛气凌人的姿态出现在谈判桌前，对自己的对手施以强大的心理压力，压迫对手就范，以博取自己最大的利益。

而对于相对弱势的竞争者，这时候也要学会运用心理战术，不能一味地软弱妥协，而是应该分析自己的优势和对手的弱势，在这样的方向上用自己的优势向对手的弱势施加心理上的压力，用以反抗对手的心理战术。

正所谓"与人斗其乐无穷"，掌握好心理战术，在竞争中，向自己的对手恰当地施加心理上的压力，往往会给自己的竞争带来意想不到的效果。

借道伐虢　一箭双雕

借道伐虢是春秋时期的典故，我们可以理解为，实力强大的一方，在面对两个弱小的对手时，可以用一方作为跳板，消灭第三方，回过头来再消灭剩下作为跳板的对手，赵匡胤在一统天下的过程中就用到了借道伐虢，一箭双雕的措施，取得了很好的效果。在当今社会，我们也可以用这种策略对待我们的竞争对手。

在统一的战略问题上，赵匡胤和赵普一拍即合，其制定的先南后北之策可称作是他军事谋略的杰作。同时也可以看出，赵匡胤并不是一个独断专行的皇帝，他能够虚心听取臣僚的意见，在制定大政方针时也能放眼全局，力争做到积极稳妥，万无一失。

赵匡胤先取荆湖，继攻西川，再图北汉的战略设想也曾向皇弟赵光义表明过。赵匡胤说，中国自五代以来，兵连祸结，国库空虚，宜先兵锋南指。若先取北汉，则辽国之患必由宋独自承担，先放过北汉可使其为宋之屏障，待宋国家富足之后再及北汉，犹未晚也。赵光义觉得皇兄的话很有战略眼光，深表赞同。

为了确保对荆湖用兵的顺利，防备党项、北汉及契丹从后面侵扰，赵匡胤在建隆三年（962年）四月从禁军中选派了一批得力将领，率兵守卫北部边陲要地，加强和调整了北面的防守力量。当时，宋朝四周的割据政权并峙，赵匡胤将荆湖作为统一天下的首要目标，体现了避强击弱的兵家要则，再以强将健卒戍守北边要地，可防腹背受敌，赵匡胤此举堪称深谋远虑，稳妥得体。

荆州南平割据政权为后梁时高季兴所建，都府设在江陵，据有荆、归、峡三州之地，居江汉一隅，地狭力弱，四向称臣，全靠赏赐和商税生存。

武平割据政权的前身是湖南之楚国，为五代时马殷所建，称武安留侯。后兵乱连连，周行逢继立。周世宗授周行逢为武平节度使，制置武安静江等军事兼侍中，尽有湖南之地，治所仍在郎州。宋朝建立后，周行逢遣使朝宋，赵匡胤加兼周行逢为中书令。

对于荆湖这两个割据政权，赵匡胤早有攻取之意。他认为，湖南和江陵不但仓廪充实，年谷丰登，而且东距建康，西达巴蜀，是挟制南唐和后蜀的战略要地，攻占了荆湖无异于取得进攻南唐和后蜀的前进基地。所以，当他与赵普定下"先南后北"的大计方针以后，便决定将统一战争的锋芒指向这两股割据势力。不过，宋太祖没有仓促用兵。为确保旗开得胜，他还需要出师有名。

宋太祖建隆元年（960年）八月，南平王高保融病重，因他儿子高继冲尚幼，难以胜任政事，高保融就令他的弟弟行军司马高保勖总判内外军马事。27日，高保融一命呜呼，结束了他12年的南平王的生涯。

赵匡胤听说高保融死了，便派兵部尚书李涛前去吊丧。李涛回来后，宋太祖问他高保勖能否胜任，李涛以为然。高保勖为讨好赵匡胤不断向赵匡胤进贡，于是，赵匡胤授予他代表皇帝权威的符节和斧钺，任命他为荆南节度使。

建隆三年（962年）十一月，在位二年的高保勖病死。高继冲权判内外军马事。他善弄兵，善聚财，高氏统治从此衰落。

湖南武平的情况也很不妙。建隆元年九月，武安节度周行逢病危，他召集文武官员至榻前，以儿子保权相托，说："我本起自陇亩为团兵，同起者十人皆已诛死，唯有衡州刺史张文表独存，常因没做到行军司马而怏怏不乐。我死之后，文表必叛，当以杨师璠讨之。如不胜，应固城不战，归附朝廷。"

周行逢提到的这个杨师璠与他是乡里姻戚，在行逢部下做亲军指挥使，多有战功，深得行逢信任重用。周行逢死后，受遗命继任的周保权记住了他父亲的话，一面提防张文表作乱；一面继续重用杨师璠，以防不测，同时周保权备加尊顺北宋王朝，以期得到庇护，得到恩赐，使其在湖南的统治得以延续。

对于武平、南中这两个割据政权的情况，赵匡胤一直在密切关注着。他看到荆湖丧乱迭生，继任的小王且都年少，难以执掌政事，两个割据政权内部又因王位的接继面临危机，深觉用兵的时机已到，便迅速加紧了发兵的准备，进攻荆湖之战有如箭在弦上，一触即发。

促使赵匡胤用兵的直接原因是武平的张文表之乱。

原来，张文表果如周行逢临终预料的那样，待周行逢一死即起叛心。他对周保权继任武平王大为不满，愤然扬言："我与行逢俱起微贱，立功名，今日安能北面事小儿乎？"恰好，周保权派兵到永州去轮换戍守，路过衡阳，张文表发动叛乱占据潭州。

张文表占领潭州的消息传到武平首府朗州，周保权大惊，即命杨师瑶率领全部兵马去抵抗张文表。临行，周保权将他父亲的遗嘱告诉杨师瑶，杨师瑶大受感动，流着泪对军士说："汝见郎君乎，年未成而贤若此！"军士奋然，都表示愿意拼力死战。

周保权在命令杨师瑶出兵潭州讨伐张文表的同时，又分别派人到荆南求援，向宋廷乞求出师。张文表也上疏为自己申辩，南平的高继冲也把此事上奏宋廷。

周保权乞师平叛，使赵匡胤终于找到了出师的借口。乾德元年（963年）正月初七，赵匡胤以山南东道节度使兼侍中慕容延钊为湖南道行营都部署，枢密副使李处耘为都监，派使者十一人发安、夏、郢、陈、澶、孟、宋、亳、颍、光等州兵马会师襄州，开始了对张文表的讨伐。

在平叛大军出发之前，赵匡胤曾派一间谍去了荆南，刺探"人情去就，山川向背"。此人叫卢怀忠，任内酒坊副使。卢怀忠经过一番秘密察看，归而报曰："高继冲甲兵虽整，而控弦不过三万；年谷虽登，而民困于暴敛。南通长沙，东距建康，西迫巴蜀，北奉朝廷，观其形势，盖日不暇给，取之易耳。"

卢怀忠这个情报非常重要，它使赵匡胤定下了先取荆南，后及湖南的决心。宰相范质闻听，谏阻说，宋不能越过荆南而取湖南，这样有越人国土之忌。赵匡胤道："荆南乃四分五裂之国，今出师湖南，假道荆南，因而平之，定能成功。荆南既定，再取湖南，此万全之策，怎说是

越人国土？"

宰相赵普非常赞同赵匡胤的决策，道："此乃'假途灭虢'之计，古已用之，今陛下借用，定会速胜。"

赵普提到的假途灭虢的故事发生在鲁僖公二年（前658年）夏天。苟息是晋国的谋士，他给晋献公出了个主意，可以用屈地出产的马匹和垂棘出产的玉璧去贿赂虞国，向他们借路去攻打虢国。

二屈之马和垂棘之璧是晋献公非常喜爱的宝物，他对这个建议有些犹豫。

苟息劝晋献公："我们把宝物送给虞国，就像把宝物放到了外库，如果向虞国借到了路，等我们打了胜仗，回头再来取就是了。"

晋献公终于同意了苟息的计策，于是便吩咐苟息去虞国借路。晋献公对虞公说："虢国无道，在客舍里筑起堡垒，想要攻打我们晋国的南部边境，谨请求贵国借路，以便到虢国去问罪。这些礼物，是我们国君送给大王的，还请大王笑纳。"

虞公高高兴兴地答应了晋国，并派军队给晋国做向导。晋国就派里克、苟息率领军队同虞国军队会师讨伐虢。晋国的军队在灭掉虢国之后，又在回师的路上顺便灭掉了虞国。当然，那用来贿赂虞公的"二屈之马"和"垂棘之璧"又完好无缺地回到了晋献公手中。

宋太祖赵匡胤决定重施此计，也当一回晋献公。但是，他却不准备以宝物贿赂荆南的高继冲。荆南称臣已久，高氏纳贡犹恐不及，何须贿赂？宋太祖只派出一使臣前往荆南，向其借道，同时要求高继冲派水军三千配合宋军，助攻潭州。慕容延钊和李处耘是乾德元年（963年）正月初七奉旨出征。时慕容延钊正在患病期间，所以军事行动多以李处耘指挥宋军把借路之意转告荆州高继冲，并让他准备足够的柴米，以借军用。

高继冲没想到朝廷的兵马会来得如此迅速。经与官佐属吏商量，答复是：敝邑方遭丧乱，举境不安，若大军前来，民庶恐惧，愿供刍饩于百里之外。李处耘听罢，很是不满，又派丁德裕前往。这一次，口气十分强硬，似乎不是在借道，而是命令高继冲让出一条道来，并向高继冲暗示：王师南下平叛，荆南不予提供方便，难道是想与叛逆张文表联手对付朝廷吗？

　　李处耘这一兴师问罪之举，吓坏了荆南幼主高继冲。他赶忙与孙光宪、梁延嗣商议，二人都认为王命不可违，识时务者为俊杰，经过一番争吵，终于一致赞同归顺朝廷。于是，高继冲派衙内指挥使梁延嗣和他的叔父高保寅带上丰厚的牛酒，前去犒劳朝廷的军队，且暗中留心他们的动向。

　　李处耘在第二次派丁德裕借道荆南的同时即引兵自襄州南下。二月初九日，大军至荆门，李处耘见到前来犒师的梁延嗣等，款待甚殷，又好言安慰一番，梁延嗣等很高兴，马上派人报告高继冲，说，王师借道，旨在讨伐张文表，可不必忧虑。这样，高继冲的心里才像一块石头落了地。

　　荆门是进入南平首府江陵的必经之路，距江陵一百余里。当天晚上，带病率军的慕容延钊将梁延嗣等请入帐中，盛设酒宴，与其聚饮。席间，慕容延钊强忍病痛努力作出一副十分友好的姿态，言谈语吐中流露出对荆南借道的感激之情，并说，此次荆南慨然借道，功莫大焉，自当奏明圣上。梁延嗣等受宠若惊，毫无戒心地畅饮起来。

　　梁延嗣等没有想到，就在荆门酒酣之时，李处耘已密率精兵数千，疾挺进江陵！身在江陵的高继冲原本等待高保寅和梁延嗣归来，却意外地听到了王师逼近江陵的消息！高继冲顿时慌了手脚，赶忙出城迎接。

　　高继冲是在江陵城北十五里之处见到李处耘的。李处耘首先向他施

第三章　赵匡胤对你说竞争对手

礼，说，主帅慕容延钊顷刻即到，请在此稍候。高继冲不敢违命，带领随从恭立于路边，等候慕容延钊的到来。李处耘则率兵继续进发，从江陵的北门直入城中，等到高继冲和慕容延钊前来的时候，李处耘已分兵据守了城中各要冲，江陵轻而易举地落入宋军手中。

李处耘在入城之前，曾严令部下："入江陵城有不由路及擅入人民舍者斩。"所以，宋军入城后秋毫无犯，江陵百姓未被骚扰，高继冲返回他的首府时看到的仍是一派平和的景象，只是这江陵城再也不属于他高家，城头上已变换了大宋的王旗，宋朝的兵马布列街巷。见此情景，高继冲如丧家之犬，惶恐万状。他自知事情已不可逆转，便向慕容延钊交出了牌印，派客将王昭济等向朝廷呈上表章，把所辖三州十七县十四万二千三百户钱赋图册尽呈宋朝，荆南割据政权就此寿终正寝，荆南并入北宋版图。

紧接着，宋太祖派枢密承旨的王仁赡为荆南都巡检使权知荆南军府事，仍授高继冲为荆南节度使，不久又迁武宁节度使，高氏亲属僚佐，各予拜官晋升。孙光宪因归命有功，被任命为黄州刺史。荆南之兵愿意回乡归农的可自便，官府为其修葺屋舍，给以耕牛种食以安其居，可谓皆大欢喜。

至此，宋太祖"假途灭虢"之计获得了第一阶段的胜利，随之而来的则是对湖南的乘胜进军。当张文表起兵作乱之时，宋太祖赵匡胤曾于建隆三年（962年）十二月派中使赵遂等携诏书宣谕潭、朗二州，令张文表归阙，且命荆南发兵帮助周保权。次年正月二十三日，又诏令荆南发水兵三千到潭州，但仅仅十多天后，二月初九日，高继冲便因江陵被宋军所占而投降，从这个情况看来，荆南并未向湖南发兵，讨伐张文表之乱，仅有杨师璠的兵马。

杨师璠是从朗州向潭州进发的。交战之初，杨师璠有些失利，两军相持至乾德元年（963年）正月，张文表出战，杨师瑶与其大战于潭州西北之平津亭，张文表兵败被擒随后被杀，潭州遂被攻占。宋军既收荆南，张文表又已被杀，宋军的使命似乎已经完成。但是，李处耘并未班师回京，而是加紧调动部队，昼夜兼程地向朗州进发。宋太祖现实晓以利害，期望湖南周保权能够投降归顺，但是周在手下怂恿下，选择起兵反抗，最终被李处耘大军剿灭，割据多年的湖南政权也归于大宋。

湖南大捷的报告送到京师，宋太祖赵匡胤大宴群臣，热烈祝贺。他得意于自己"假途灭虢"、一箭双雕的高明，深为大宋版图的扩大、人口的增加而欣喜。他决计继续实行"先南后北"的既定方针，把统一战争进行到底。

太祖借道伐虢，在很小的付出之下，就收取了荆湖之地，一箭双雕，可以说是很成功的计谋。借道伐虢之计，不仅在军事征伐中很有效果，其实在我们现在的竞争中，也能起到很好的效果。

现今社会竞争中，处在竞争劣势的势力较弱小的竞争对手之间的关系很微妙。一方面他们没有实力和大的竞争对手进行对决，另一方面，为了自己的利益，他们又必须参与到竞争中，这就使得他们的竞争对象在一定程度上锁定在了同样实力弱小的竞争者之间。于是这就给实力雄厚的竞争者以可乘之机。

实力雄厚的竞争者一方面用自己的强大实力对小的竞争者施加压力，另一方面，以永不侵犯他的利益为诱饵来欺骗诱惑他，以协助他竞争为借口，在这种时候趁着他的侥幸心理，将自己的力量渗透进

赵匡胤

去，于是在他还没反应过来的时候，控制住了他的力量。

需要注意的是，借道伐虢的策略不一定要自己占据优势时才可以运用，只要运用得灵活，即使自己处于极度的劣势，也可以将借道其发挥得淋漓尽致，为自己谋取最大的利益。

曾有一位自学成才的工程师，他想要进军石油行业，做石油生意。但问题是他并没有从事石油行业的经验，甚至和石油界都没有相关的联系，更要命的是，他甚至没有能够启动自己梦想的资金，于是他只能另辟蹊径，选择了一招"借道伐虢"。

首先，他了解到阿根廷因为工业发展需要价值两千万美元的甲烷用于石油化工行业，与此同时，畜牧业发达的阿根廷有着大量过剩的牛肉急需出口。

另一方面，在造船行业很发达的西班牙，他们在为自己的船的销路发愁，并且西班牙是牛肉销量很大的国家之一。

这个工程师找到了两个相互有利益关系的条件，于是他开始了自己的行动。首先，他到西班牙船厂，宣称只要船厂收购他价值两千万美元的牛肉，他就购买船厂建造价值两千万美元的油轮。西班牙船厂见一举两得，便接受了他的建议。而他又找到一家石油公司，以购买两千万美元的甲烷为代价，交换石油公司对自己的油轮的租用合同。石油公司同意后，他又跑到阿根廷，用两千万美元的甲烷换取了同等价格的牛肉，于是，他白手起家，利用这种迂回战术，获得了自己的第一艘油轮，并开始进入了石油海运行业，开始了自己的经营，几年之后，他积累了足够的资金，创办了自己第一家石油公司。

这位工程师很巧妙地利用了借道伐虢的计谋，但是在他的运用中，没有了战争时代的奸诈意味，而是体现了一种成功者的智慧，他将三方的利益点巧妙地结合起来，自己到处"借道"，用来为自己的发展铺平

"伐虢"之路，所以，他取得了成功。这就是我们当代人对古人智慧的继承，也是我们应该在赵匡胤对待竞争对手的方法中学到的东西。

离间对手　获得优势

在我国古代的军事战争中，离间计被运用得淋漓尽致，甚至在离间计之上发展出了反间计。古人的智慧传承至今，离间计在我们的竞争中仍然可以运用于对手。在赵匡胤的统一战争中，对于南唐压倒性的攻伐中，所用的离间计可谓妙笔生花。

面对宋朝咄咄逼人的统一步伐，南唐后主多次遣使向宋修好，企图可以继续偏安一隅。宋太祖看透了其中奥妙，于是扣押了前两次的使者，第三次南唐遣使，宋太祖已经做好了吞并南唐的准备，考虑到南唐名将林庆肇会对大宋军队造成不必要的损失，于是太祖心生一计。

南唐使者来到汴京，这次接待南唐使者的官员，宋太祖专门派了翰林学士卢多逊去担任。南唐的这个使者是个名不见经传的小吏，派大学士卢多逊负责接待，显得有些重视这次待见。宰相赵普、开封尹赵光义等都不解其意，提出质疑。太祖并不理会，只把卢多逊单独召至一密室中，叮嘱他要如此如此。

卢多逊邀约南唐使者共进午宴。这次宴会十分隆重，山珍海味，南北大菜应有尽有。席间，卢多逊及其随从频频劝酒。南唐使者怕酒后失态，显得很拘谨，只是在推辞不过的时候，才勉强喝一点。

卢多逊却显得十分慷慨，带头豪饮，一连喝了七八杯，喝得满脸通红，说起话来舌头都不听使唤了。

　　用过午膳，卢多逊邀约南唐使者到附近一所宽敞明亮的房子里暂作休憩。房间的东墙壁上，赫然挂着一幅军人画像。卢多逊乘着酒兴，指着那幅画像问使者："此人，你……你可认识？"那使者抬头一看，不仅大吃一惊，这不是南唐著名将领，南都留守兼侍中林庆肇吗？他的画像怎么会挂在这里？便说道："此乃南唐侍中林大人的画像，但不知贵朝为何要挂他的画像？"卢多逊对他神秘一笑，也许是酒喝多了，竟口没遮拦地说道："吾皇陛下素……素爱林庆肇之……之勇，常说道，以……以庆肇之勇，足以统……统大军，安天下。今大宋强盛，天……天下归心，四方豪俊，无……无不望风归顺。林庆肇久困南唐蕞尔小邦，甚不……不得志，又听说我大宋皇上，思……思贤若……渴，便打算归降大……大宋朝廷。先派人来……来联络，吾皇慨允，并答……答应事成之后，任其为金……金陵节度使，这……这才又送来画……画像，以为信物。"

　　那使者一面听着，惊得心中突突乱跳，他强做镇静地问道："此事当真？"

　　"那……那还有假，吾皇陛下已赐其宅……宅邸，只等林……林将军事成后来住了。你看，这座大大宅院就……就是林……林将军的。"他顺手指了指房间左边一处建筑豪奢、规模甚大的住宅说道。刚说完，似是酒力涌了上来，急忙跑到室外大吐起来，随从人员见他已经醉成这个样子，只好将他送回府邸。

　　第二天，南唐使者辞行归国。宋太祖特赠予李煜白银五万两，并命宰相赵普亲自把白银送到南唐使者下榻之处。为什么要向南唐回赠这么大额的重礼，左右群臣皆不解其意，难有太祖与赵普心里明白。

　　原来当时南唐以陆昭符为使来宋时，曾偷偷地送给赵普五万两白银。赵普见数量太大，又加上前次吴越送瓜子金的事为太祖撞破，他不敢私吞，便将此事禀报了太祖。为了不引起南唐君臣的怀疑，太祖让他权且收下，以后再做处置。

现在以宋廷名义回赠南唐，等于原物退回。他是要让李煜看看，大宋朝廷君臣和睦，铁板一块，没有他们的可乘之隙。另一方面，他也要让李煜知道，大宋国力强盛，库帑丰盈，对他的金器银具，珍珠宝玩并不放在眼里。

南唐使者回到金陵，要求单独觐见皇上。李煜在后宫中召见了他，屏退左右人等，使者详细禀报了林庆肇私通大宋一事。

李煜听罢，大吃一惊，忙问道："你所言属实吗？"使者答道："千真万确，他送去的画像小人亲眼所见，而其情弊乃翰林大学士卢多逊酒后失言。陛下一定要早做处置，若是迟了，后院失火，祸起萧墙，则悔之不及矣。"

李煜挥挥手让他退下，叮嘱他不要对任何人说及。他自己躲在后宫里，却又惊又怒，陷于了极度痛苦之中。国势败危如此，人心多已离散。在大厦将倾之际，许多人都在寻找自己的出路，攀高枝，抱粗腿，认有奶的作娘。这在人情薄如纸，世态炎凉的当今世上，已经司空见惯，他并不觉得奇怪。但是林庆肇何许人也？他乃两朝元老，数代宿将，朝廷待他恩重如山，我父子拿他当亲人看待。想不到人心险恶如此，连这样的人也会背我而去，而且要在背后捅我一刀。

他感到无限悲凉，一颗心在绞痛，在滴血。忽然，这位历来柔懦软弱的主儿，双眼中射出了两道狞厉的凶光，恶狠狠地说道："你既无情，休怪我无义。大唐一日不亡，叛臣贼子就休想得逞。"

他立即令人拟旨，一日连下两道急诏，宣林庆肇火速从南昌赶回金陵。

林庆肇接到十万火急的诏旨，以为京都发生大事，不敢怠慢，带上

几个侍卫，连夜马不停蹄，直奔金陵而来。

他来到都城之后，却见金陵城里平静如初，大感纳闷，连忙递牌子求见皇上。可是李煜却不见他，只让他住到驿馆候旨。

林庆肇在驿馆内一连住了三天，一日数次要见皇上，都被拒绝了。他想出去找那些同僚、熟人们问问，到底出了何事，可是驿馆被数百名兵士把守，一个个荷刀持枪，凶神恶煞，不准他离开半步。

他心里觉得十分不安。究竟为什么？朝廷中出了什么大事？是什么大案把我牵扯进去了？他内心非常疑惑，心里不停地猜来猜去，却怎么也猜不出个头绪。只好在这里干等着，心想等皇上召见之时，自会水落石出，真相大白。

可是等来等去，等到的却是太监送来的一道圣旨和一壶鸩酒。皇上赐他自尽，罪名是叛国通敌，谋反作乱。林庆肇大惊失色，高呼冤枉。可是他的喊声再大，深藏在皇宫里的李煜也听不到。只对这个像木头一般的太监喊冤又有何用？他大声呼叫要见皇上，辩白愚忠。可是，几个如狼似虎的宫廷内侍手持明晃晃的大刀扑了上来，逼他马上服酒。

林庆肇彻底绝望了，他不知道这个糊涂君王究竟听信了谁的谗言。自己一生忠勇，为南唐朝廷东拼西杀，屡立战功，想不到最终却落了个这样的下场。他愤怒、痛苦、心酸，但此时此刻这一切都没有用了。他上前端起酒壶，突然爆发出一阵令人毛骨悚然的惨笑，口中说道："南唐有此忠奸不分，良莠不辨的昏君，焉能不亡。"说罢，将壶嘴对着口，咕嘟嘟一气灌了下去，然后将酒壶狠狠一摔，踉跄了几步，轰然倒地。顿时口鼻蹿血，顷刻毙命。

李煜鸩杀林庆肇的消息传到大宋朝廷时，赵匡胤正在与大臣们商讨征伐南唐的战前筹备事宜。听到这一消息，太祖异常兴奋，禁不住哈哈大笑道："李煜小儿，入我彀中矣。"众臣属都不知何意，吕馀庆问道："陛下何以如此说？"赵匡胤不无得意地道："还记得北汉使用反间计，险些让朕中了圈套，误杀大臣吗？今朕亦用此计，李煜这个糊涂虫果然中计，为朕除去一心头大患。"

众人这才恍然大悟，纷纷向赵匡胤称贺。

原来林庆肇是南唐赫赫有名的战将，不仅武艺超群，而且极富韬略，善治军旅。他是南唐少数几个强硬的主战将领之一。

在赵匡胤发兵征伐南汉的时候，他曾秘密上表李煜，表中说道："宋军前年刚刚吞并后蜀，现在又径攻南汉，连年征战，师老兵疲。眼下淮南诸州，所驻宋军都不过千余人。请陛下拨给我几万人马，我自寿春北渡，径取正阳。这里都是原来我大唐的庶民，思归旧土，必不反抗。我率大军可全部收复几年前沦于后周的江北旧境。纵使宋军派兵来援，臣据淮对垒抵御，定然不会有失。在臣发兵之日，陛下可告知宋廷，说臣举兵叛乱。这样，如果此事成功，则为国家收复了疆土，利在朝廷。倘若一旦失败，陛下可将罪责全推在臣一人身上，杀臣全家以向宋廷表明陛下对他们并无二心，不至于贻祸国家。"

林庆肇意在趁宋军后方空虚收复失地，这在当时确是一条十分可行的上上之策。他以身家性命做赌注，胜则国家得利，败则戮其全族，亦免李煜遭宋廷罪责，给国家酿成祸事，如此耿耿忠心，烈烈赤胆，可昭日月。

但是，这个懦弱成性的李煜，对宋廷畏之如虎，惟恐偷袭不成反获罪，便执意不肯听从，将林庆肇的密奏扔到一边，置之不理，白白地错失良机。

后来，赵匡胤听说了这件事，吓出了一身冷汗。他知道，林庆肇的这一策略，确是十分高明的一着狠棋。倘若当时李煜真的照办了，淮南之地恐已不为大宋所有。纵使收复南汉，也有些得不偿失了。

第三章 赵匡胤对你说竞争对手

雄才伟略

赵匡胤有话对你说

由此，赵匡胤对林庆肇这个人耿耿于怀，一直蓄谋将其除掉。否则，一旦大宋发兵南唐，战端一起，此人将是一个极难对付的敌手。

为了除掉这个劲敌，赵匡胤先是派人潜往南唐，以重金收买了林庆肇的家仆，偷出了林庆肇的画像。然后，趁南唐使节来汴京，亲自导演，让卢多逊登台，演出了那出"酒后泄密"的把戏。

想不到李煜竟会如此昏庸糊涂，简单的几句话，一点小把戏，就让他鸩杀了一代名将。也许这是天意，李煜自毁长城，南唐的气数不会太长了。

赵匡胤就是这样使用离间计清除掉了自己人生发展中的障碍。离间计在一些人看来不够光明正大，甚至会被人视作缺德，但是战争时期，为了尽可能保存自己的实力，削弱对方实力而施用离间计离间对方内部，或者离间对方的合作者，都是不错的办法。

古代战争纷乱的年代，对对手施用离间计非常盛行。统一天下的秦始皇，曾用尉缭离间之计破坏群雄的关系削弱对手力量，这为他统一天下起到了很大的作用。汉高祖刘邦同样重视离间竞争对手的运用，在争霸期间，陈平就专门负责用金钱离间自己的对手，而最关键的，就是对于项羽和范增的离间。正是范增的离去，使刘邦有了可乘之机，终于消灭了自己最大的竞争对手项羽，最终一统天下。

到三国时期，离间对手更是一种被频繁运用的计策。争霸中的对手，经常通过离间自己对手的内部或者离间对手的合作伙伴达到削弱对手的目的，并且屡试不爽。

时代变迁，我们个人的发展中遇到战争年代的几率可以视作为零，但是这时候离间计就一定没有用武之地么？答案当然是否定的，没有过时的计策，只有对计策的灵活运用。

一代石油大王菲洛克菲勒，在最初与当时的石油大亨的竞争中，多次遇到失败。这时，洛克菲勒就灵活地运用了离间计。首先洛克菲勒找到了石油运输的相关铁路部门。在石油运输中，铁路运输有举足轻重的地位，可以说铁路是所有石油公司的合作伙伴，但是有一个问题，所有的石油公司在用到铁路的时候，就对铁路亲亲热热，在用不到的时期，就对铁路部门置之不理，一些依靠石油运输维持的铁路甚至会出现没有生意的现象。洛克菲勒认识到这一点之后，做出了一个决策，他秘密地和铁路部门签订合同，以自己每天固定交付给铁路部门一定的石油货运量为代价，要求铁路部门给自己一个秘密的折扣。铁路部门看到可以有稳定的收入，也乐得给一点优惠。于是洛克菲勒在铁路上运送的石油就比竞争对手的石油有了每桶便宜七美分的价格优势，在这过程中，洛克菲勒逐渐占领了市场，直到最后成为了石油行业的垄断者。

我们现代社会的竞争中，离间计仍然拥有很大的用武之地，也许有人会说离间竞争者内部的环境，破坏其联合伙伴属于不良竞争。但是事实上，当今社会确实存在这种竞争。因此，在竞争激烈的今天，不妨试一试离间对手，让自己获得优势，进而获得竞争的成功。

恩威并施　征服对手

对于竞争对手，除了在竞争中对其进行打击，还可以用自己的气度征服对手，施以恩德，加以威慑，刚柔并济，可达到兵不血刃而定天下的效果。宋太祖在对待吴越的割据政权时，采取的就是恩威并施的手段，不费一兵一卒，全取吴越之地。

宋太祖攻下南唐以后，并没有陶醉于胜利之中，偃兵息武，安享太

平。因为在南方还有两个割据政权：钱氏的吴越和陈洪进割据的漳州、泉州一带，宋太祖的卧榻之侧容不得他们酣睡。于是，在曹彬回京献捷的喜庆声中，宋太祖有了一个新的想法。

吴越是唐镇海、镇东军节度使吴越王钱镠建立的，辖境13州，包括今浙江省和太湖东北部、东部和南部，首府杭州。

钱镠长成之初并未给钱家带来多少欢喜。他不安心农作，只知舞枪弄棒。24岁时钱镠被招为乡兵，开始了军旅生涯。他参与过镇压黄巢义军，被唐廷授镇海军节度使。他将镇海军使府设在老家杭州，率所部兵卒及征来的役徒数十万人大修杭州城，使杭州成为东南沿海的军事重镇。遂后，他假唐廷之名，击杀了公然称帝的董昌，遂尽有两浙及苏南13州之地。唐昭宗天复二年，钱镠任镇海、镇东两节度使，封越王，两年后又封吴王。朱全忠代唐建梁后，于开平元年封钱镠为吴越王，后改封吴越国王，建都钱塘。钱镠据两浙三十余年，是五代十国中享国最长的君主。

钱镠在位期间很注重发展农业生产，征发民夫修筑钱塘江石堤，并造龙山、浙江两闸，阻遏海水倒灌，杭州之民多受其益。他还在太湖流域建造堰闸，以时蓄泄，利农利民。钱镠还招待商旅，劝课农桑，择贤任能，严明赏惩。他本人也较为节俭，不事铺张，勤于治理，辖境政治安定，经济繁荣，海上交通发达，文艺称盛于时，有"地上天宫"之称。

这一切都得助于保境安民的国策。钱镠自知国小势危，力图自保，也不轻易用兵。唐天佑后，中原多事，称王者相继，有人劝钱镠称帝自主，钱镠明智地说："此儿辈自坐炉炭之上，而又踞我于上耶？"他的原则是："与其闭门作天子，与九族百姓俱陷涂炭，不若开门作节度，使终身富贵无忧。"他在临终时告诫他的继承人钱元瓘："子孙善事中国，勿以易姓废事大之礼。"后世子孙牢记此言，始终坚持这一国策，使吴越小国得以延续80年之久。

后汉乾祐年间，五传至钱俶。钱氏政权对中原王朝采取恭顺的态度，保持着一种审慎的客气。周世宗征淮南，钱俶曾出兵助周围打毗陵、宣池。赵匡胤即位当年，授钱俶为天下兵马大元帅。随着赵宋王朝势力的增强，钱俶对宋朝的贡奉日趋频繁。他的生存战略是竭十三州之物以供宋，务得中原欢心。赵匡胤也乐于以种种名衔相诱惑，驱使其为赵宋王朝效力。

建隆元年，赵匡胤从远交近攻的基本国策出发，授钱俶"天下兵马大元帅"，以示安抚。不久，又改赐"承家保国宣德守道忠正恭顺功臣"。这一大串冗长的赐号关键是"恭顺"二字。赵匡胤希望钱俶恭顺于宋，永不违逆，钱俶也深悟其意，对宋恭顺倍至，"贡奉有加常数"，仅乾德元年就向宋进贡白金万两、犀角、象牙各10株、香药15万斤，金银珍珠玳瑁器物近百件，极尽吴越特产，倾国以事中朝。

钱俶对赵匡胤恭而敬之，也畏而惧之。当赵匡胤决定伐南唐时，南唐主李煜曾有意联合钱俶合力拒宋，遣使致书说："今日无我，明日岂有君？一旦明天子易地酬勋。王亦大梁一布衣耳。"

应该说，李煜此言道出了事情的真谛。作为南唐友邻，钱俶也应该知道唇亡齿寒的道理。但是，在此之前，他还接到了宋太祖的一道训令。赵匡胤对前来进贡的钱俶幕吏黄夷简说："汝归语元帅，常训练甲兵，江南强倔不朝，我将发师讨之，元帅当助我，无惑人言云'皮之不存，毛将焉附'！"

有了赵匡胤这番话，钱俶当然别无选择。他不仅对南唐的相约拒而不答，还将南唐来书交给了赵匡胤，出卖了自己的邻友。

钱俶拒绝和南唐的联盟还因为利益的诱惑。赵匡胤在伐南唐之

前，特命有司在开封薰风门外建造了一座大宅第，"连亘数坊，栋宇宏丽，储偫什物无不悉具"。赵匡胤对吴越进奉使钱文赟说，这大宅叫"礼贤宅"，是专门为李煜和钱俶准备的，"先来朝者以赐之"。钱俶一心投靠北宋，当然希望住上这座大宅，所以毫不犹豫地站在了南唐的对立面。

赵匡胤的这些做法实属高明。既有威严的训令，又有利益的引诱，钱俶不得不就范。

开宝七年，北宋大举进攻南唐，下诏要钱俶同时行动，并以钱为升州东面招抚制置使，出任方面军主帅。

吴越内部对钱俶助宋攻唐激烈反对。丞相沈虎子谏劝说："江南，国之藩蔽，今大王自撤其藩蔽，将何以卫社稷乎？"钱俶仍然听不进去，反倒罢免了沈的职务。

唇亡齿寒的道理，钱俶何尝不懂。问题在于以李煜的治国才能，南唐怎么可以成为吴越的屏障？钱俶有苦难言，不得不走上"识时务者为俊杰"的道路。钱以五万余兵力从国城出发，不遗余力地进攻南唐常州，并分兵攻击江阴，宜兴，开辟东南战场。每有胜利便向宋告捷报功，汇报战况。

在宋伐南唐过程中，钱俶亲自领兵，为宋朝立下了大功。他作为东南面行营招抚制置使，承担了一个方面的作战任务。常州城下一战，破南唐军三千余众，生擒六百人，迫使常州的南唐守军举城而降，钱俶因而得到了军衣五万副的赏赐，并被加赐太师。此后，钱俶把大军交给大将沈承礼随宋军平润州，进讨金陵，也出了大力。不过，赵匡胤约令钱俶伐南唐并不希望他有太大的作为。北宋之兵力远过于南唐，即便没有吴越之军也可以取胜。赵匡胤的意图是，通过让钱俶出兵彻底破坏吴越与南唐的联盟，将可能倒向南唐的力量切切实实地拉到自己一边。所以，钱俶攻破常州，使命已经完成，城破之日，宋太祖便诏令钱俶归国。又对吴越的进奉使任知果说："元帅克毗陵有大功，俟平江南，可暂来与朕相见，以慰延想之意，即当复还，不久留也。"

赵匡胤这番话是对钱俶所助一臂之力的感激和安抚，同时也是给钱俶下达了一道命令：南唐亡后速来朝觐！

极力主张称臣纳地的崔仁冀看清了这一形势，对钱俶说："主上英武，所向无敌。今天下事势可知，保族全民，策之上也。"钱俶以为然，但对这次朝觐的吉凶却不托底。他担心赵匡胤会把他扣留，不让其返国。他对赵匡胤的许诺"暂来相见，即当复还"也心有疑虑。李煜之弟李从善不就是被扣开封，一去未返吗？赵匡胤能扣李从善也便有可能扣他钱俶，若这样，吴越国将不国矣。想到这里，钱俶不禁捏了一把冷汗。

可是，他又不能不去，这是宋朝皇帝的命令，岂可违抗？况且，宋军凯旋，也理应前去祝贺，这是起码的礼节！所以，思来想去，他还是决定北上。

赵匡胤在平南唐后即召吴越王钱俶入朝，是一个高明的举措。此举威抚相溶，刚柔相济，虚实并举，向钱俶昭示了一个严峻的事实，提出了一个严肃的问题：南唐灭亡了，吴越怎么办？南唐之国力远胜于吴越，却在宋军的讨伐面前一朝瓦解，吴越难道想步南唐后尘吗？摆在吴越面前的出路只有一条，那就是俯首听命，献土称臣。

赵匡胤的这一策略不亚于十万大军压境，产生了巨大的威慑作用，吴越朝野惶恐失措，"地上天宫"一片惊慌。朝臣们窃窃私语，议论纷纷。有的说，中朝皇帝雄才大略，计谋多端，这次召王北上很可能会大摆"鸿门宴"，将王置于死地；有的则列举了诸如彗星见于中天、野鸡在鼎耳鸣叫、桑树楮树共生于庭及乌夜啼、马生角等天象之异、灾祸之

第三章
赵匡胤对你说竞争对手

变，说是吴越气数将尽，国运将终。这些蛊惑人心的征兆被渲染得活灵活现，真真切切，使人不得不信。如一位目击彗星者说，那彗星长六尺，光芒耀眼，十余日乃灭；而另一位灾异报告者则称，兴妖作怪的桑楮树一夜之间长成合抱粗，且援引古事论证，此灾异在勾残灭吴时也曾在吴国出现，此后不久，越军便大败吴国，吴王夫差被包围在姑苏山上，自杀身死。

吴越王钱俶听到这些传闻禁不住心惊肉跳。他不止一次地焚香祷告，请神灵上苍保佑钱氏。但是，他又不敢拒命或耽搁，这样做岂不会被宋朝抓到把柄？假若像宋对南唐那样，因诏令入朝不行随后大兵加之，怎么得了？所以，经过一番利弊的权衡，钱俶还是在开宝八年二月上路了，为防不测，他带上了妻子孙氏、爱子惟濬，还有近臣平江军节度使孙承禧，临行，又对留守臣僚叮嘱再三，仿佛是在诀别。

吴越的朝臣们也认为君王此行凶多吉少。他们在西湖边上建造了一座"保俶塔"，祈求神灵保佑钱俶平安归来，使吴越继续存在于东南一隅，王室显贵长保富贵荣华。

出乎意料的是，事情并不像吴越君臣想象的那么可怕。赵匡胤听说钱俶已整装入朝，十分高兴，他认为，用和平的、不战而胜的手段达到统一，乃是一位政治家治国才能的最好体现。因而对钱俶给予了特殊的礼遇。他派皇子赵德昭到睢阳迎接，钱俶将至开封时，赵匡胤还屈尊亲自到住所检查为接待钱俶所准备的一切什物。

吴越王钱俶一行是二月十二日到达开封的。赵匡胤将他们安置在收拾一新的"礼贤宅"，关怀备至，接着，在崇德殿接受了钱俶的朝见和祝贺。

此次来开封，钱俶为了表示其对宋朝的忠诚，带来了大宗贡物。对于钱俶的一片忠心，赵匡胤一笑置之。这微笑似很亲切又暗含威严；

既令人心暖又有些神秘莫测。被宋朝吓怕了的钱俶仍然觉得是个谜，他希望这谜底尽快披露，又担心会出现他惊骇了许久的那种结果。

开宝九年二月二十三日，赵匡胤在大明殿举行了盛大宴会，热情款待这位远道而来的客人。酒宴之上，赵匡胤盛赞钱俶能识大体，不与南唐联手。及受命围常州，又亲率大军，勇冒锋镝，身先士卒，终使常州城破，守军投降。赵匡胤说，此番平江南，甚得吴越力助，钱俶功不可没。说到此处，赵匡胤令侍者为钱俶斟满御酒，与钱俶同饮三杯。

钱俶受此厚爱，顿时喜形于色。他觉得，这三杯御酒胜过琼浆玉液，每一滴都温暖着他的全身，每一滴都润泽着他的心田。

但是，钱俶也略怀忐忑地注意到，在赵匡胤与他共饮的时候，侍宴的大臣们都用异样的目光注视着他，他们的脸上大都带着一种奇怪的神情，是嫉妒？是嫌恶？是愤慨？钱俶一时难以猜透。为了不使宴会的气氛变得太紧张，他主动邀大臣们饮酒，并努力轻松坦然，以掩饰自己复杂的心情。

赵匡胤显然已经看出了端倪，遂令乐舞伎进殿，以助酒兴。当乐曲声响起、舞伎们飘然而舞的时候，大明殿内充满了喜庆欢快的气氛，大臣们的目光随之离开钱俶，转移到舞伎身上。他们也开始了相互间的交谈，一边欣赏歌舞，一边指指点点，议论评说，他们似乎已经淡忘了钱俶的存在。

直到这时，钱俶才如释重负。他也被歌舞伎们的精彩表演深深地吸引着，不由自主地用手敲打着桌案，合着乐曲的节奏。他也想到杭州，想到他的宫廷，他的舞伎，思恋和伤感油然而升。此处虽云乐，毕竟是他乡。先王为经营杭州，耗费了大量精力，杭州之美绝不亚于开封，谁知道何时才能返回呢？

四天以后，赵匡胤又传下谕旨，召钱俶和惟濬到宫苑宴射。赵匡胤

特别钟爱这一娱乐活动，经常与近臣宴射。有时在迎春园，有时在玉津园，建隆二年春，他还颇有兴致地步出明德门，到作坊宴射。

今天宴射的场地更宽阔、更敞亮些，偌大个宫苑内草木初绿，生机盎然。给人以心旷神怡之感。赵匡胤之所以选在这里，是试图让钱俶精神再轻松一些，更愉快一些，解除不必要的顾虑和烦闷。赵匡胤没让任何大臣作陪，因为他看出钱俶对大臣们有些提防。

宽松的氛围和惬意的景色使钱俶为之一爽。他尽兴地饮酒谈笑，和赵匡胤一起比赛射箭。他们还以小兽为活靶，兴致倍增，其乐融融。

又过了三天，赵匡胤亲自到礼贤宅去看钱俶，问寒问暖，谈笑风生，仿佛没有了君臣的界限，倒像是老朋友久别重逢。经过这一番体贴、关怀之后，吴越王钱俶这才长长地舒了一口气，先前的担心和疑虑渐渐云散。

三月里，赵匡胤专门下达了一纸诏书：

古者宗工大臣特被隆眷，或剑履上殿，或书诏不名，率由丰功，待以殊礼。今我兼其命数，用奖勋贤，辉映古今，尤为优异。咨尔吴越国王钱俶，德隆宏茂，器识深远，抚奥区于吴会，勒洪伐于宗彝。昨以江表不庭，王师致讨，委方面之兵柄，克常、润之土宇，辅翼帝室，震叠皇灵。而乃执圭来庭，垂绅就列，罄事君之诚恳，为群后之表仪。爰峻徽章，以旌元老。可特赐剑履上殿，书诏不名。"

紧接着，三月初四日，赵匡胤又决定封钱俶夫人为吴越国王妃。诸宰相闻听，以为这样做不合古礼，谏阻道："自古以来，只有同姓诸侯王妻方可封为妃，吴越为异姓诸侯，封其王妻为妃，多有不当。"他们请赵匡胤慎重而行。

赵匡胤颇不以为然："势与俗化，礼与变俱，自古明君都是观时而制法，因事而制礼，法令制度，各顺其宜；方便国事，未必法古，为何一定要按循古制呢？我朝制礼应以利国利民为本。若说封异姓诸侯王妻为妃史无先例，那么就从我朝开始，以示殊恩！"

赵匡胤说得很果决，全无商量余地。大臣们默然无语。当天，赵匡胤正式下达诏书，由钱俶的儿子惟濬将诏书带到礼贤宅。

这以后，赵匡胤又数次召钱俶父子至宫苑中宴射，并令各亲王坐陪。钱俶感动得热泪交流，下拜叩谢，赵匡胤令内侍将其扶起，说："大元帅乃本朝功臣，理应如此！"

赵匡胤给予钱俶如此的礼遇完全是出于政治需要，也是统一天下的需要。宋朝之于吴越，国力、兵力都不处于同一层次，赵匡胤若攻取吴越，真是太容易了。但他并不想这样做，他想创造另一种形式，一种不用武力达到统一的形势，试图通过特殊的恩宠、特殊的礼遇将吴越拉到自己身边，服服帖帖地接受宋王朝的统辖。这样，可以省去财力物力的消耗，免受长途征伐之苦，用和平手段达到统一。

十多年前，赵匡胤制定统一大计时便有这样的想法。对后蜀、对南汉、对南唐，他都尝试着这样做过，他是在万不得已时才发兵攻讨的。这一次，赵匡胤决心取得成功，他要让吴越成为一个样板，让尚未归附的北汉起而效仿。

三月下旬，赵匡胤将西行洛阳。钱俶为表示对皇帝的忠诚，恳请同去。赵匡胤声称怕钱俶不能承受旅途之劳，让他暂留开封。赵匡胤出行的前一天，在讲武殿举行了一次盛大宴会，召钱俶父子入宴，文武近臣作陪。席间，赵匡胤关切地对钱俶说："南北气候不同，风土各异，天暂热了，卿可暂回，早些启程！"

钱俶很感激宋太祖放行，但联想到在开封的这十多天赵匡胤对他的特殊恩遇，又有些舍不得，哭着说，今后每隔三年一定来朝拜一次。赵匡胤道："吴越道路遥远，来往不易，若有此心，待俟诏旨，

再来觐见吧。"

钱俶离开汴京这天，赵匡胤特赐导从仪卫之物，华丽无比，从礼贤宅直排列到迎春苑。自从钱俶来京到其归国，赵匡胤共赐其金器万两，白金器数万两，白金十万余两，锦绶罗细绢等丝织品四十余万匹，骏马数百匹，其他器物不可胜数。

除此之外，赵匡胤还赐给他一件特殊的礼品：一个封缄甚严的黄包袱。赵匡胤对他说，此包暂不要打开，可在途中密观。钱俶接过这黄包袱，不禁犯了嘀咕：这包袱内究竟是春风还是雷霆？

钱俶上路了。途中，遵照赵匡胤的吩咐，秘密将包袱打开，原来是一包大臣们的奏折！钱俶细细看过，内容大体都是奏请扣留钱俶的，力劝赵匡胤借此机会歼灭吴越，尽取其地。钱俶冷汗直流，一方面感谢赵匡胤不加扣留，同时也更加恐惧。自此，钱俶更加小心谨慎，宋廷令他解散兵甲，命他拆除城堡，均照办不误。

钱俶从开封归来后，对宋朝更加恭顺。以前，他在功臣堂处理政务，都是在西北方就坐，现在，他却让人把座位移到西边去，说："西北者，神京在焉，天威不违颜咫尺，俶岂敢宁居乎？"

钱俶对朝贡也更加尽心，每次的贡奉物品制作都极其精巧，运往开封时还要陈列于庭，"焚香而后遣之"，其对北宋王朝的虔敬和畏服，简直到了无以附加的程度。

这一切，正是赵匡胤希望看到的，其威服政策所要达到的也正是这样的目的。至此，吴越已名存实亡，而吴越王钱俶也是徒有虚名而已。

赵匡义即位后，他被召往开封，虽然表面上仍十分优宠，但他感到必须献出吴越国土了。太平兴国三年五月，钱俶献出土地，将所辖之地全部纳入宋朝版册。北宋则在扬州虚设一淮海国，令他为王，但实际上仍留他在开封。吴越国至此结束。

赵匡胤运用了这种恩威并施的策略对待吴越，取得了极好的效果，由此我们可以知道，用威来震慑人，用恩来感化人，都是对待竞争对手的策略，只不过方式一刚一柔而已。而恩威并施则做到了刚柔并济，在对待竞争对手时往往能取得良好的效果。

在古代兵法家看来，不战而屈人之兵是一种最高境界。不通过战场上的兵戎相见，不需要流血牺牲，不需要耗费人力财力，却能够达到和战争手段同样的目的，甚至获得比战争更好的效果。对竞争对手毁灭性的打击固然是竞争中不可避免的手段，但是恩威并施，使竞争对手在精神上完全被征服，也不失为一种很好的手段。

《史记》中有一段"弦高犒师"的记载。说的是秦国派出军队想要偷袭郑国，恰巧郑国商人弦高得知了秦军的动向。为了避免自己国家遭受损失，弦高想出了一个办法，一方面派人回郑国报告消息，另一方面，他自己出资购置了牛羊，去秦军犒师。

弦高自称是郑国大王派来犒劳秦军士兵的，说明了郑国早已知道了秦军的动向，并且做好了充足的准备，使得秦军的偷袭已经变得没有意义，这就是"威"的一面。另一方面弦高将自己购置的牛羊宰杀，无偿地献给秦军，以示友好，这就是"恩"的一面。弦高恩威并施，使得秦军主帅一时之间无法定夺，考虑良久之后，意识到自己继续进军并不能获得什么实质性的成果，于是就选择了退兵。弦高的恩威并施，不战而屈人之兵，就是对待竞争对手时最好的策略之一。

清朝的康熙皇帝在对待竞争对手时也是选择恩威并施取得了良好的效果。清朝建国，郑氏割据台湾，和清朝争斗不断。为了收复台湾，实现统一大业，康熙皇帝很是费了一番苦心。一方面，他任命施琅、姚启圣等武将能臣治理福建，同时大兴战备，操练水军，在军事上对台湾造成一种威慑；另一方面，他灵活地运用外交手段，对台湾的郑氏加紧谈

判和沟通，许以高官厚禄，厚待郑氏子孙和各级官员，在台湾内部形成一种恩惠普及的效果。在康熙帝的恩威并施中，台湾郑氏选择了投降清朝政府，想康熙帝俯首称臣。

在我们当今社会的竞争中，面对众多的竞争对手，不要一味地坚持斗争，企图将竞争对手彻底打垮。可以尝试恩威并施、刚柔相济的手段，让对手臣服，同样可以取得竞争的胜利。

第四章

赵匡胤对你说 管理之道

  战场上，需要运筹帷幄；商场上，需要精打细算；官场上，需要小心谨慎。因此，在有了人，有了物，有了各种资源之后，如何进行有效地管理，让资源进行合理的配置，实现利益的最大化，就是每个人都需要考虑的问题。赵匡胤就很会管理自己的"产业"，他通过各种手段，巩固自己的统治，在赵匡胤当政期间，宋朝欣欣向荣，这和赵匡胤的管理得力是密不可分的。

合理集权促管理

权力是个好东西，有了权力就有了赚取利益的资本。一个成功的管理者，仅仅掌握权力是不够的，还要学会如何控制权力。平定天下之后，赵匡胤拥有了皇权，但是他还是不放心，因为还有许多权力自己不能进行有效的控制，这时，集中权力以便于自己管理的有效实施的问题就摆在赵匡胤面前。

处理好中央与地方关系，加强中央集权，不是赵匡胤和赵普的主观臆想，这种需要，也是从晚唐五代数十年间统治者不断总结经验教训的一个成果。在他以前的许多前辈"老师"，例如朱温、李存勖、李嗣源、郭威、柴荣等都作过某种程度的尝试，为他的成功铺就了一块块基石。

在解除藩镇武装上，朱温对魏博牙兵的打击可谓突出的一例。

藩镇之所以能军事割据，核心是掌握着一支"牙兵"。唐末魏博牙兵"强买豪夺、逾法犯令，吏不能禁。"到后来发展到"父子相袭，亲堂胶固"，以至"变易主帅，如同儿戏"，变成了一股特殊的武装力量。906年，在称帝的前一年，朱温派客将马嗣勋、寇彦卿等领军千人，乘其不备，突袭魏博牙兵，"死者七千余人，洎于婴孺，亦无留者"。杀戮持续了半年，终于使这股特殊的武装力量得到平定。定州王处直因为"牙帐"跋扈难制，便"自队长以上记于别簿，渐以他事孳戮，迨二十年，别簿记之，略无孑遗。"这些措施是有成效的。魏博牙兵经过两次消灭后，赵翼称之为"魏之骄兵，至是而尽"。

另外，对一些重镇，用"陪都"的名义直接置于中央政权控制之下，也是削藩的措施之一。后唐曾把太原叫做"北都"，把魏博命名为"兴唐府"。将真定、河中、凤翔等镇的县，升格为"次畿"。

再有，开始实行剥夺地方的招兵权，拆毁城隍等措施。后唐明宗天成元年（926年）规定，节度使、刺史今后的"牙队"，只许在国家规定的数目内，不得自行"招致诸色人"。后唐庄宗还借潞州杨立叛变事件，撤除诸道城防，"潞州城峻而隍深，故立辄敢据之，庄宗因兹诏诸道撤城防之备焉。"后周时，郭威又进一步罢去了州郡自造武器的权力，下令"诸道作工赴京作坊以备役使"。

最重要的一点是，五代诸君在削弱地方兵权的同时，不约而同地采取了加强中央军队的措施。后梁朱温以李顷掌禁军，"倚为肘腋"。后唐设置"侍卫亲兵"制度，潞王李从珂在位时，禁军人数达到10万。后周柴荣对中央军队的整编，赵匡胤即是直接参与者。

除收取地方兵权外，在行政、财政大权方面，五代诸朝也开始实施诸多限制。

后唐庄宗削弱了地方任用官员的权力。"今后大镇节度使，管三州以上者，每年许奏管内官三人，管三州以下者，许奏二人。"明宗时，规定内外官僚，包括节度使、刺史一切在内，"并不得擅发书题，妄行请托于诸处安排公人"，如有违者，荐者和被荐者都要受到严厉处分。后汉、后周都有诏命，"两京诸道州府留守判官、两使判官、少尹防御团练军事判官，今后并不得奏荐，"后梁时，还曾规定郡县长官权位高于镇将，并命令以后刺史可以不通过节度使直达中央奏事。

前代各朝为加强中央集权采取了诸种措施，并不能因此就看轻赵匡胤的种种努力。一是，各朝采取的措施并不系统，大多没有从根本上，

或者说提出一套完整的措施来固定这种中央对地方的控制关系；二是朝代更替频繁，许多措施的贯彻落实很难收到应有的效果。所以即使在周世宗时期，藩镇的势力仍然是较为强大的，中央支配地方的地位并未得到巩固。淳化二年正月，宋太宗曾对近臣讲起："前代武臣，难为防制，苟欲移徙，必先发兵备御，然后降诏，若恩泽姑息，稍似未遍，则四方藩镇，如群犬交吠，周世宗时，安审琦自襄阳来朝，喜不自胜，亲幸其第。"号称一代英主的周世宗，对安审琦如此礼遇有加，实在是一种言不由衷的表白和姿态，也反映出内心对藩镇势力的畏惧。他在征伐淮南返回时，许州百姓向他告发节度使向训的诸多种不法之事，周世宗不但没有派人查实予以处罚，相反却把此人交给了向训，向训便把这位倒霉的告发者活活沉入水中。李筠任潞州节度使8年，种种不法之事，所闻不少，但周世宗不敢采取什么措施，听凭他在这块独立王国胡作非为。

但赵匡胤则不然。首先，他依靠禁军夺取了政权，表明他对中央军事力量的控制已有完全把握；其次，先后消灭了李筠和李重进割据势力中的最强大者，向其他藩镇显示了中央力量的强大。也表明削夺藩镇之权的时机已经成熟。

削夺藩镇主权，其手段不只一种，无论采取何种手段，都贯穿着赵匡胤基本的统治意图：强干弱枝，集权于中央，集权于自己。

一般认为，赵匡胤削夺藩镇之权，并没有采取急风骤雨式的剥离方式，而是以渐进的、有条不紊地创设种种制度，采取恩威并施、文武相济的各种手段得以完成的。而且这一过程一直延续到宋真宗时代。

赵匡胤之所以能如此从容，不外乎两点，一是他已完全控制了局势，特别是对军队的统御。论实力，各路诸侯已无力与赵匡胤一争高下。二是从统治的角度看，怀柔政策有时比军事进攻更为有效。中国人历来讲究"不战而屈人之兵"，对赵匡胤来说，执掌权柄他喜欢一人独揽，可是装门面，在天下臣民面前树立一个好的形象却是他一直努力在做——而至今尚未做成的一篇文章。

或许还有一层较为隐秘的原因。那就是赵匡胤本人曾做过节度使，而且是在节度使任上当上皇帝的，因而对这些坐镇一方的藩帅的种种心态自然了如指掌，采取何种办法，如何选择最佳时机，他应该是胸有成竹的。

赵匡胤对那些直接构成威胁，并有明显造反动机及行动的藩帅施之以武力，而对那些关系比较疏远，且持有疑虑的节度使，则采取调动的办法，使他们难以形成独立王国，以削弱其割据的基础。

至于个别看不顺眼而又没有多少能耐的节度使，赵匡胤根本用不着挖空心思地调兵遣将，动用军队，甚至连调动之类的把戏都不需要，随便找个借口就可以将他就地免官。962年二月，滑州节度使张建丰，就因为一起"甲仗军资"仓库失火事件，被赵匡胤免掉了节度使，并将他发配唐州。其实，有许多比军用仓库失火更为严重的事件，赵匡胤从不把它放在心里，有些赵匡胤还曲意为之辩解、遮掩。显然，失火事故，不过是赵匡胤的一个漂亮的借口而已。

对于那些长期居住边疆，拥有少量军队，父终子继的节度使，也就是少数民族的首领们，赵匡胤则对他们实行特殊政策。例如对定难节度使李彝兴（治夏州，今内蒙古乌审旗）、永安军节度使折德扆（治府州，今陕西府谷县）、灵武节度使（治今宁夏灵武县）冯继业等人，"许以世袭"，不再由朝廷另行派员，而让他们继续戍守西北边防。961年，折德扆入朝觐见，赵匡胤对他"待遇有加"。962年，李彝兴派遣使者进贡名马三百匹，赵匡胤正命玉工为自己制作腰带，得到消息便灵机一动，召见使者，询问李彝兴的腰围有多大。使者说李彝兴粗腰大腹，赵匡胤恭维道："你的主帅真是个福人。"当即派人将打制给自己用的玉带赐给了李彝兴。这种怀柔确实收到了意想不到的好处，这些节度使不但没有造反，反而戍边很卖力。

自建隆、乾德年间开始，赵匡胤将自己的亲信和比较有才干的中央官吏分派到新征服地区和重要地区担任知府知州，以贯彻自己的治国方针和统治意图，这些官员都是文官，又是以中央大员身份"代理"掌管地方事务，从而在收夺了节度使所拥有的行政权力的同时，又加强了地方与中央的联系。赵匡胤之所以热衷于以文臣代替武将，就在于他的经验，他觉得武将大都骄横跋扈，动辄举兵犯上，而文臣与军队联系较少，关系不深，难以形成兵连祸结、反叛朝廷的气候。赵匡胤对于这一指导思想甚为得意，他说："今用儒臣干事者百余人，分治大藩，纵皆贪浊，亦未及武臣十之一也。"宁愿让文臣"贪浊"，也断不容武人举兵犯上，这便是赵匡胤的根本心思。

赵匡胤所开创的"文臣知州事"制度在宋初的几代皇帝手中得以继承和发展。到宋仁宗时期，全国上下简直成了文人的世界。所以蔡襄形容说："今世用人，大率以文辞进：大臣，文士也；近侍之臣，文士也；钱谷之司，文士也；边防大帅，文士也；天下转运使，文士也；知州郡，文士也。"

在实行"文臣知州事"的同时，赵匡胤还采取了另一项收权措施，即逐步罢废支郡。

所谓"支郡"，就是非节度使直接治理的州郡。唐末五代时期，一个节度使除了管理所驻州郡的政务外，还要治理附近州郡的政务。如山南东道节度使辖襄、均、房、复四州，节度使驻襄州，均、房、复三州各有防御使、团练使或刺史处理州务，但须秉命于节度使，而不能直达于朝廷。均、房、复三州就是山南东道节度使的"支郡"。

以文臣知州事和废罢支郡措施的实行，使位尊权重、声势煊赫的节度使的权力受到了很大的削弱，其实际权力仅等于某一州府的长官，有的甚至徒具虚名，仅仅属于一种荣誉称号。自中唐以来藩镇权势过重，拥兵自大的情形终于得到了改观。

收夺藩镇之权，并不是赵匡胤的终极目的。按照他的思路来调整严重颠倒的中央和地方的关系才是他的真实意图。因此，除削夺地方藩镇之权之外，对州郡的行政权力也要进行限制。即使任命文臣知州，也要防止其权力过大。为此，赵匡胤又采取了两项措施。其一是"三岁一易"，即"知州"、"知县"在一地的任职时间不得超过三年。965年（乾德三年）北海军（今山东潍坊）知军杨光美任职已满三年，由于在当地为政清廉，颇得百姓爱戴，当地数百人赴京请愿，请求杨光美继续留任。赵匡胤派人劝他们散去，在劝阻无效的情况下，赵匡胤采取断然措施，"笞其为首者"，才将请愿者赶走。乾德四年七月，赵匡胤下令，"自今诸州吏民不得即诣京师举留节度、观察、防御、团练使、刺史、知州、通判、幕职、州县官"。这是针对北海军百姓请愿事件由政府作出的反应。他同时还指出："若实以治行尤异，固欲借留，或请立碑颂者，许本处陈述，奏以俟裁！"这道命令的意思是，确实政绩突出、坚持继续留任者，也应通过正常渠道请求，由中央政府来决定。可见，当时执行"三年一易"的制度是多么坚决。

赵匡胤收夺兵权、"强干弱枝"的一系列措施展示了这位封建地主阶级政治家非凡的统治艺术。吕中评论道："天下之所以四分五裂者，方镇之专地也；干戈之所以交争互战者，方镇之专兵也；民之所以苦于赋繁役重者，方镇之专利也；民之所以苦于刑苛法峻者，方镇之专杀也；朝廷命令不得行于天下者，方镇之继袭也。赵匡胤与赵普长虑却雇，知天下之弊源在乎此，于是以文臣知州，以朝官知县，以京朝官临

财赋，又置运使，置通判，皆所以渐收其权。朝廷以一纸下郡县，如身使臂，如臂使指，无有留难，而天下之势一矣。"此论当属切当。

作为一名管理者，赵匡胤无疑是成功的。管理者在奠定了自己的管理地位之前，一定会将一些重要的权力下放到自己新来的或者必须用到的人的手中，这是权宜之计，也是必不可少的手段。但是在局面稳定之后，管理者就必然面临一个收权的问题。

首先，权力的下放使得部分手下掌握着自己团体的命脉，比如一个企业，在创业之初为了效益，可能将一部分权力交给一部分人，让他们放手为企业的成长拼搏，但是企业到了稳步发展的时候，就面临着这些人权力过于集中，过于庞大的现象。这样就加大了管理的难度。还会造成一些人以功臣自居，捏着手中的权力要挟管理者的局面。其次，无法有效控制权力，使得自己的管理无法有效实施，会使管理效率降低，造成资源浪费。所以在一个团体发展到一定程度之后，收权势在必行。

权力的诱惑力实在太大，吸引了太多人的眼球，有些人甚至把权力看得比生命还重要，因此当一个新的领导人为了全局考虑继续守护他人的权力时，不可避免地要面临着很多矛盾。在赵匡胤之前的历代统治者面对这种情况，多数采用杀伐的手段，将功臣诛杀殆尽，大权自然集中到皇帝手中。赵匡胤则选择了温和的手段，通过温和的方式收取兵权——以经济利益换取部下的兵权，并通过各种手段，例如文臣知州等，使得自己下放的权力不会集中在某一个人手中，让手下人相互制约，这在一定程度上就相当于权力还是掌控在自己手中，自己可以有效地进行管理。

现代社会的管理者也要注意这些情况，对权力的控制直接影响到管理的有效实施，因此集中权力的控制，才能便于自己的管理。

长存忧患意识

古人说：生于忧患，死于安乐。这句话是教导我们不可以贪图安逸的享乐生活，而是要常有这一种忧患意识，只有这样才能获得长久发展。

赵匡胤即位后，首先对功臣及家人进行了分封。大小分封结束，诸事妥当，第一次朝会便告结束。文武百官面带喜色，正欲散去，宋太祖却又传旨，让他们随自己前往拜见杜太后。

赵匡胤率百官来到太后宫室，杜太后正在与几个侍女们亲亲密密地交谈着，就像一个普普通通的老妈妈与儿女们娓娓谈心。儿子登基做了皇帝，自己一夜之间成了皇太后，成了天底下最荣崇最风光的女人。但是，这位老夫人并未因此而兴高采烈，也没有惊慌失措，而是处之泰然，好像这件事早在她的预料之中，是本应如此的一件平常事。

赵匡胤长跪在地，向母后磕头，群臣一齐跟随着太祖双膝跪下，行臣子大礼，一齐欢呼恭贺。

杜太后只淡淡地让儿子和群臣起来，却不多说一句话。众人看时，只见太后满面忧郁，愀然不乐。赵匡胤看看母后，深感疑惑不解，站在那里有些不知所措。群臣们也都摸不着头脑，一个个面面相觑，局促不安。赵普因与杜太后较熟些，便上前问道："臣普尝听说，母以子贵。今太后之子已贵为天子，乃天大的喜事，太后缘何怫然不乐？"

杜太后深情地看了一眼太祖，这是她素来十分看重的大儿子，他从小胸存大志，她知道儿子久后必成大业。当这一天真正到来之时，做母

亲的却又忧心忡忡，怎么也高兴不起来。她叹口气，徐徐说道："古之圣贤有言，'为君难。'天子位在万民之上，若统御有方，治国有道，能造福黎民百姓，便可博得万民爱戴，当这个皇帝自然是尊贵无比；若是稍有不慎，一旦失误，将难以驾驭天下。到那时，别说是泼天富贵、荣崇至尊，恐怕想做个普通老百姓也难了，我之忧虑，正在于此。"

谁也不曾料到杜太后能说出这么一番话，一个个听得悚然心惊，他们深为太后洞悉治道，深明大理而感佩，满宫室里鸦雀无声。

赵匡胤听罢，心中怦怦乱跳。他觉得母后提醒得太及时，太重要了，自己这个初登大位的儿子确是获益匪浅。他恭敬有加地再次跪在母后面前，发自内心地再次拜谢，连声说道："谨遵母后教诲，儿子今生今世当永远铭记于心。居安思危，不稍懈怠。"

拜望过杜太后，群臣们纷纷散去，赵匡胤独处在御书房里，慢慢地品尝着值勤太监泡上的一壶西湖龙井。几片散溢着清香又略带苦涩的茶尖在他嘴里被反复地咀嚼着。他觉得，自己似乎不是在咀嚼茶叶，而是在咀嚼母后"为君难"三个字的深厚内涵，他陷入了苦苦的思索之中。

从24岁离家出走到现在整整十年了，这艰辛备尝的十年，如今想来恍若梦境。他深知今日的跃登大宝来之不易，更真切地掂出了"为君难"这三个字的分量。

但赵匡胤积半生的经验认识到，一切都事在人为。为君难与不难，关键看你怎么"为"法。为君难的核心和根本是当明君难，驭臣使民难，大治天下难，扫除积久弊端难。他忽然记起了唐太宗李世民的名句："创业难，守业更难。"如今天下粗定，百废待举，有多少大事和难题等着自己去处置？如不能尽快地稳定局势，安定人心，刚刚取得的天下就有可能得而复失。

那么，眼下最要紧的是什么？"君犹舟，民犹水，水可载舟，亦可覆舟。"为君难与不难，关键是看人心的向背。要做唐太宗李世民那样的明君圣主，要创"贞观之治"那样的盛世伟业，眼下关键是先收服人心。

想到这里，一个熟悉的名字跳进了赵匡胤的脑海里，那就是张永德。今日朝堂上赵匡胤没有格外封赏张永德。他要单独召见他，格外施恩。张永德不管是在先朝旧臣中，还是在拥立功臣中，都是一个举足轻重的人物。他战功赫赫，却从不恃功自傲，为人谦和，人缘甚好，对这样的人绝不能冷落，若能彻底地笼络住此人，无论对取悦朝臣还是对安抚藩镇，都会产生重大的影响。

想到此，他忽然喊道："来人！"

值勤的太监们冷不丁被吓了一跳，慌忙跑过来跪下问道："万岁爷有何吩咐？""传朕旨意，请张驸马即刻入宫。"

太监传旨去了，赵匡胤这才发现天已大黑，早到了晚膳的时候。他也不回宫，就在御书房里命人摆上一桌精美的酒席，等待着与张永德对酒夜谈。

散朝之后，张永德回到府上，心里七上八下，深感不安。新的王朝建立了，自己当年的部下一夜之间成了当今天子，他会怎么安置自己呢？尽管这些年两人相处得不错，在一些事上自己也曾真心实意地帮过他。但自己毕竟是后周的皇亲国戚，两朝重臣。宦海浮沉多年，谙熟官场政治，他深深地知道，政坛之上风云变幻莫测，官场上的敌友常常因利益关系而重新确定，与新君关系密切的人往往难逃死的厄运。

想到这里，张永德不禁打了个寒颤。他开始思谋着全身而退的法子。他想效法古人的先例，急流勇退。主动上一道奏表，请求辞去一切官职，退隐林泉。可是，他又怕那样更会引起宋太祖的怀疑。究竟是去是留，何去何从，他真有些犹豫不决，难以定夺了。

就在这个时候，宫中太监前来传旨，让张永德入宫觐见。接旨以

后，张永德只觉得心惊肉跳。这个时候召自己进宫干什么？莫非这么快就要对自己下手？反正是凶多吉少。他把心一横，是福不是祸，是祸躲不过。到了这个时候，就是火坑陷阱，也得去走一遭。

张永德来到御书房，赵匡胤已立等在那里。永德口中说道："臣张永德叩见皇上。"就要双膝跪下，大礼参拜。赵匡胤抢上数步，一把将其拉住，笑道："张驸马休要行此大礼，今晚是我们私下叙旧，免去一切繁文缛节。"说着，便拉张永德坐在酒桌旁。

听赵匡胤对自己仍以驸马相称，并不直呼其名，说明这位新天子对自己这个后周旧臣还是念旧情的，张永德觉得心里一阵热乎乎的。忙欠身问道："陛下连夜召微臣入宫，不知有何吩咐？"

赵匡胤哈哈笑道："你我多年故人，患难之交，今夜无事，不过找驸马来叙叙旧而已。"

说罢，便命人斟酒，与张永德相对而饮。边饮边谈，宛如平时。至此，张永德总算一块石头落了地，言谈举止也就自然得多了。

赵匡胤举杯道："万事开头难。如今江山初创，百业待兴。朕欲建太平盛世，造福黎民，还望驸马能鼎力相助。为此，愿与驸马共尽此杯。"

张永德慌忙答道："皇上天姿英睿，宽厚仁爱，降尊纡贵于臣下，广施恩泽于万民，微臣感佩莫名。为大宋江山社稷，臣张永德愿誓死效忠，虽鞠躬尽瘁、肝脑涂地而不移。"说罢将杯中酒一饮而尽。

赵匡胤大喜，也将杯中酒喝了，动情地说道："好！有驸马这番忠肝义胆，何愁大宋不兴，江山不固？自今日起，驸马便加官侍中，并领武胜军节度使。另外，朕听说驸马曾有一条十分钟爱的通天犀带，在征战淮南时，因军资超用二十万，以此带抵债十五万，尚欠五万。朕已下令免除了所余五万，并再赠汝二十万，以旌忠节。"

张永德闻言，心中直如狂澜翻滚，感慨万千。节度使已是节钺重臣，封疆大吏，再加官侍中，等于备位宰辅。自己何德何能，得受此荣宠。他连忙离席，再次跪倒在地，十分激动地说道："万岁如此信任微臣，微臣余生，唯皇上之命是听，上刀山，下油锅，万死不辞。只是以犀带抵军资，乃前朝之事。万岁免除所余五万，已是莫大恩典。若再赠臣二十万，臣万不敢受。"

赵匡胤将永德扶起，微笑道："朕亦前朝旧臣。你为后周统一大业出生入死，累建战功。再以自己的祖传珍物抵军资，于理不公，于情不通。朕赠你二十万，也是合情合理的，此事无须再争。"

君臣二人重又坐下饮酒畅谈，直至夜深，张永德方告辞出宫。

这一夜，赵匡胤几乎又是通宵未眠。他仍在反复地思考着如何争取民心。要想真正收服人心，让他们永远心悦诚服地忠于大宋王朝，就不能只是大封功臣，还应该多想想广大百姓的利益，再就是那些明的暗的敌对势力。

赵匡胤想起了韩通，这位后周臣僚中唯一敢于用武力抗击兵变的人物。

赵匡胤对这个人物是既恨又爱。恨其不识时务，却爱其忠心事主。回想当时大兵回京，后周官员皆望风归附，却独有韩通敢于逆天而行，率兵抵御，与自己过不去。对此，他恨得咬牙切齿。但是不知为什么，他的心底深处却又升腾着一种对韩通莫名其妙的敬重，这是十几年相处期间从来没有过的。

当时大军入城，成败得失一目了然。"主少国疑"的后周政权危若垒卵，赵氏代周已成必然。在这个时候逆潮流而动，只能是自取灭亡。韩通再糊涂，也不会不清楚这一点。可是他却不肯为保全自己而归降新朝，甘愿以身殉主。以前还真看不出来，韩通会有此忠义立身，宁死不

事二主的气节，这种忠君报国的精神，难道不是大宋新王朝每个臣僚都应该具备的吗？

他要以韩通的忠义教诫大宋的文武百官，为大宋社稷永固和帝业长久造就众多的忠臣义士。再说了，忠孝节义乃古之圣贤所教，连普通民众也历来看重和信仰。若能旌表和彰显韩通的忠义，足可符天下之人望，取得万民拥戴。

从这点出发，韩通的形象便在赵匡胤的脑海里突然变得高大起来。对，这又是一篇绝妙的文章，一定要大加嘉奖，封官晋爵，并为他举行隆重的葬礼。赵匡胤心怀着忧患意识，不断地采取措施，将自己的统治一步一步巩固了起来。

古人有"生于忧患，死于安乐"的感慨，也有"先天下之忧而忧，后天下之乐而乐"的胸怀，忧患意识作为一种管理者必须具备的意识，在中华文明中传承了下来。赵匡胤所牢记的"为君难"，恰恰是我们后人所说的忧患意识。什么是忧患意识？那就是在国泰民安时国君仍日理万机的操劳；就是在天下太平的时候严加防守警戒；就是商人在事业成功时仍不停占领市场的竞争；就是寻常百姓过日子时省下的一笔存款。换句话说，这就是居安思危。不能因为身为皇帝就安于享乐，而是要认识到，即使是作为皇帝，也有许多的难于处理的地方，这就要长存一种忧患意识，以获得更加长远的发展。

中国有句古话，叫"祸兮福之所倚，福兮祸之所伏"，因此，保持忧患意识十分重要的。忧患意识是中华传统文明中重要遗产，即使在今天，忧患意识也显得非常重要：从安身立命的角度来说，重视忧患意识，强调"生于忧患而死于安乐"，无论对做官还是为人都有着重要意义。重视忧患意识，对任何事都做到未雨绸缪，防患未然。继承和发扬忧患意识，"先天下之忧而忧，后天下之乐而乐"，是以天下为己任、大公无私的表现；保持忧患意识，居安思危，戒奢以俭，牢记"忧劳可以兴国，逸豫可以亡身"的宝贵经验教训。

忧患意识在任何时候都不过时，在当今时代，忧患意识被赋予了更为丰富的时代内涵。如今，我们的社会安定，经济繁荣，但要牢记切不可在一片大好的形势中就迷失自己，不要在歌舞升平中平息了壮志，不要在物欲横流中流尽了血汗，不要沉浸在安逸的享乐中。要时刻坚定心中的信念，要始终给自己施加压力，并将其转化为动力，时时奋进，处处小心，防微杜渐。

作为现今社会的管理者，尤其应该注意忧患意识，没有忧患意识，安于现状，不思考自己团队集体的发展，在竞争日益激烈的今天很容易就被其他竞争者淘汰甚至吞并。管理者有时代表的并不仅仅只是自己的利益，他往往会关系到所管理范围内的所有人的切身利益。所以，管理者要有忧患意识、责任意识，不断推动自己团队的发展。

化解内部矛盾　应用柔术化解

内部矛盾是所有管理者都要面对的一个问题，尤其是自己团体内部针对管理者而产生的内部矛盾，这时候是采取严厉措施，杀一儆百，还是采取比较柔缓的措施，以德服人，就成为了管理者要考虑的问题。

历史学家笔下的赵匡胤，是一个宽厚仁和的形象，是近于忠厚长者般的帝王。他起于乱世以宽厚的胸怀征服天下，以柔术化解内部矛盾，建立起了大宋三百年的基业。

赵匡胤登基之后，勤于政事，宵衣旰食，不敢稍有懈怠。为了大

第四章　赵匡胤对你说管理之道

143

宋政权的稳固，他要尽力排除种种不利因素，稳妥处置兵变之后的善后事宜，力求迅速站稳脚跟，为下一步甩开大步，开创大一统新局面的基础。

眼看着朝中局面大致稳固，新臣旧臣多已归心。他便把目光投向了里巷市民的身上。京城的稳定，是全国稳定的关键；京城的人心向背，是全国人心向背的一面镜子。

他要车驾出巡，亲眼看看京城的社会秩序和市民的生活状况，这些东西不能光听大臣们奏报。

这日早朝之后，宋太祖决定巡查京师。当时的出巡仪仗还比较简单：仪仗之前，是由几十名禁军组成的"驾头"，"驾头"之后，便是太祖的步辇。步辇后面是擎着伞扇的方队，方队后面跟着公卿百官。再后面，才是训练有素的"劲骑护卫"。

当太祖的步辇缓缓行过御街、跨上大溪桥时，太祖正在东张西望，察看市井街肆的行人和生意摊点。当他看到来来往往的人群脸上都呈着宁静的表情，各种买卖都显得十分红火，市井一片繁荣时，心中感到特别欣慰。改朝换代，市民百姓们不仅未受刀兵之苦、战火之灾，甚至连平常的生意往来也未受到什么影响，各方面的生活秩序迅速趋于正常。这是历史上任何一次江山易姓都少有的现象。显而易见，这是自己匠心独运，巧妙地夺取天下的一篇杰作。

就在他沉思着的时候，却听到"嗖"的一声，一支利箭携着风啸，闪电一般向着自己的脑门射来。太祖大吃一惊，来不及思索，几乎是本能地将头一歪，那箭紧贴着太祖的耳边疾飞而去，深深地插入了后面的伞扇之上。

变起仓促，仅在瞬息之间。这突如其来的偷袭让人防不胜防，几十名"驾头"禁军大惊失色，纷纷亮出刀剑，扑向围观的人群，搜索刺客，百姓们都吓得仓惶退避。后面数百名"劲骑护卫"反应迅捷，在高怀德指挥下一个个猱进鸷击，飞纵而来，迅速地将街衢两端和各个巷口截住，将现场的百姓一个不漏地团团围住，接着便开始不分男女老幼，挨个搜身。市街上顿时大乱，菜篮子倒了，果筐翻了，几百名被围的市民百姓就像一群被网进樊笼里的小雀儿，瞪着一双双惊恐不安的眼睛，你碰我撞，尖声叫嚷，更有孩子和妇女的哭声夹杂其中，熙宁安详的市井一下子遇上了塌天大祸。

后面的公卿百官早已围拢过来，一个个惊惶失措，忐忑不安。看到皇上并未受到伤害，有惊无险，这才稍觉放心。

范质做为前朝重臣，又是当朝首辅宰相，深感责任重大，难辞其咎。此时仍惊魂未定，脸色灰白，大张着嘴巴，胡须簌簌抖动着，却一句也说不出来。

随侍在御辇一旁的赵光义只觉得一股怒气直冲脑门儿。新朝才建立不久，有人就敢在光天化日之下谋杀皇上。仇家是谁？如此穷凶极恶，胆大妄为。此人对当今天子，对他赵氏王朝，必定有着不共戴天的深仇大恨。无论如何，也要缉拿住这个凶犯，斩断这一祸根。

一念及此，他便对卫士们厉声喝道："凶手就在人群之中，谅他插翅也难飞走。现场的一干人众不准放走一个，不分男女，无论老幼，全部抓捕入狱，逐个严加审讯，不信这凶犯会上天入地。"

皇上的御弟一声令下，虎狼一般壮健的护卫们立即开始抓人，绳捆索绑，拳打脚踢，哭喊之声响成一片。

宋太祖一直坐在御辇里，变故发生得太突然，令他着实吃了一惊。但他很快便稳定了情绪，恢复了平日的宁静，面色安详，神态如初，静静地观察着事态的进展。

然而，他的大脑却在急速地运转，心里已掀起了万丈狂澜。

同弟弟赵光义一样，最先闪入他脑海里的第一个问题便是：这凶手能是谁呢？

很显然，这不是他赵匡胤的私人仇家，也不是他赵家的宿仇。这是大宋王朝的仇敌，是仍在深深地眷恋着那个已经寿终正寝了的旧王朝的敌对势力。那支向他飞来的利箭，不仅仅是要置他赵匡胤于死命，更是要置大宋王朝于死地。那箭簇上凝聚的是你死我活的无法调解的仇恨。

宋太祖感到一颗心在下沉，心底里泛起了一股凉气。他的怀柔政策，他的宽容大度，他的以德报怨的种种做法，看来并不能感化所有的人，不能化解所有的仇恨。自己是不是太妇人之仁，太心慈手软，这样会不会铸成千古大错？

自古以来，朝代更替，江山易主，都充满着杀戮，充满着血腥，哪有这么风平浪静、鸡不飞狗不跳的？平常百姓们都讲"无毒不丈夫"，何况是一代开国君王。想到此，宋太祖不禁杀心顿起，眼睛中射出两道寒光。不错，一定要逮住这个凶手，再顺藤摸瓜，盘查出他的同党和幕后指使者，将他们一网打尽，处以极刑。

但就在此时，一声尖利的撕心裂肺般的哭喊冲进了他的耳鼓。循声望去，只见一个妇人被捆得像个粽子，正在披头散发地挣扎着。一个三四岁的小男孩死死地抱着她的双腿，已哭得声嘶力竭。

太祖的心像被蜜蜂蜇了一下，打了个哆嗦。凶手只有一个或是几个，全都隐向暗处。真想查个水落石出，这几百名老老少少都得投入大狱，然后一个个诸刑交逼。霎时之间，就不知有多少人要筋断骨折，多少人要血肉模糊，多少人要含冤死于无情的酷刑之下，而这一切都在自己的一念之间。

宋太祖犹豫了。他又想到了人心向背。这次出巡，一个很重要的目的就是要收服民心，稳定秩序。一下子把这么多无辜百姓抓进监狱，汴京的市民，乃至全国的黎庶百姓会怎么想，怎么看？他们会对自己这个皇帝，这个朝廷感到心寒，感到齿冷。

再说了，就是查出凶手，查出他们的朋党，挖出幕后操纵的主谋，也必定拔出萝卜带出泥，牵连出一大批官员甚至朝臣。况且在严刑竣法之下，又谁能保得住这些凶手不会像疯狗一样胡攀乱咬？到那时大狱迭起，冤案丛生，风声鹤唳，人人自危，朝野上下一片震荡，这个新生的王朝如何经受得起？

想到这一层，宋太祖又一次平静了。他此时的心境就如一泓微风不动、细浪不起的静水。他突然站起身来，下旨停止搜捕，将所有人众全部松绑释放。然后用手指着自己的胸脯，大笑着说道："让他射，朝这里射，看他能奈何朕！帝王之兴，自有天命。先朝皇帝在时，见方面大耳者便加疑忌，甚至必欲杀之。而朕终侍其身侧，却终不能害朕。有天命者任自为之，岂惧几个蟊贼？这么多黎庶，皆朕子民。朕怎忍心为查凶手而株连无辜，殃及良善？你们各自回家去吧，此事到此为止，朕决不难为你们。就是放走一两个逆臣反贼，岂能撼动我大宋江山？"

说罢，宋太祖命车驾起行，也不准改变路线，继续向前巡察。

数百名百姓一时被弄得晕头转向，转眼之间，便经历了命运的大起大落。刚刚被抛入了危亡的深谷，大难临头生死难卜，又忽然被救上了安全的堤坝，烟消云散，转危为安。

脱离了险境的百姓们本该匆匆逃离这个是非之地。但不知为什么，他们谁也没走，竟不约而同地跪在当地，朝着宋太祖远去的御辇连连磕头，一声接一声地高呼着："皇上万岁，万万岁！"

宋太祖的车驾在文武百官地簇拥下，在主要街市和居民区巡行一遍，直到太阳偏西的时候，才回到皇城。

一路上，宋太祖的心里很不平静。这次谋杀事件虽未成功，但它却

第四章 赵匡胤对你说管理之道

是一个危险的信号。新王朝的反对势力尽管已经非常微弱，但是，这并不能说明大宋王朝与后周旧臣之间的矛盾已完全消弭。前几天，翰林学士王著在一次宴会上，酒后显真情，因怀念周世宗而痛哭失声。恐有更多的人表面上虽不说什么，但与新王朝只是貌合神离，还没有真正站到赵宋政权一边来。新旧之间的矛盾仍在潜伏着，继续着，随时都可能激变为兵戎相见的对立。

然而，对于这些看不见的反对力量，却不能大加挞伐，那样就会殃及无辜，扩大矛盾，只能起到为渊驱鱼的作用。太祖还是坚信，自己登基以来所实行的怀柔之术没有错，冲突会渐渐缓和，矛盾会逐步化解，敌对势力掀不起能让宋王朝翻船的大浪头。

最终赵匡胤并没有追究这件事，而是选择了大事化小小事化了的柔术化解，并且，在之后的日子里更加勤奋地治理国家，国家一天天繁荣昌盛。太祖好皇帝的形象，也逐渐深入人心，慢慢地，那些怀念前朝的人在赵匡胤的柔术治理下，也开始转变了对于赵氏政权的态度。赵匡胤成功地化解了内部矛盾，稳定了政权。

化解内部矛盾，赵匡胤选择了最正确的方式。堡垒最容易从内部攻破，管理者一定要意识到这一点。自己的团队中，不可能向理想状况中一样，和谐地奋斗，一定会有不同的内部矛盾，甚至会像赵匡胤所面临的情况一样，有直接针对管理者自己的矛盾，这时候，如何进行管理就需要管理者多加斟酌。管理者可以选择强硬的手段，将不服从自己管理的人清除出自己的队伍，或者采用各种压制的手段，将内部矛盾暂时压制住。但是这种情况不可避免地会造成人心的不稳，并为其他矛盾的出现埋下隐患。管理者其实还可以像赵匡胤学习，选择用缓和的手段，以柔术化解矛盾，只有这样，才能将矛盾真正彻底地化解和清除。

有一位企业管理者，手下有一名很得力的经理，这个经理为了企业的发展做出了很大的贡献，但是在企业发展趋于稳定的时候，这个经理却表现得越来越不安，开始针对该管理者进行明里、暗地的攻击，在企业内部造成了很不好的影响。

该管理者针对这种情况，考虑如何对待这位经理。如果直接将该经理开除，必然会造成人心的不稳，甚至有可能在该经理的带动下，产生一大批企业需要的人才流失现象。如果放任这种情况，必然造成企业内部的动荡，最终同样影响企业的发展。

管理者考虑到这些情况，觉得有必要采取更加好的措施进行解决。首先，他通过其他员工了解到，该经理的不满主要针对自己三个情况，第一是自己在竞争中不够黑心，多次拒绝了该经理的一些不正当的竞争手段，给该经理的业绩上造成了一定的损失。其次是自己曾经允诺企业内的元老级人物，在企业发展到一定程度的时候，要给贡献大的人安置房产，而因为企业资金周转问题，一部分人落实了，该经理的情况却一直没有落实。第三就是该经理的儿子在大学毕业后想进入企业工作，但是因为不想出现任人唯亲，组建小团体的现象，管理者曾制定了管理层人员和自己亲属不能共同在企业任职的决定。

针对这些情况，该管理者做出了有步骤的调整。首先，对不正当竞争的行为仍然加以限制，并在企业内部进行宣传教育，让该经理带头进行教育，使所有人认识到不正当竞争的不良后果。其次，以最快的速度回笼资金，将对员工的所有承诺一一落实，不能落实的也对员工做出了解释，并做出了最后期限的承诺。第三对于在企业内部亲属不能同时任职的规定，在私下里对该经理进行了解释和表示歉意。经过一系列的措施，该经理认识到了管理者的良苦用心，也平静了下来，继续为公司的发展而努力了。

同样的管理，有时候柔和一点效果会更好。只有通过管理，稳定团队内部，才能更好地参与竞争。

善于调整人才结构

竞争是每个管理者都要面对的问题，并且竞争格局不是一成不变的，管理者就不可避免地要涉及到自己团队在竞争中所要面对的变化，这时候就要对人才结构进行调整，对于变化的竞争情况，做出合理的调整，这是管理者必须要面对的问题。

赵匡胤建国之后，一次想改年号，就在大臣中询问，想要取一个前所未有的年号，于是大臣们集思广益，终于确定一个"乾德"为号。在攻破西蜀之后，太祖将一批后宫用品运入宫中，供内宫使用，一天起床后早朝之前，他发现有一面铜镜做工很是精美，不由得拿起了那面紫铜菱花镜把玩。

突然，铜镜后面铸着的五个字把他吸引了。他不相信自己的眼睛，拿到面前再仔细辨认，一点不错，确是"乾德四年铸"五个字。宋太祖大为惊诧，怎么会有这样的事？现在才乾德三年，怎能有乾德四年铸的铜镜摆在这里？

随后，他带着这个解不开的疑团去上早朝。

早朝之后，宋太祖命百官罢去，却让赵普及几个宰执大臣留下，问道："朕今早发现一枚铜镜，上面有'乾德四年铸'五个字，这是怎么回事？"

赵普也感到奇怪，便问道："能有此咄咄怪事？莫不是陛下看走了眼？"

其他几个人也都附和道："哪能有这样的事，莫非那铸镜作坊把年号弄错了？"

宋太祖根本不相信这些说法。那镜子是自己今早刚见到的，反复看了好几遍，不会弄错。至于说铸镜作坊弄错了，那更是不太可能的事。一个镜模铸铜镜千万面，岂能如此不谨慎。再说这些镜子亦非一天一日能铸完，又在民间广为流传，这样明显的大错竟无一人发现？

他有些怪样地看了看这些宰执重臣们，他们正面面相觑，显得有些惴惴不安。当时太祖要改年号时，特意让赵普等参酌拟定，一定要一个寓意好的而且是历史上没有任何朝代用过的年号。赵普等人经几天商榷，最后拟定了"乾德"二字，经太祖同意便改元乾德。

当下见这些人也说不出个子午卯酉，一脸茫然。太祖便命人去将翰林学士陶谷、窦仪宣来。

陶谷和窦仪，都是学富五车、强闻博记的当代宿儒。陶谷其人我们早已述及，在太祖登基时，曾提前草拟禅代诏书，本想取悦于太祖，谁知弄巧成拙，反为太祖所鄙薄，一直任翰林学士，再未擢拔。但是，对他的学问，太祖却一向十分尊重。每当遇到什么疑难，常常向他请教。

至于窦仪，更是一个博古通今、过目不忘的奇才，十五岁时就能写一手好文章，令士子学人刮目相看。宋太祖十分器重他。大宋建立之后，就欲让他入翰林院。但是，窦仪在周世宗时，曾任过翰林院大学士，后来改任端明殿学士。前朝的翰林院学士再入翰林院，没有这样的先例，许多大臣反对。另一方面，当时的翰林院也确实没有空缺，太祖便没有再坚持自己的意见，将窦仪升任工部尚书，兼判大理寺，并诏命其重定《刑统》三十卷，成为整个大宋以及其后历朝的重要法典依据，宋太祖对此十分满意。

又过了几年，翰林院终于有了空缺。

第四章 赵匡胤对你说管理之道

翰林院中有一个叫王著的大学士，性情豁达，胸无城府，却少负俊才。后汉乾祐年间举进士，后周显德三年为翰林院学士。周世宗因他是旧日幕僚，眷宠有加，常召他入宫交谈，并准备用他为相，后因世宗驾崩而止。

太祖登基之后，任他为中书舍人，知贡举，仍为翰林学士。曾因规谏得体深得太祖垂青，下诏褒奖。

但王著这人太不争气，他虽然满腹才学，却嗜酒如命，常常喝得酩酊大醉，发酒疯误事。

一天夜里，王著在大内值宿，为熬过这寒冷漫长的夜晚，便弄了酒菜独酌独饮，一杯又一杯喝个不了，结果又喝了个一塌糊涂。他衣袍凌乱，发髻也散开了，长发倒垂下来遮住了眼脸，自己在屋里又哭又笑地折腾了半个时辰，又忽然跑到滋德殿前，将大门擂得咚咚乱响，大吵大嚷地非要求见熟睡中的宋太祖。

太祖被从睡梦中惊醒，不知出了什么大事，来到殿外一看，竟是一个酒疯子，披头散发，满脸污垢，嘴里还在语无伦次地吵嚷着。认出是翰林学士王著，不禁勃然大怒。一个堂堂的翰林学士，居然酗酒闹事，而且是于深更半夜在皇帝的寝殿前撒泼打滚，滋扰生事，这也太不成体统了。这样的混账事，其罪名说多大有多大，就是砍他的脑袋也不为过。但是宋太祖毕竟爱他的才学，念他是酒后失态，在盛怒之下，便让人把他捆起来。唤来几个宫女，让她们对他施刑，重打了三十杀威棒。

说是重打，就这几个纤弱女子，能举得动那粗重的刑棒就不错了，哪还有力气重打？宋太祖有意这样安排，也是他爱护读书人的一片苦心。

这件事本来也就算了，太祖并没想认真治王著的罪。可是第二天早朝，大臣们听说了此事，都纷纷弹劾，有人竟揭发出王著经常乘醉夜宿妓院的丑事。太祖这一下子真火了，文人无德，不堪为范。于是便下令将王著逐出翰林院，贬为员外郎。

翰林院有了空缺，他就想到了窦仪。有一天，他对大臣们说："翰林院乃森严之地，当有宿儒及德行者居之，卿等以为窦仪如何？"

当时还任宰相的范质率先道："窦仪清介重厚，堪为人选。但在前朝已从翰林院迁端明殿，今又为工部尚书，再让他入翰林院，似为不妥，本朝亦无此先例。"

太祖却摇头道："此言差矣。若有真才实学，何必囿于旧制？窦仪学识渊博，风度峻整。其父窦禹钧乃名噪一时的大儒，窦仪四兄弟相继登科，号称'窦氏五龙'。朕引一龙入翰林有何不可？朕听说有两句诗：'灵椿一株老，丹桂五枝香'，在缙绅文士中广为传诵，可有此事？"

范质接口道："此乃五代时宰相冯道赠窦禹钧的诗句，冯道与窦禹钧极为友善，故赞誉之。"

宋太祖笑笑道："冯道其人只知保官，私心甚重，平时也算个好宰相，艰难时却不足恃。但这首诗写得却极好，窦家灵椿虽老，却又丹桂齐芳，父子五人均跃龙门，实属难得。依朕看来，翰林院非此人不可，卿可宣朕旨意，勉令其就职。"

就这样，窦仪再次被任命为翰林院学士。窦仪两入翰林，一时传为佳话。人们既称羡窦仪的才高八斗，更钦敬太祖的慧眼识人。

窦仪入翰林之后，接触太祖的机会多了。太祖在读史读经时遇到一些疑难，便常常将窦仪召来询问。一次太祖散朝后回到后宫，洗过脚后，便拿起一本《史记》捧读，遇上些事件弄不明白，便召窦仪来问。

窦仪来到后宫，只在大门口徘徊，却不肯进殿。太祖马上明白了，他是嫌自己这副衣冠不整的样子，头裹帻巾，赤着双脚，半歪半坐着，有失帝王之风和待客之道。他知道窦仪极注重礼仪，又甚为清高。于是

便赶紧穿好衣服，戴上冠冕，这才将窦仪召进来。窦仪行礼后即对太祖建言："陛下创业垂统，当以礼示天下。"宋太祖点头笑纳。

太祖正在想着这些往事，陶谷、窦仪已匆匆赶来，行过晋见之礼后垂首而立。

太祖把铜镜的事对他们说了，问道："这究竟是怎么回事，你们可知道？"

陶谷也一时想不起来。窦仪却有些犹豫，他知道"乾德"年号是宰相赵普与人拟定的，照实说免不了令他们难堪。但是他抬头看看皇上那垂询的眼神，不说实话又觉得对不起皇上的知遇之恩，只好说道："陛下，以微臣看来，此铜镜必定是从蜀中传来，决非我中原之物。"

"何以见得？"太祖问道。

"当年王衍的前蜀，曾用过'乾德'这个年号，此镜必是那个时候所铸。"

宋太祖恍然大悟，这面铜镜正是从后蜀宫中带来的。一个多么简单的问题，这些高居庙堂的宰执大臣们居然不知道。他不能不从内心里深深地慨叹这些人的孤陋寡闻。禁不住皱起了眉头，叹息一声遭"看来，要治国平天下，宰相须用读书人。"

轻轻的一句话，在赵普看来，就像被皇上狠狠地扇了一记耳光，当时脸便"腾"地一下子胀红了。

众人散去之后，宋太祖把赵普单独留下，语重心长地对他说道："当今学臣角立，隽规高驾，卿若不发奋读，不感到抱愧吗？"接着，他又耐心地说了自己的想法，我们这些君臣们，在开创大业的时候，戎马倥偬，南征北战，没有时间认真系统地读书，现在天下太平了，条件优越了，应该补上这一课，多读书，广见闻，适应经邦治国的需要。乱世用武，治世用文。

太祖的一席话，字字如重锤一般，敲打在赵普的心上。他既感到羞愧，又佩服这位"马上天子"能如此注重读书的高屋建瓴，当下只有唯唯称诺。

赵普回到府邸，一夜不曾成眠。皇上的话，对于他这位首辅宰相来说，既是劝诫，也是警告。他既感到无地自容，更感到惶恐颤栗。

这一夜他翻来覆去扪心自问，不能不承认，太祖的话切中要害。自己青少年时期读过一些书，但那个时候，自己一门心思学习的是"吏术"，是"律例"，或者是"兵法"、"战策"之类的东西。自从离开家乡，闯荡天下之后，尤其是这几年忙于战事，却很少读书了。自己原以为，打仗和治国，靠的是智谋和权术，书本上的知识没有多大用处。可实在也没有想到，行武出身的当今天子，竟会如此尊重学问，器重读书人。长此下去，不学寡术，自己真有被汰裁的危险。"沉舟侧畔千帆过，病树前头万木春"，想起刘禹锡这句诗，他不禁有些不寒而栗。

第二天，赵普便开始认真读书，经史子集，诸子百科，无不精研。散朝回到家里，他便闭门谢客，打开书箧，取出书来，一读便是一天。有时读得入迷，竟是彻夜不眠。不久，赵宰相嗜书如痴，手不释卷的美谈，便传遍了朝野上下。

赵普很快便摘掉了"寡学术"的帽子，苦读数年之后，视野更为开阔，处理政事更著成效，言谈举止更具儒雅长者之风。有人说，过去是"学而优则仕"，赵宰相则是"仕而优则学"。

终赵普一生，三次拜相，辅佐两朝。71岁临终时，将一件他最看中的遗物交给后人，却是一个旧书箱，内装《论语》二十篇。他对子孙们说，"一部《论语》，我真正读懂读通的不过半部。我辅弼两代明君，不过是以"半部《论语》治天下。"

《宋史》本传评论赵普说："普为谋国元臣，乃能矜式往哲，蓍龟

第四章 赵匡胤对你说管理之道

155

圣模，宋之为治，气象醇正，兹岂无助乎？"《宋史》的评论，可谓公允得体。这自然是后话。

宋太祖回到后宫，也同赵普一样，陷入了深深的沉思之中。铜镜事件对他的震撼是那么强烈，宰相们的不学无术让他吃惊，他需要一个人冷静地想想这些事。

他所以选择崇政殿，是因为他对这里有一种特殊感情。他登基不久，曾召山人郭无为在这里为自己讲书，从中获益匪浅。此后，他提议专设了一个"崇政殿说书"的官衔，专门为皇帝讲书，并备顾问和应对。

他躺在寝殿的龙榻上，仔细地梳理着当皇帝以来的政事得失。虽说为统一四海而征战不休，但平心而论，自己并没有因此而忽略了倡导大臣和国人读书。他从当将领时便爱上了读书藏书，在五代战乱时期，人们瞧不起读书人成了风气。极为蔑视地称读书人为"穷措大"，称读书人用的毛笔为毛锥子，认为要取天下、平祸乱只需要长矛大刀，"毛锥子"没有任何用处。他知道，现在已取得了江山，要治国平天下，就必须彻底改变这种偏见，要重文，要爱书，要大力擢拔那些才华横溢的文学之士，让读书之风蔚行天下。

为此，他在立宋之初，便下诏在汴京建造了昭文馆、史馆、集贤馆，作为宋王朝的皇家藏书馆。大力收集流散于民间的各种图书，诏命购求亡佚图书。一年之内，便征得各地献书一万二千多卷。

为了从读书人中选拔饱学之士充任各级官员，也为了大力弘扬国人读书的风气，他在大宋创立的第一年，便排除种种冗务的干扰，力主开科取仕。

为了确保科举考试的公平，他在建隆三年下达一道诏令："国家悬科取士，为官择人，既擢第于公朝，宁谢恩于私室？将惩薄俗，宜举明文"，"今后及第举人不得辄拜知举官子孙弟侄，如违，御史台弹奏。应名姓次第，放榜时并须才艺高低，从上安排，不得以双科为贵，兼不得呼春官为恩门、师门，亦不得自称门生。"从而断绝了考生与主试官之间的一种微妙的心理联系，杜绝了许多舞弊行为，使普通士民阶层的大批有真才实学者脱颖而出。

更让赵匡胤高兴的是，由于重用读书人，大力倡导读书，在士大夫和平民阶层中，瞧不起读书人的现象越来越少，读书的风气越来越浓。"天子重英豪，文章教尔曹。万般皆下品，唯有读书高"，这首作为儿童读物的《神童诗》，已经唱遍了全国。而"槐花黄，举子忙"的现象，也作为国运昌盛的一种象征，被越来越多的人所称颂。

这些年，赵匡胤不仅自己坚持读书，他还教导皇子和大臣们读书，就是对一些武将，他也不断地提醒他们要读书，不能满足于当个赳赳武夫，要懂得为治之道。太祖通过平时的点滴认识到自己的人才队伍中，人才结构不够合理，达不到最优，于是通过各种手段进行人才结构的调整，使自己的团队中，人才资源得到了充分的发挥。

人才结构是指人才在组织系统中的分布与配置组合，也指专业人才在人才组成中所占的比例。人才结构优化是指从组织的战略发展目标与任务出发，认识和把握人才群体结构的变化规律，建立一个较为理想的人才群体结构，更好地发挥人才群体的作用，使人才群体内各种有关因素形成最佳组合。

人作为社会中的一个个体，不可能无所不能、无所不会，正所谓一个好汉三个帮，无论是君主治理国家，还是老总管理企业，甚至个人发展道路上的一些问题，都需要人才的帮助。

而对于人才来说，作为社会中独立的个体，每个人都有自己的特点。有的人聪明，有的人愚笨，有的人善于理财，有的人善于政治，还

第四章 赵匡胤对你说管理之道

有的人善于排兵布阵、领军打仗。在每个人短短的生命旅途中，会遇到形形色色的人，他们都有自己的才能，因而形成了各具特色的人才。

古代皇帝打天下治世需要人才，现代社会要谋求生存和发展也需要人才，而且需要不同专业的人才，不仅同一时期要有不同人才的合理搭配，而且需要在不同时期，根据不同的情况作出人才结构的调整。这对于管理者来说，不仅要准确地了解各人才所擅长的专业，更要把握住所需要的人才结构的导向，根据情况进行人才结构的调整，这也是管理者要具备的管理素质。

身为管理者，面对着情况的不断变化，要不断调整自己的人才结构。在古代帝王看来，就是所谓的马上打天下，马下治天下，即武将开国、文臣治国的人才结构。管理者面对的情况同样也是创业和守业两种，管理者在不同情况中，要调整人才的结构，以适应形势的变化，从而保持自己的团队在竞争中占据优势。

建立制度　防止被蒙蔽

现在社会很多领导者很容易被下属蒙蔽，因此为了杜绝这种情况的发生，就要求建立一种完善的制度，来杜绝这些弊端的出现。

在收复南唐和吴越之前，赵匡胤每日临朝之后，去的最多的地方就是造船务和讲武池。他亲自督促造船，教习兵士们在池中演习水战。这是最重视的一件事，因为南唐和吴越政权还没有收复，要统一华夏还有一场恶战。而这些地方都是水乡泽国，水网密布，河汉纵横，而且有浩浩长江横亘其间，他必须有一支强大的水军，才能保证他统一大业的最终完成。

这天上午，趁着风和日丽，他又来到讲武池边，看着水军将士们娴熟地驾着战船，往来行驶。在船板上闪转腾挪，厮杀拼斗，如履平地，他感到特别高兴。一边观看，一边与身边的几位大臣们闲聊。看着将士们在殊死拼搏，他突然感慨地说道："我大宋建国以来，颇多战事，许多文臣武将，皆愿效死。朕常想，人人都说忘身为国。不过自古艰难唯一死，说起来容易，真要死时就难了。"

赵匡胤不过姑妄言之，身边的大臣们也是姑妄听之，只是随便说话而已。谁知说者无意，听者有心，正跟在身后的步军都虞侯、保顺节度使李进卿却动了真格的，极不服气地挺身而出道："君叫臣死，臣不死不忠，此乃常理。像我李进卿，皇上让我死，立马便死。"说完，竟扑通一声，跳入池中，沉在水底再也不肯出来。

赵匡胤大惊失色，急忙命数名水工跳下水去，费了好大力气才将李进卿救了上来。看着浑身湿淋淋的、脸色都憋得青白的李进卿，太祖愧悔地说道："朕不过聊作戏言，爱卿何必如此当真。卿等对朕，对大宋一片忠忱，日月可鉴，朕焉能不信？"

说罢，赵匡胤即命人扶李进卿下去，换上干衣服，以免再感受风寒。看着李进卿渐渐远去的背影，太祖的心里滚过了一阵热浪，有如此忠心耿耿、舍身忘死的将士，何愁大业不成？

看了一会儿水军演习，赵匡胤正要摆驾还宫。这时候，却见太监总管王继恩匆匆赶来，对太祖耳语道："晋州节度使赵赞有密折要奏，来人现在宫内等候。"见他如此神秘，太祖不知出了何事，便匆匆起驾回宫。

赵匡胤在崇德殿偏殿内接见了赵赞派来的信使，打开赵赞的密折仔细看了一遍，不禁勃然大怒。

第四章 赵匡胤对你说管理之道

原来赵赞密告陉州刺史李谦溥的部将刘进，在边境勾结北汉，阴谋反叛，并有截获的北汉给刘进的蜡丸密书为证。

对于这个刘进，赵匡胤多有耳闻。他是李谦溥在当地招收的一名将领，武艺精绝，勇力过人。因为李谦溥待他甚厚，因此在戍边时十分卖力。在巡逻边境时，曾与北汉来侵扰的部伍相遇，他出生入死，往来冲杀，多次以少胜多，击溃了北汉兵的侵扰。因此，刘进的名字，令北汉人闻之丧胆。为了嘉奖他的战功，朝廷下诏，将其从一名普通小校破格擢拔为大将。可是，想不到这一切都是假的，这刘进居然暗中通敌，说不定他本来就是北汉派来的奸细，真是人难料。

赵匡胤越想越气，他立即下旨，派人马上驰奔陉州，务必将刘进锁拿进京。

几天以后，刘进被绳捆索绑带回京师，打入死牢，准备审理谳罪后斩首示众。

谁知当天夜里，陉州刺史李谦溥便匆匆忙忙地赶回京师，连夜入官求见。

赵匡胤只好穿衣下榻，在后宫召见他。李谦溥跪伏在地，急切地奏道："陛下明察，刘进一案确属冤枉。在他被逮往京师以前，臣曾当面询问，刘进根本不知何事，唯求一死。这些年来，刘进出生入死，杀汉兵无数。令北汉朝廷视为眼中钉，肉中刺，引为心腹之患，必欲除之而后快。这次一定是北汉人用的反间计。若是中其奸计冤杀边关大将，岂不是自毁长城，令亲者痛而仇者快？臣这几年与刘进朝夕相处，深知其人。臣愿以阖族老小四十余口人命，保释刘进。"

一席话，令赵匡胤恍然大悟。他又忙取出北汉人的蜡丸密书，再反复细看，果然发现其中有几处漏洞，顿时便惊出了一身冷汗。忙将李谦溥双手拉起，连声说道："幸亏爱卿星夜赶回来，及时提醒于朕。不然，朕险些误杀大将，铸成千古大错。"

第二天，赵匡胤下旨立即释放了刘进，并在朝堂之上亲自接见，加以抚慰，赐给他绢帛百匹，白银千两。刘进磕头谢恩，口中连呼万岁，被感动得热泪盈眶。

刘进一案，让赵匡胤心中忐忑不安了好几天。自己高居九重，独掌对天下万民的生杀予夺之权，一事不慎，便会酿成大祸。母后生前曾说过"为君难"，确是至理。当皇帝的，每临大事都需小心谨慎，如履薄冰。

这个时候，他又想起了一件往事，这是一件一直让他耿耿于怀、痛心疾首的事。

大将张琼为人率直，在赵匡胤当皇帝之前，有一次在战场上为敌兵所困，情势危急。张琼冒着生命危险冲入敌阵，救了赵匡胤的命。

赵匡胤登基以后，先以赵光义任殿前都虞侯，不久又改任为开封府尹。

这时候，太祖想起了自己的救命恩人张琼，便想擢拔他担任殿前都

赵匡胤重新编修《百家姓》

虞侯，掌典禁军。他对赵普说道："殿前卫士如虎狼者不下万人，非张琼不能统制。"

张琼性情粗暴，是个点火就着的直性子。他走马上任之后，治军十分严厉，容不得半点懈怠和违纪现象，兵士们若有过失，轻则打骂，重则鞭笞，从而得罪了不少人。

当时禁军中有两个军校，一个叫史珪，一个叫石汉卿，二人没有什么大本事，却极善于拍马溜须，钻营取巧，处处迎合太祖的口味行事，因而深得太祖宠用。

但是，张琼却十二分看不起这两个人，对他们平日里狗仗人势、傲视同僚的作派更是嗤之以鼻，常对人们说起："史珪、石汉卿这两个狗头，简直不像个男人，而像是两个多嘴饶舌、搬弄是非的巫婆。"这话很快传到了史、石二人耳朵里，二人于是对张琼恨之入骨。

张琼在平定李筠叛乱之后，曾从李筠的仆人中挑选了一个颇有勇谋的熟人，收留于自己的麾下。有一次，张琼喝了点酒，曾擅从皇帝的马厩里，挑了一匹骏马乘骑。这些本来都算不了什么大事。但是史珪、石汉卿因为与张琼有仇，便抓住这点小事大做文章。他们几次在太祖面前诬谄张琼，说他家私自豢养部曲一百多人，结党营私，自作威福，令京城中人望而生畏。又说张琼恃功狂傲，目无皇上，酗酒之后擅骑宫马。而且还口出狂言，当众诬蔑太祖的弟弟赵光义，说他在任殿前都虞侯时，庸碌无建树，只知小恩小惠，培植私党势力。

这些话开始说时，太祖虽说有些生气，但因张琼是有功之臣，又是个粗人，也没太往心里去。但说得次数多了，也便三人成虎，不由太祖不信。尤其是听说张琼居然敢当众诬蔑赵光义，顿时怒火中烧。当时太祖刚刚颁布了郊祀制书，正欲肃静京城，整顿社会治安，怎容得殿前禁军首领在自己眼皮子底下如此飞扬跋扈？

于是，太祖便在大殿中召见张琼，当面询问这些"不法"事。这些多是无中生有诬陷不实之词，张琼如何受得了这种冤枉，他那暴烈如火的脾气，一听有人在暗算他，便立时暴跳如雷，也忘了是在皇上面前，竟大声吵嚷起来："这是哪些小人嚼老婆舌头，诬蔑臣下，竟似放屁一般。"

在大殿里当着皇帝的面肆意咆哮，已经有失臣子礼仪，且又出言不逊，有辱骂之词。宋太祖更为生气，便命将其拖出大殿，杖击五十。

谁知那石汉卿也跟了出来，借机公报私仇，抓起一柄铁挝，向着张琼的头部猛力击去。张琼忍疼不过，惨叫一声，几乎昏绝过去，他二目圆睁，瞪着石汉卿，连声大骂。

太祖在殿中听他骂声不绝，甚觉不雅，便命人将他押送有司审问定罪。

张琼已经满头满脸都是血，身上的衣服也被扯碎了，狼狈不堪。他满腹委屈，一腔怒火。自己戎马半生，出生入死，到头来却遭小人作践。他感到万分羞辱，这种虎落平阳遭犬欺的滋味他受不了，士可杀而不可辱。当他被押着走到明德门时，他站住不走了。从身解下了皮带，对押送他的人说道："列位看在平日相处的份上，请将此物交给我的老母。"众人正在愕然，他却乘人不备，纵身跃起，一头撞向旁边一根大石柱子，当场脑浆迸流，死于非命。

宋太祖听说张琼自杀，大为吃惊，急忙派人到他家看望其老母。结果却发现他家中很穷，没有什么资财，只有老仆奴婢三个人，操持家务，侍奉老母。

太祖万分懊悔，他急将史珪、石汉卿召来，怒问道："张琼家只有奴婢三人，尔等何以诬他豢养部曲一百多人？"史、石二人张口结舌答不上话来，最后石汉卿竟辩解道："张琼所养者，一人可抵百人。"

第四章

赵匡胤对你说管理之道

太祖知道自己被小人蒙蔽，大为震怒，立即下令将史、石二人斩首示众，以慰张琼在天之灵。

这件事对太祖震动太大，他感到心灵上受到了极大的创伤。自己误听小人之言，一时疏忽，竟断送了救命恩人一条性命。失掉了一员骁将、爱将。他想尽量弥补自己的过失，便多赐金银，重恤张琼之家，又将张琼的哥哥提拔为官。

可是这一切，都不能使张琼起死回生，也不能使自己愧疚的心灵稍得慰藉。一直将近一年，太祖闲下来的时候，眼前不断浮现出张琼那张刚直不阿、棱角分明的脸孔。夜间睡下，张琼的身影也常常出现在他的梦中，使他倏然惊醒，通身大汗。

这件事过去好几年了，太祖扪心自责的心情稍稍淡漠了一些。可是，这一次又险些中了北汉人的"反间计"，误杀一员大将。

想到这些，宋太祖感到心中突突乱跳，脊骨一阵阵发凉。他绝不能再让这种悲剧重演，他必须建立一种制度，使他能更多地了解下情，了解朝廷内外、全国各地的种种实情，不再为小人所蒙蔽，为奸人所利用。

为了更多地听取臣下的建言，更详尽地了解民情，经过几天的深思熟虑，宋太祖再次下达诏书，鼓励大臣或草泽之民上书言事，广开言路，并且要形成一种相对稳定的转对制度。

诏书说："每五日内殿起居，百官依次转对，并须指陈时政得失，朝廷急务，或刑狱冤狱，百姓疾苦，咸采访以闻，仍须直书其事，不在广有牵引。事关急切者，许非时诣阙上章，不得须候次对。"

上至朝政得失，中至刑狱冤滥，下至百姓疾苦，宋太祖都要过问，要掌握，要烂熟于胸。从这道诏书中，大宋的官员和百姓们，再一次领略了这位一代明君、千古英主的良苦用心和大家风采，他们感到由衷的欣慰。

宋太祖为广开言路、虚心纳谏而建立了转对制度，朝班大臣要依次奏对，各级官府和草民百姓亦可上书言事，指陈朝政得失和权贵大臣们的各种过错。一时间，人言藉藉，署名的、不署名的奏折、书信纷至沓来，最多的时候一天可收到上百封。

对这些揭发信函，宋太祖都认真阅示，对所揭露出来的许多地方官吏贪赃受贿、横行不法、苛征暴敛、草菅人命等劣迹，均派人查处，一旦罪证属实，即绳之以法，毫不留情。仅被杀头或杖决流放的就有十几人。宋太祖建立了有效的体制，确保了自己能够不被蒙蔽。

中国有句俗话：没有规矩，不成方圆。其意思就是说，没有规则（即制度）的约束，人类的行为就会陷入混乱。不仅如此，制度在限定人们的行为规范的同时，对于管理者，还有着其他的作用。

首先，对于被管理者来说，为了团队的发展，管理者必须要给被管理者一定的权力，以保证在发展的过程中，面对不同情况，能够及时地做出反应。但是另一方面，获得了权力的被管理者，不可能全部都是一直在为团队的发展而努力的，或者说，在为团队发展而努力的同时，肯定会出现为自己谋取利益的现象。因为人都是自私的，这是人类的本性所在，尤其是在一个团队到达了稳步发展的阶段之后。在该阶段，没有创业时期的艰苦奋斗，大家都开始适应安稳的生活，就更容易发生腐化现象。以权谋私的现象就是在这种情况下产生的，在这种情况下，管理者的知人善用和用人不疑就很难避免发生偏差，因为即使知人，也不能保证人不会随着环境的改变而改变；如果不疑，无疑是对贪污腐化现象的纵容，很容易产生更加严重的后果。

另一方面，在日益激烈的竞争中，竞争对手之间的竞争手段并没有受到有效的规范，很多竞争者都处于一种无序的竞争中，这就使

第四章 赵匡胤对你说管理之道

得竞争手段没有一种定则。如果没有制度的保障，就很容易造成属下的贪污腐化、以权谋私，或者造成对下属的胡乱猜疑，甚至是冤枉下属，使下属蒙受委屈，进而造成团体内部的不和谐。所以，这时候，建立一种完善的制度，以事实来说明问题，即使离间计风行，但是在完善制度面前，支持决策的会是制度所体现出来的事实依据，这就会减少被离间的可能。

作为管理者，要认真建立自己的制度体系，预防被自己的手下或者竞争对手蒙蔽，只有这样，才能做到团队内部的和谐。

第五章

赵匡胤对你说 用人之道

　　明君治国，人才为本。赵匡胤的用人方针是知人善任，选贤任能，以忠诚、职守为根本原则。他认为只有重用贤才，才能治理好国家，忠臣是正君的明镜，奸臣是误国的小人，用人不问出处，凡是有才能的人，都有机会得到重用。现代社会，用人同样重要，无论是一个企业，还是一个国家，或者是个人的发展，都离不开人才的帮助。我们从赵匡胤的用人中能够学到很多用人之道。

用人以德为本

自古以来，一国之主，凡能知人善任者，基本事业有成，如果用人不分贤愚，不辨是非，不知当用不当用而随意任用，或徇私情而用，势必导致事业衰败。

作为君主，哪怕再昏庸无知，也需要臣下对他无限忠直。所以说君主褒奖臣下的忠直是理所当然的事，没有什么值得称道的，但宋太祖赵匡胤褒奖忠直，却与其他皇帝有所不同，我们可以从他的举动中看出他有宽广的胸怀。在他所褒奖的忠直人物中，有不少人曾是敌对于他而忠于故主的人。

当赵匡胤兵伐李筠的时候，北汉派宰相卫融去助李筠，结果李筠失败，卫融被俘。赵匡胤亲审卫融，责问卫融说："你为什么让北汉主刘钧发兵帮助李筠造反？"卫融从容不迫地回答："这就像狗一样，天下所有的狗都不咬自己的主人，而见别人就咬。"太祖又说："我现在把你放了，你能为我效力吗？"卫融说："我一家四十口全吃刘家的饭，穿刘家的衣，实在无心背叛他。陛下应当现在就把我杀掉，我一定不会投降为陛下效力。纵然不杀我，我早晚也得从小道逃回河东。"赵匡胤一听，勃然大怒，命令左右用铁杖击打他的头部，打得他满面鲜血。卫融高呼说："人谁不死？能忠君而死，这就是我的福气。"此时，赵匡胤回过头来看看左右的人说道："这是一个忠臣啊，放了他吧！"又命令侍者用良药涂敷他的伤口，十几天后，卫融的伤口痊愈，由于感念宋太祖看重忠直，所以表示愿为大宋效力，接受了太府卿的职务。

赵匡胤在征伐江南的过程中也遇到过此类情形。当南唐后主李煜感到形势危迫时，便让学士承旨徐铉来求和。徐铉拜见宋太祖时急辩说："李煜没有什么罪过，陛下出兵无名。李煜以小事大，就如同子事父，本来没有过失，陛下为什么却要征伐？"宋太祖说："既是父子还分为两家，你说可以吗？"徐铉无法回答，只好退回江南。不久江南又派徐铉前来辩争，他与太祖争论不已，太祖大怒，按剑说道："不许你再多言！什么江南有何罪，只要是天下一家，在我的睡床旁边怎能还容许别人酣睡！"徐铉只好辞归江南。

当江南被平，徐铉随李煜到宋都汴京朝见宋太祖时，宋太祖一见徐铉又来了，便当众斥责徐铉为什么不早劝李煜投降，徐铉说："臣在江南，身居大臣之位，国家灭亡而无力援救，论罪当死，还有什么说的？"赵匡胤多次见到他这种忠于国家、忠于故主的样子，对他颇有好感，于是安抚他说："你真是忠臣啊，希望你能像服侍李煜一样来服侍我！"

张泊是李煜的内史合人，当宋军围攻南唐都城时，他曾为李煜写过召救兵的文书，暗封蜡丸之内，结果被宋军所得，送到赵匡胤手中。赵匡胤见是写蜡丸书的人来了，不由大怒，斥责说："这都是由于你劝李煜不降，所以使李煜拖延至今日才归服。"

说罢把蜡丸书出示给张泊。张泊一看，就知道自己一定没好下场了，但他毫不惶恐，面不改色，很自然地回答说："这封蜡丸书确实是我写的。这只是我忠于李煜的行为之一，其他方面更多，今日能得死，这就是我有幸能尽为臣之道了。"赵匡胤本想把张泊杀掉，但见到他临危不惧，对故主无限忠诚，死也甘心，觉得这样的忠臣实在难得，如能对己效力，岂不更好。于是就对张泊说道："你的胆量很大，我不加罪

于你，现在你可做我的臣子，希望你对我也像对李煜那样地忠诚。"当即封张洎为太子中允。

赵匡胤对于天下的忠直之臣虽然宠爱，但是否予以重用，还要看具体情况。以忠故主之忠，改忠宋太祖，这是最好不过的了；始终坚持效忠故主，用之则无利而有害；对故主有忠心，对宋太祖无异志，使用这种人，无可无不可，具体情况还需要进行考察。赵匡胤用人，始终是一丝不苟的。

当赵匡胤刚即位时，监军陈思诲向太祖密奏成德节度使郭崇，说他"听说周恭帝把皇位让给宋太祖，有时就为此事流泪"，并建议早些把郭崇除掉，以免后患。赵匡胤却说："我平时就知道郭崇有忠心，讲恩义，这大概是出于旧情吧。"赵匡胤不同意把郭崇杀掉。虽然这样说，但他心中也有所疑，遂又派人去考察郭崇有无异志。无异志，则用之；有异志，则杀之。考察结果是不见有异志，于是宋太祖高兴地说："我就知道郭崇是不会反的。"

在纳谏上，赵匡胤以李世民为榜样；在知人善任上，赵匡胤则以刘邦为榜样。

在历史上一谈到知人善任，很少有人提到宋太祖赵匡胤，其实他也是知人善任先贤行列中难得的佼佼者。那些善于溜须拍马、见风使舵、阿谀逢迎、谄媚取宠的人，在赵匡胤面前只会得到鄙视，而得不到重用。

赵匡胤从陈桥驿回到京城后，当日便举行禅位大礼。百官就列于崇元殿，诸事齐备，只待周恭帝宣读禅位制书。周恭帝早晨还好好地当着皇帝，没有想到吃晚饭的时候就得让位了，根本就没想到预备禅位制书。事情匆匆，也求不及撰写禅位制书。可是没有禅位制书，就无法行礼。典礼中的内容是读禅文，无禅文怎能成礼？然而正当需要宣读禅文的时候，大家才意识到忙中疏漏，没有禅文。就在这关键时刻，翰林学士陶谷从怀中掏出禅文从容进上。尴尬的局面顿时烟消云散，禅让大礼告成，一切举措尽皆如意。在禅位礼中，陶谷可谓立了一个大功，其功劳用雪中送炭来形容都显得太轻了。禅文对赵匡胤极尽歌功颂德之能事，甚至听了使人感到肉麻。陶谷很善于见风使舵，很善于说别人爱听的话。他预料到若行禅位礼，禅文是必不可少的。他也估计到面对这突如其来的禅位礼，没有人会先撰好禅文。于是他恰到好处地填补了这一空白。他觉得在急需的情况下献出来，才更显得可贵。禅位礼像预想的那样完成了，陶谷非常得意，他觉得他为赵匡胤开创帝业立了一桩奇功，他认为赵匡胤一定会给他满意的报答。当时，许多大臣以羡慕或忌妒的眼光看着陶谷，觉得陶谷在关键时刻给自己立好了向上爬的阶梯，无疑会平步青云。

陶谷有非凡的才华，这一点赵匡胤是知道的，同时他更知道陶谷在禅位礼上的重大贡献，他由衷地感谢陶谷在那尴尬的时刻为他帮了大忙。但赵匡胤觉得陶谷是一个投机取巧、谄媚取宠的人，多才少德。他今天能对自己百般示好，明天也会对别人见风使舵，这种人是不能重用的。所以赵匡胤对陶谷，既感谢、又鄙视，正如司马光所说的"太祖由是薄其为人"。

历史上有许多皇帝都曾被善于溜须拍马、投机取巧、阿谀逢迎、谄媚取宠的人弄得发昏，而宋太祖赵匡胤在对待这种人上，却始终保持着清醒的头脑。

赵匡胤用人十分慎重，对所要用的人如果了解不深他绝不重用。对赵普的使用，就是一个明显的例子。陈桥兵变前，赵普在赵匡胤属下任掌书记，掌书记就像是现在的秘书长之类的职务。当时赵普已露出才华，对赵匡胤已有帮助。陈桥兵变中，赵普与赵匡胤的弟弟赵光义同在前台表演。

赵匡胤称帝后，赵普善于发挥才能，给赵匡胤出了很多良策，不论是削掉重臣兵权或先南后北的策略，还是刚建国时的几次御驾亲征等，都是他的主意。他还能对赵匡胤毫无顾忌地直言相谏，比如当赵匡胤对天雄节度使符彦卿不仅予以厚重的赏赐，还要委以典兵大权时，赵普就曾极力反对，可是屡谏不从，赵匡胤终于发出了委任令。赵普把委任令藏于自己怀中而不发，又去劝谏太祖收回此令。

赵匡胤不耐烦地指责赵普说"你为什么坚决反对给符彦卿典兵之权呢？我待符彦卿最厚了，他怎能忍心辜负我呢？"

赵普反问："周世宗待你也最厚了，你为什么能辜负周世宗呢？"

赵匡胤听了恍然大悟，默默地收回了委任令。此事足可看出赵普对太祖的无限忠诚。既有超人的才华，又能无限忠诚，本可早些重用，而直到北宋乾德二年（公元964年），也就是赵匡胤当皇帝的第四年，他才正式任命赵普为宰相。

赵匡胤从不把重要官职轻易予人。有一次他许诺平江南后任曹彬为相，可是江南平了却不见他把相位给曹彬。有人向赵匡胤问起此事，赵匡胤自悔出言不慎，便给曹彬送去50万钱作为补偿，并告诉曹彬，不要急，北汉还没平呢，等平完北汉再说。曹彬退朝后私下说道："人生何必为相呢！好官也不过是多得钱罢了。"

赵匡胤用人注重真才实学而不注重那些投机取巧的人。护国节度使郭从义善于骑驴击球。当他来朝时，赵匡胤令他做个表演，郭从义非常高兴，想乘此机会取悦太祖以便获得高升。郭从义换了衣服，跨在驴上，手持球棍，驰骋击球，用尽技巧。赵匡胤看得很高兴，击毕，赐给郭从义座位休息。郭从义见太祖高兴，以为一定会得到提拔。可是没想到太祖竟然说了这样一句话："你的球技确实精彩绝伦，但这种事，不是将相所应干的。"郭从义听了大失所望，非常惭愧。

国家的兴衰治乱，根源在于人事。亲贤人、远小人，是所有明君的一贯做法。宋太祖赵匡胤不用庸人，对多才而少德之人也绝不器重，坚持举贤任能之道，从而巩固了新生的政权。当今社会，竞争激烈，有人将激烈的竞争归结为人才的竞争，而对于人才的选用，就出现了用人以德为先还是以才为先的争论。太祖的用人之道告诉我们，用人以才为前提，用人要以德为本。

《现代汉语辞典》关于人才的定义是："德才兼备的人，有某种特长的人"。由此可见，"人才"，最大的特征是"德才兼备"。有德无才不能算是理想的人才，有才无德同样称不上是合格的人才。如果用人只重视才能或技能，而忽视其做人应该具有的道德品质，结果往往会适得其反。

一个人的品德，不全部依赖于教育，更多的是源自于一个人的自我领悟。一个人的品德是在周围环境中努力修炼出来的。品德是一个人人品、人格、性格的综合体现。一个品德不行的人，才华越高，就越危险。

有一个故事可以很好地说明一个人的德与才的重要性。一企业招聘了两名业务员，经过两个月的试用期工作之后，两个人中的小王展露锋芒，以自己的才能给公司创造了效益，得到了老板的赏识和同事的认可。老板多次对其进行公开表扬，并决定把她作为业务骨干予以重点培养。但是小王并不是一个高尚的人，她一味地讨好老板，精心揣摩老板的心理，曲意奉承，看老板的脸色行事，以图博取老板欢心。通过各种手段，她很快坐上了业务部经理的位子。在此之后，她的本性中不好的一面渐渐显露出来，她自以为是，无中生有，将各部门之间的管理弄得一团糟，使得部门间矛盾重重，把一个好端端的公司弄得乱七八糟，最

终给企业造成了损失。

　　小刘与小王同时进入企业，小刘在工作中则脚踏实地，很看重本职工作，在工作中敬岗敬业，在做人上诚实收心，为人低调，不争名逐利，性格开朗，乐于助人。尽管在进入企业之初并没有得到重用，但她从来没有抱怨，依然努力做好自己的工作，最终不仅为企业创造了经济上的效益，也以自己的优良品德得到了大家的认可，更重要的是使自己的企业在客户与在业界都赢得了好评。这就是不同人才"德"与"才"不同侧重的不同结局。

　　日本经济的飞速发展，一定程度上来源于日本企业的发展，而且日本企业也确实取得了骄人的业绩。在日本企业的人才任命中，是严格禁止品格低下的人做管理职务的，这在日本企业中，是一种不容动摇的制度。一个品德低下的管理者，首先会影响企业内部的团结。不难想象，一个对员工内心没有善意的管理者，如何处理自己和员工之间的关系。管理者和员工有时候更像父母与子女的关系，父母的德行将会直接影响到自己孩子的德行。而一个不良的管理者，带来的必然是一群不团结的员工。

　　一个团队要发展，就要依靠人才。但是对于人才的重用程度，绝不能只取决于学历和才能，而是应该偏重于一个人的品德。因为一个人的学历可以不断进修，才能可以不断培养，可是一个人的品德却很难再次树立。这就是所谓的无才可以培养，无德难以弥补。古人云：德不孤，必有邻。有德之人的人心，得民意所以有"德"才能有"得"，所以在人才选用上，一定要以德为先。

　　俗话说：先做人后做事。讲的就是做事要以做人为基础，人都做不好，难免要做坏事。意大利诗人但丁也有一句名言：一个知识不全的人可以用道德去弥补，而一个道德不全的人却难以用知识去弥补。所以无论是在过去，还是在我们现今的社会中，无论企业单位还是事业单位，用人都必须注重德才兼备，要深刻认识到那种过分看重才能而忽视品德的做法，对人才的成长与事业的长远发展是极其不利的。

合理使用人的品德和才能

知人善任，包括知人与善任两个相互联系的层面。古代帝王，"为政之本，在于选贤"，而选贤之要，务必知人善任。知人就是要辨识人才，善任就要将人才用到合适的位置，即所谓的好钢用在刀刃上；善任的前提条件是知人，知人的终级目的是善任；知人之后对人才善任，在善任中进一步辨识人才，继续知人识人。在竞争日益激烈的今天，能否真正做到知人善任，既是对领导者品行修养与领导能力的检验，也直接关系到在竞争中的兴衰成败。宋太祖赵匡胤在知人善任方面就做得非常好。

公元961年9月，宋太祖派遣鞍辔库使梁义到江南吊祭，临走前，太祖召见，面授注意事项。然后对左右侍臣说："朕每遣使四方，常谕以谨饬，颇闻鲜克由礼，远人何观焉。"左右侍臣请求齐之以刑，太祖说："齐之以刑，岂若其自然耶？要当审择其人耳。"太祖这番话不是随便说说而已，而是落实到了用人择吏的实际行动当中。

宋太祖心里十分清楚什么样的人适合做什么样的官。他常说，贵家子弟只知饮酒弹琵琶，哪知道民间疾苦！于是规定：凡是以资荫得到出身者，都应先派其监当场务，不可任为亲民官。公元975年，教坊使卫德仁因年老求外官，并援引后唐同光年间旧例要求领郡。太祖说，用伶人

为刺史，这是后唐庄宗的失政所在，难道可以效法吗？宰相拟授给他上州司马，太祖说，上州司马乃士人所处，不可轻授，此辈只适合在乐部系统内迁转。于是，任命卫德仁为太常寺大乐署令。公元963年，翰林学士王著因酒失被贬官，由谁来代替呢？宋太祖说："翰林，深严之地，应当选择谨审宿儒来担任。"范质说："窦仪清介谨厚，但在后周时已从翰林学士迁拜端明殿学士，今又为兵部尚书，恐怕难于复召。"宋太祖说："这个职位非窦仪不可，你当去转达我的意见，希望他能再次就职。"窦仪于是再入翰林为学士。

宋朝初期，从中央到地方，官员都较缺，宋太祖召揽人才的心情也很急切。可是他并没有因此忽视官僚队伍的素质，降低官吏任用标准，而是采取了一种审慎的择人用吏原则。这个原则的内容包括在逐步清除前代择人用吏的弊端的基础上所确立的用人的三大指向和二大重点。

前代吏治旧弊不除，宋太祖择人用吏的设想就不能实施。实际上革除吏治旧弊本身也体现了太祖审择其人的用人思想。五代以来，领节旄为郡守的人，大多是武夫悍卒，没有文化知识，处理府郡政务的大权都交给自己选用的亲吏。这些亲吏多擅权不法。入宋之初，太祖还来不及马上对地方官府进行全面清理，只得暂时维持其对地方的统治。可是规定这些须用亲吏代判郡政的州郡长官，不得再使用原班随从，可改用朝廷为之配置的属吏。另一种情况是，一些州府长官虽不自署亲吏代判郡政，却以仆从之人干预公事。太祖也及时颁布诏令，禁止长吏的仆从干预公务。太祖说："朝廷比设宾佐，兼置掾属，同参郡政，务守诏条，岂可使纪纲之仆，干与公务？"不过，违反诏令、以身试法的现象依旧不可免。如武宁节度使高继冲的原从军将高从志不遵守朝廷规定，藐视法令，为非作歹，贪污受贿，结果被窜逐流放。太祖又借此事件警告各藩侯、州牧要"谨守前诏，勿自贻悔"。

宋太祖择人的三大指向，一是才能为本，资序居次。上文述及在制度上太祖考核官吏仍然以资序为主，但在用人的方向上努力做到以才能为本。宋初幕职州县官即选人，品级分为四等七阶，注拟差遣从两府司录到县尉分为十等，若按年限资序，这些低级文臣特别是其中才能卓著者很难有晋升的机会。宋太祖考虑到这一点，为了不埋没这些低级文官中的优异人才，常常超等提拔使用。据《涑水记闻》记载，太祖备有一个小记录本，用于对臣僚的考察与了解，不论是朝中官员还是地方官员，只要有一才一行可取者，不问资历和级别，都记下来，等到某部门缺少官员需要补充时，就翻开笔记本，从中选用。对那些职位高而无真实才能的官吏，多处以无实际职掌的散闲之官，而品位低下的官员，只要有突出的才能，则多委以重要部门的政务。重视才能的择人指向，一方面保证了政府机构的工作效率，有利于封建政府政策措施的贯彻执行。另一方面有利于抑制官僚队伍中因循苟且的不良风气。

二是树立榜样，自警自奋。安守忠在永州、兴元、汉州等州府当地方官，颇有政绩。尤其是在汉州，正当宋军平蜀之时，军队费用开支巨大，国库供应不足，安守忠慷慨助以私钱。后来，宋太祖在其他官吏赴任前总忘不了告诫说："安守忠在蜀，能自律己，汝见，当效其为人。"对清廉的官吏，太祖总是勉励，树为其他官员学习的榜样。而对为政腐败的官员，除依法论罪外，还将其作为反面教材，告诫官吏不能效仿。西京留守向拱在河南府专事修饰园林第舍，纵酒淫乐。后来左武卫上将军焦继勋调来当知府，太祖对焦继勋说："西洛久不治，卿无复效向拱也。"焦继勋果然没有重蹈覆辙，到任视事一个多月，便扭转了混乱的社会秩序。太祖用正反两方面的典型激发各级官吏自警自励，择善而从，从而达到了"人思自效"的用人效果。

三是召对亲试，择优黜劣。这是太祖用人不同于其他帝王的又一显著特点。无论是派使臣出使，还是官吏赴任，太祖都要召来面谈一番，或勉励或告诫。对即将步入仕途的士人，太祖一般也要亲自召对策试，看看该人到底具备什么才能，适合担任哪方面的职务。太祖这样做的目的是为了择优黜劣，把好用人的最后一关。公元974年，密州所举贞廉德行忠孝人齐得一应诏来到京城，策试中选，被任命为章丘县主簿。像齐得一这样因召对、策试合格被任命为官的仅据《续资治通鉴长编》记载就不在少数。自然，召对策试中不合格的也有。如公元973年，太祖召京师百司吏700多人，见于便殿，亲自阅试，不合格者达400人，都被勒退。

宋太祖审择用人的重点放在两个方面，一是刑狱之官，这关系到人民的切身利益。五代乱世，禁网繁密，藩镇列郡恣意施刑。直到宋朝初年仍旧是刑典弛废，吏不明习律令，牧守又多是武人，率意用法的情况普遍存在，这对太祖统一天下，巩固政权，整肃吏治，拨乱反正都是不利的。所以，宋太祖一方面用重法绳治奸慝，另一方面经常亲自折狱虑囚，务求刑治慎明。随着政权的初步巩固，疆土和人口的增加，宋太祖更为留意刑政，逐步建立健全法制，尤其重视刑狱官员的选择。他期望御史、大理寺等主管刑狱的官员能像西汉时期的张释之、于定国那样，既能严格按法处刑，又能审慎决狱，使天下没有冤民。宋初，各地州府任命牙校为马步都虞侯及判官断狱，往往多失其中。公元973年7月，宋太祖下诏废除这一做法，改马步院为司寇院，挑选新及第进士、考中《九经》、《五经》科者及资序相当的选人为司寇参军，专治刑狱。如果刑官判狱失当，或贪污受贿、曲情枉法，都要受到惩处。公元961年，金州民马从圮的儿子马汉惠是个无赖，曾害死其弟，又偷鸡摸狗，为害乡里。马从圮便同其妻及次子一起杀了马汉惠。防御使仇超、判官左扶判马从圮等3人死罪。宋太祖得知后，极为愤怒，认为量刑不当，以"故人死罪"命令有关部门予以弹劾，结果仇超、左扶都被除名，杖流海岛。公元962年，河南府僧尼法迁，因私用本师财物，按法律规定不当判定死罪，判官卢文翼以盗论处，置于极典。卢文翼因而被除名，与此案有牵连的法曹参军桑植被削夺两官。

二是边疆将帅。宋太祖对边将的选任，主要凭借功劳。这些边将多多少少都有缺点，如骄恣专横，好大喜功等。但只要他们忠于朝廷，不过分刻薄边民，能镇抚少数民族，经常率兵打胜仗，太祖就常予以召见，厚赐赏，多勉励。太祖对边将的选任明显有别于文臣和内地的武将。这一区别完全是由当时的客观形势所决定的。边境的安宁对于刚刚取得皇位的宋太祖来说，是极为重要的！何况当时全国尚没有统一，南方有南唐、后蜀、吴越、楚、南汉、南平等割据政权，北方有北汉和契丹，西方有少数民族建立的政权。在这种形势下，太祖常注意于谋帅。命李汉超屯关南，马仁瑀守瀛州，韩令坤镇常山，贺惟忠守易州，何继筠领棣州，以拒契丹。又以郭进控西山，武守琪戍晋州，李谦溥守隰州，李继勋镇昭义，抵御北汉。赵赞屯延州，姚内斌守庆州，董遵诲屯环州，王彦升守原州，冯继业镇灵武，以备西疆。太祖常说：安边御众，须是得人。在这一思想的指导下，太祖给予这些边将不少特权，如优恤他们的家属，厚其爵禄，多给公钱和辖区内的财政收入，可以从事贸易，可以招募骁勇作为爪牙，凡军中事务可不奏请皇帝自行处置。边将每次来朝，太祖必召对命坐，厚为饮食和赏赐。太祖认为只要财用丰盈，这些边将能禀承君意，作为皇帝就是减少后宫、克勤克俭来筹集边费，也不吝惜。太祖曾经命令有关部门为洺州防御史郭进修造住宅，厅堂全部用甋瓦。有人说这种待遇只有亲王、公主才能享受。太祖说："郭进控扼西山十多年，使我没有北顾之忧，我视郭进难道薄于儿女吗？赶快前往督役，不要妄说。"

太祖对边将这样优待，这样宠异，意在责其边功。从实际情况看，宋太祖的期望基本实现了。这些将领大多能恪尽职守，安边御众，屡立战功。如易州刺史贺惟忠，洞晓兵法，在易州葺治亭障，抚养士卒，能得其心。每次用兵，所向无敌，名震契丹。十多年间契丹不敢骚扰边境，当地百姓赖以安之。李谦溥任隰州刺史十年，敌人不敢来犯，被调任济州团练使后，边将失律，太祖只得又调回李谦溥。正因这些边将肯以死效力，太祖在位期间才没有边患之忧，才可能从容地进行统一中国的战争。

对一些既不称职又趾高气扬的边将，太祖一般不采取严惩而采取调离的办法，然后选择合适的人选取而代之。如灵武节度使冯继业杀兄代父领镇，颇为骄恣，经常出兵掠夺羌人羊马，戎人不附。又抚士少恩，部下多怀有异心。太祖在没有即位前与之有旧。即位后，冯继业多次到京城朝见进贡。可太祖对其军政举措放心不下，于是考虑替代人选。太祖认为知泗州段思恭曾经在眉州有功，于是召其赴京，任命他为灵州知州。太祖对段思恭说："冯继业曾言灵州非蕃帅主之，戎人不服，虽卫、霍名将，必见逐矣。意谓非我，他人不能治也。汝能治之乎？"段思恭回答说："谨奉诏。"太祖对段思恭的魄力很佩服，又说道："唐李靖、郭子仪皆出儒生，立大功，岂于我朝独无人耶？"勉励段思恭向名将学习，为朝廷立功。段思恭到任后，矫正缺失，悉心安抚，周访利害，上报民情。不久，"戎人不附"的灵州一跃而为"夷落安静"。太祖所以不严惩这些骄恣专横的边将，旨在避免矛盾激化，从而减少边将反叛的可能性。

上述种种事例，皆为宋太祖知人善任之事迹。知人善任是古今用人者用人的高境界，要做到知人善任需要首先知人，就是识别人才，这需要非常透彻的眼光，而要做到善任，则要需要一种正确评价人才之后，对人才进行大胆取用的魄力。宋太祖为政，就做到了知人善任。

当今社会，竞争激烈，而竞争的核心，则可以归纳为是人才的竞争。国家质检的竞争，是人才的竞争。各大企业的竞争，也是人才的竞争，无论是争夺市场，抢占技术高点，比拼品牌信誉，所有的竞争，归根结底，都是人才的竞争。

永昌陵

人才的重要凸显出识才的重要，世有千里马，而少有伯乐，将具有千里马能力的人才放到驾辕拉车的位置，无疑是对人才的巨大浪费。所以我们说用人要先识人，要识人，就要知人，识人的目的是要更好的用人，在现今的社会发展中，有很多技术过硬、能力强的人才埋没在芸芸众生中，等待管理者去发掘，期待着展现自己的能力，实现自己的价值。而人才对于发展的重要性，可以说，一个人识人的能力决定了这个人事业的大小。

任何人作为独立的个体而各不相同，人才的能力也各不相同，德行有高下，智慧有贤愚，做到知人善任就显得更加珍贵。《水浒传》中一百零八个人物各有所长，也各有所能，并且都根据自己的才能处在了自己合适的位置，并且处处体现着知人善任的亮点。

在赵匡胤的管人之道中我们能够看到知人善任的重要性，在当今的竞争中我们认识到人才的决定作用的同时，也应该努力做到知人善任。

用人不疑

用人不疑，说起来简单，做起来却很不容易。封建时代的官场延续了上千年，除了一些正直不阿的臣子，多数是厚颜无耻的小人。所以皇帝面前尔虞我诈的谗言肆行，正所谓三人成虎，即使是开明的帝王也往往难免受其所惑，故而能将用人不疑坚持到底的皇帝不多。但是赵匡胤作为一代开国皇帝真正做到了用人不疑，给我们后世树立起了借鉴的榜样。

北宋开宝五年（公元972年）八月，大理正李符出知归州回朝后，因京西诸州钱币不登，赵匡胤任命李符为京西南面转运事，并亲笔写下"李符到处，似朕亲行"的条幅以赐，嘱他将这八个字揭于大旗，便宜从事。

赵匡胤任用的边将，数十年不易，郭进守西山前后20年，李汉超镇关南，前后17年，赵匡胤对他们充分信任，不受谗言左右。其他如赵普为相，长达10年；刘温叟任御史中丞，长达12年；魏丕主持作坊事务10余年……都是赵匡胤对人才的充分信任、放手使用的例子。宋人评价赵匡胤在用人上是"择之精"、"任之久"。择之精，讲的是把握好用人关；任之久，讲的是放手使用。赵匡胤的用人之道，收到了比预想中还好的效果。

在新王朝中，赵匡胤确实培养了一批励精图治、才干出众的官员。

《宋史》评论宋初诸将"率奋自草野，出身戎行，虽盗贼无赖，亦厕其间，与屠狗贩缯者何以异哉？及见于用，皆能卓卓自树"。张万平则吹捧赵匡胤是"擢贤任能，使人如器"，"升沉取合，唯才是视"。"唯才是视"应该说是符合事实的，从赵匡胤随身带着的那个专记官员优点的记事本上我们也能略知一二。但"唯才是视"有一个重要前提，那就是忠诚。离开这个前提，一切都无从谈起。这其实正是赵匡胤用人的一条重要原则。

北宋建隆二年（公元961年）三月，赵匡胤对雄武节度使王景委以重任，将其调任凤翔节度使并充西面沿边都部署。这次改任并不带有防范的性质，主要在于赵匡胤深知王景的为人。同赵匡胤相比，王景是前辈人物，周世宗显德年间收复被后蜀占领的秦、凤、成、阶四州，王景与向拱出力最多。

当时王景被任命为西面行营都部署，负有方面指挥之责，王景率兵出大散关进讨，大破蜀军，斩首数万，秦州由此得以收复。对这次战争，赵匡胤是熟知的，当时他曾以帝皇使的身份亲临前线，与王景等人有过深入的交往。这次任命，同那场战争多少有些关系。

另一个原因是王景比较谦虚谨慎，折节下士。赵匡胤即位后，每有使者来藩，无论品级多低，王景都要亲自迎送，全力招待，因而颇能博得使者的好感，带回来的情况自然对王景十分有利。更难得的是王景这种屈首并不是表面文章，而是发自内心的一种对朝廷的忠诚。

当时他的幕僚曾对此不以为然，称"节度使职位颇高，不宜过分自行损抑"，王景则回答说："人臣重君命，固当如此，我唯恐不谨耳。"

赵匡胤曾在建隆年间派吏部尚书张昭出使王景藩镇，王景一次即赠钱万缗，手下有人认为此礼过重，王景则说："我素闻张昭之名，今日

派他来我处，乃是国家看得起我王景，怎么可以按惯例办事！"

王景就这样靠着自己对朝廷的那份诚心诚意的拥戴，博取了赵匡胤的信任。此外，王景为政宽厚也是他获得重用的一个原因。

《宋史·本传》称他："素无智略，然临政不尚刻削，民有讼必面诘之，不至大过即谕而释去，不为胥吏所摇，由是部民便之。"后周广顺元年（公元951年），王景由地方调任中央，当时曾有数百人堵道挽留。可见王景做地方工作也是有经验、有声望的。

王景离任雄武节度使后，建隆三年（公元962年）六月，赵匡胤任命枢密使吴廷祚接任。

吴廷祚是文官，在后周时期曾担任过怀州和郓州的地方主官和西京、东京两都留守，是赵匡胤比较尊重的一位官员。

赵匡胤即位之初，吴廷祚仍继续担任枢密使。李筠叛乱，吴向赵匡胤献策，提出李筠勇猛而轻敌，此次征伐宜速击而不宜久战，赵匡胤深以为然。在赵匡胤亲征李筠期间，他决定让吴廷祚担任东京留守，同时主持开封府工作，这对吴廷祚来说，无疑是一种高度的信赖。随后征战淮南李重进，赵匡胤再次让吴担任东京留守，让他全权处理后方的一切事务。

此次派吴廷祚出任雄武节度使，赵匡胤经过了长时间的考虑。原来在后周显德二年（公元961年），尚书左丞高防出知秦州（甘肃天水，雄武节度使驻地）后，见秦地盛产木材，又见西部的少数民族以伐木牟利，于是建议朝廷在此设立采造务，圈地数百里，筑堡设关，又动用军卒300人进行采伐，供应京师。如此一来，因利益关系必然导致与当地少数民族发生冲突。

当时双方商定以渭水为界，渭水以北属当地少数民族开采范围，以南则归采造务伐取。当地少数民族并不同意这种划分，一时纷争频频，高防于是动用军队抓获了40多人。

赵匡胤接到报告后，感到边境生事，可能将来难以收拾，认为高防的做法有欠妥当，于是便将高防调回开封担任枢密院直学士，转而让有多年地方工作经验、深得自己信赖的吴廷祚出镇秦州，以平息事端，保持边境安宁。

在任命下发的前一天，赵匡胤特意召见了吴廷祚，把自己的考虑告诉了他，同时还颇为深情地对吴说："卿久掌枢务，年龄渐高，今与卿秦州，以均劳逸，明日制出，恐卿已离朕左右为忧，故先告卿也。"赵匡胤让人效力效忠之时，这些事情总是做得很周全。

由于赵匡胤"以节度使受禅"的缘故，在最初，这个职位曾经是他手中所握着的一个筹码和一件赏赐品，显得颇有些分量，无论是授予新职还是对原任节度使的处理，赵匡胤都持着小心谨慎的态度。

一般来说，对原有的节度使，只要积极与新政权合作，赵匡胤还是会留用的。尽管这些节度使中也有个别是靠门第关系坐上去的，但大多数是靠战功、靠资历、靠本事才获得的。赵匡胤对他们的态度如何，直接影响到他们与新政权的合作，也直接关系到新政权的稳定。

赵匡胤在政权新立时期，他对这些节度使待之以礼，让他们感受到新天子对他们的重视。显德七年（公元960年）七月，河阳节度使赵晃因病回京，不久去世，赵匡胤把丧事办得很隆重，同时又赠他为太子太师，后又赠他为侍中。其实赵晃在藩镇专事聚敛，"无他勋劳"，但他曾与赵弘殷一道在后周禁军中共事，"有宗盟之分"，所以赵匡胤才有这种姿态。

俗话说："用人不疑，疑人不用。"许多有谋略的政治家深谙此道，并挖掘出很多人才。赵匡胤对忠于自己的贤臣，十分信任，并放手地任用他们，从而为自己培养出来一大批励精图治的官员。可见，赵匡

胤是个知人善用的君主。

古代政治家通常都具有"用人不疑，疑人不用"的品质，表现最为出色的应该算是三国时期的刘备，他"弘毅宽厚，知人善任"，从不怀疑部下的忠心，在乱世中，以自己为核心组建起一个小团体，逐渐发展到雄踞一方称王于世。

在刘备最困难的时期，一次战役失败之后，他率领着剩余的将士和那些不愿离开自己的百姓，一路撤退，后边是曹操率大军在一路追击。这时候本来冲散了的张飞，带着一些残余的士兵赶了上来，在刘备问及赵云下落的时候，张飞怒骂道："赵云那厮，见我们战败，率了步卒，投降曹操，去享富贵了！"这时候的刘备，几乎已经陷入了绝境，在这种情况下，有将士产生二心，转头别主是理所当然的事，张飞是自己的亲兄弟，他说的情况肯定不是骗自己的，根据情况分析，也能够推断这一点。可是刘备却很相信自己的部下，他很坚定地说："贤弟勿要妄言，赵云定不负我。"

事实上，赵云也并没有背叛刘备，他在军中负责保护刘备家小，而此时刘备的家小已经被冲散，陷于乱军之中的长坂坡了。赵云发现这一情况后，率领自己的步卒杀入曹军，是去救刘备的家属的，在百万曹军中，赵云七进七出，最终救出了刘备的儿子幼主阿斗，最后返回了刘备身边。消除了误会后，张飞主动为赵云殿后。

刘备真正做到了用人不疑，他不仅对于自己的结义兄弟给以充分的信任，对自己的其他下属，也给以充分的信任，就算多次叛主的降将魏延，在刘备在世的时候，都十分信任他，没有私下怀疑。刘备正是凭借着这一份信任，用人不疑，才让天下英雄为自己所用。关羽，过五关、斩六将，放弃曹操高官厚禄的诱惑，虽历尽苦难却坚定地要回到刘备当时十分穷困的旗下；张飞，腥风血雨中费尽力气打下一块小地盘，却要等着当时在战乱中毫无音信的刘备来做主当家；赵云，长坂坡前，可以冒生命危险，百万军中舍命冲杀，救出刘备的儿子，以保护刘备的香火；诸葛亮，为刘备谋划天下，甚至受刘备临终重托后，"鞠躬尽瘁、死而后已"。刘备的用人不疑给自己博得了一分天下。

在"疑人不用，用人不疑"中，"疑"指的是不分明，不确定，不能够充分信任，对手下存有疑心。

用人多疑而导致失败的事例也不在少数，明朝时的崇祯皇帝就是一个典型的例子，他不但不能充分信任自己的大将，相反，他对每一个将领都心存怀疑。为剿灭当时还是流寇的李自成，崇祯先用杨鹤主抚，后用洪承畴，再用曹文诏，再用陈奇瑜，复用洪承畴，再用卢象升，再用杨嗣昌，再用熊文灿，又用杨嗣昌，对农民军的战争持续了十三年，十三年中频繁更换围剿农民军的负责人。这些将领中除熊文灿外，其他将领都在战争中表现出了极为出色的才干，如果随便一个将领能够一直处于指挥的位置，李自成都会被剿灭，然而所有人都功亏一篑。"闯王"李自成数次大难不死，最后在河南聚众发展，终于成为明朝的掘墓人之一。

有史学家曾对崇祯的行为作出评价：明朝灭亡是因为天灾瘟疫和崇祯多疑，和士大夫无关。明思宗崇祯求治心切，生性多疑，刚愎自用，因此在朝政中屡铸大错：前期铲除专权宦官，后期又重用宦官；中后金反间计，自毁长城，冤杀袁崇焕。思宗的性格相当复杂，在除魏忠贤时，崇祯表现得极为机智，但在处理袁崇焕一事，却又表现得相当愚蠢。这些评论在我们后世看来，还是相当中肯的。可以这么说，如果崇祯用人不疑，李自成很可能被杨鹤、洪承畴、曹文诏、陈奇瑜、卢象升、杨嗣昌等将领剿灭，如果崇祯用人不疑也不会冤杀袁崇焕，如果崇祯用人不疑、用好洪承畴，也不会导致洪承畴最终降清。虽然崇祯可能

阻止不了明朝覆亡的结局，但如果他做到了用人不疑，那他很可能就不会成为亡国之君。

从这些故事中我们应该学会用人不疑。用人不疑就是告诉我们，对经过自己考核、认为感觉不错的可用之人，就应该放心使用、大胆使用，并且在使用过程中要充分信任。我们当今时代的管理者同样应该做到用人不疑，对于自己的部下，在确认其可用之后，就要充分信任，切不可疑心过重，从而扰乱下属做事的思路，影响大局。

宽容部下

对别人表示出宽容的气度，往往会收到意想不到的结果。海纳百川，有容乃大。宽容，对自己来说，是体现了自己博大的胸怀，使自己的眼界豁然开朗。对别人来说，做过的错事能够得到原谅，势必产生一种知恩图报的感激之情，为己所用。

太祖治国之时恩威并施，广开言路，如此一来各地的奏章和上书源源不断地涌往朝廷，有地方各级官员的，也有普通士绅百姓的。对于普通百姓的上书，宋太祖是每封必读，不允许任何截留和扣押。他认为，这些来自最低层的草民们的呼声，才是最真实的第一手民情、社情。

这天散朝之后，太祖又在认真地批阅着这些奏折和状词。来自沧州的一封上书引起了他的注意。上书的是一个乡村绅士，叫张保利。他上书状告横海节度使（治所在沧州）张美，说张美依仗权势，强抢了他的女儿张小梅为妾，并且强行掠夺本村民钱四千多缗。

太祖看过状子以后，心情久久不能平静。欲待不相信，状词写得有名有姓，有枝有蔓，连时间、地点、证人等各种细节都清清楚楚。欲待相信，又觉得张美不可能办出这样的事。

在太祖的心目中，张美在众多节度使中是个少有的好官。沧州一带，自古民风强悍，山贼流寇多如牛毛，绿林好汉侵扰官府、大户，强人出没打家劫舍、剪径绑票的事屡见不鲜，社会治安混乱，普通百姓不堪侵扰，怨声载道。朝廷曾派过几任节度使前往镇守，都不曾改变这种混乱局面。

后来，朝臣们举荐张美任职此地。张美到任后，先发兵剿平了沧州一带最大的几股山寇，接着对诸多小股匪盗剿抚并用，恩威兼施，使许多流贼望风投诚或隐形遁迹，很短的时间内，便使境内大治，人心安定，甚至出现了多年来未有过的夜不闭户、路不拾遗的清平局面，一时颂声大起，沧州百姓几乎是有口皆碑。

可是，这才刚刚一年多，怎么就出现了这样的事情？太祖要亲自审问，弄清这到底是怎么回事。

他把张保利诏到汴京，在一个便殿中召见了他。张保利乃一介布衣，平日连个县大老爷也不曾见过，忽然被召到京城，见到至高至尊的皇上，早吓得浑身抖动不止。他匍匐在地上，不停地磕头，却不知说什么好。

太祖见他这么紧张，便和颜悦色说道："你就是状告张美的张保利？""是，皇上，草民就是张保利。""好了，你平身吧，不用害怕，赐座！"当值太监慌忙端过一把椅子，扶张保利坐在上面。这可是天大的殊荣，在皇上面前说话，连当朝宰相也得垂手而立。

太祖又问道："张保利，那张美是如何强抢你女儿，霸占为妾的？"

张保利忙回道："万岁爷，草民所告没有半句假话。那日张大人带

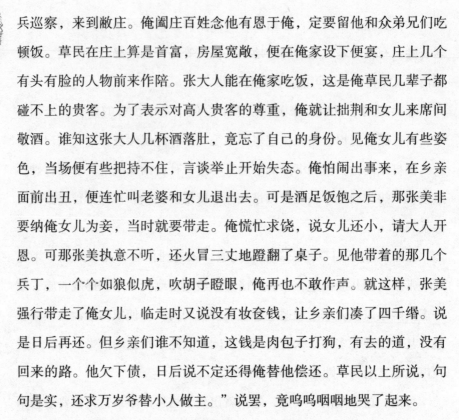

兵巡察，来到敝庄。俺阖庄百姓念他有恩于俺，定要留他和众弟兄们吃顿饭。草民在庄上算是首富，房屋宽敞，便在俺家设下便宴，庄上几个有头有脸的人物前来作陪。张大人能在俺家吃饭，这是俺草民几辈子都碰不上的贵客。为了表示对高人贵客的尊重，俺就让拙荆和女儿来席间敬酒。谁知这张大人几杯酒落肚，竟忘了自己的身份。见俺女儿有些姿色，当场便有些把持不住，言谈举止开始失态。俺怕闹出事来，在乡亲面前出丑，便连忙叫老婆和女儿退出去。可是酒足饭饱之后，那张美非要纳俺女儿为妾，当时就要带走。俺慌忙求饶，说女儿还小，请大人开恩。可那张美执意不听，还火冒三丈地蹬翻了桌子。见他带着的那几个兵丁，一个个如狼似虎，吹胡子瞪眼，俺再也不敢作声。就这样，张美强行带走了俺女儿，临走时又说没有妆奁钱，让乡亲们凑了四千缗。说是日后再还。但乡亲们谁不知道，这钱是肉包子打狗，有去的道，没有回来的路。他欠下债，日后说不定还得俺替他偿还。草民以上所说，句句是实，还求万岁爷替小人做主。"说罢，竟呜呜咽咽地哭了起来。

太祖一面听着，一面在心里琢磨，看来张保利所告不会有假。可是像张美这样一个精明强干的能员，就毁在这件事上吗？他有点不甘心，更有点舍不得，沉默了多时，才缓缓问道："你女儿今年多大了？"

张保利答道："今年虚岁十八。"

"可曾许配人家？"

"回皇上话，小女虽生在乡村，却略通文墨，眼界甚高，至今尚未择得中意之人。"

太祖点点头，把话题一转，又问道："你们沧州，在张美未去上任之前，百姓们的日子还安定吗？"

"那时很不安定，兵来匪往，百姓们天天提心吊胆地过日子。"

"那现在呢，从张美镇守沧州以后，情况如何？"

"草民实话实说，自从张美来到沧州，再也没有兵寇之忧，盗匪之乱，百姓们能够安居乐业了。"

太祖叹口气道："唉！人无完人，金无足赤。张美镇守沧州，保住了你们沧州千万百姓的生命财产，此恩此德，不谓不大。你今天状告张美，无非是要朕贬黜他。这很容易，只要朕一句话，不要说贬官，就是杀头也行。可是俗话说得好，'千军易得，一将难求'，像张美这样的人才不好找啊。朕怕贬了张美，再派别人，你们沧州百姓又要沦入虎狼横行的水深火热之中。朕倒不是爱惜张美，而是爱惜你们沧州百姓啊。"

太祖说到这里，略一停顿，看看张保利，见他默然不语，便又说道："你女儿既然尚无婆家，如今与张美又已经生米煮成了熟饭，若治张美之罪，你女儿将何以自处？"话刚说到这里，那张保利忽然抬起头，睁大了眼睛，禁不住连连点头，似是有所恍悟。

太祖继续说道："张美才30多岁，年纪不算太大，已经是朝廷的节钺大臣、守疆大吏。人品、才干均属上乘。你女儿虽说比他小十几岁，但这年岁差别也不算太大。以张美的身份、品质，也足可以为你张家光耀门楣了。以朕看来，这倒是一桩打着灯笼也难寻的美好姻缘。你女儿若找个普通人家，彩礼钱是多少？"

张保利道："大概是五百缗。"

"来人，取一千缗来，这算朕为张美交的彩礼钱。"

小太监捧着一盘银币走到张保利面前，张保利哪里敢收，慌忙说道："万岁爷的钱，草民宁死也不敢要，这不要折煞草民几代吗？"

太祖笑了，说道："这是彩礼钱，权当朕借给张美的，你收下理所当然，天经地义。张美强取你庄上那四千缗，朕随后便责令他前去偿还。再者，你若是不嫌弃，朕倒愿为你女儿和张美保媒，做个月下姥，

第五章 赵匡胤对你说用人之道

你们这门亲事，也就算是明媒正娶了。"

太祖前面的一通话，对张保利已是指点迷津。他听着合情入理，心中早没有了半点怨恨。又听说皇上要亲自保媒，这是天大的荣耀，天大的喜事。张保利慌忙爬在地上一个劲儿磕头道："谢谢皇上，皇上万岁。皇上就是当今活菩萨，小民全家，不，俺全庄老少都祝皇上万寿无疆！"

送走了张保利，宋太祖并没感到轻松。这个张美，稍有点功绩就自以为是，也不能轻易地放过他，得让他心中有数，自惭自责。

第二天，宋太祖命人把张美留在汴京的母亲召来，开门见山地说了张美在沧州的所作所为。

老人吓慌了，颤巍巍地叩头谢罪道："妾在阙下，实不知此事。但教子无方，妾身知罪。"

太祖让她平身，说道："知罪就好，朕不责罚你。"然后又让人取来一万缗钱赐给老人。老人正不知所措，却听太祖道："你把这钱交给张美，让他赶紧把掠夺老百姓的钱如数还上。另外，烦请你告诉你儿子一声，他要是缺钱花，就让他来向朕要，不要去搜刮百姓。"

张美的老母不顾年老体弱，让家人和丫环陪着，连日雇车赶往沧州。

张美听老母责问诉说之后，开始心惊胆战，继而感激涕零。他满含热泪面向汴京方向双膝跪地，向皇上起誓，从今以后要廉洁勤政，爱民如子。磕完头要起身时，却发现白发苍苍的老母亲也跪在身旁，向着汴京方向磕头诵经，两行热泪从她那满是皱纹的脸颊上簌簌地往下流。

此后不久，张美清廉爱民，地方大治的卓越政声便开始闻名朝野。

这就是太祖适当宽容手下所取得的结果，如果他不采取宽容的方式，而是将张美治罪，不仅会少一员大将，还会让沧州陷入水深火热之中。

说起宽容，人们首先想到的一般都是影视剧中的佛家弟子。他们经常口诵"阿弥陀佛，出家人以慈悲为怀"等语句，一个个慈眉善目，为人世间有灾难和痛楚的人消灾祛祸。佛教中还有一个舍身饲虎的经典传说。说是佛教的一位高僧外出修行，在路上遇见一只饥饿难耐的猛虎，正想将一位路人咬死果腹。路人苦苦哀求这位高僧救他一命。而此时的老虎也说，它已经饿了好多天了，如果再不吃东西，它也将很快饿死。这位高僧听后，觉得双方说的都有道理，思虑再三，决定献出自己。他先是用刀割下身上的一部分肉来喂这只饥饿的老虎，见仍喂不饱，便索性往地上一躺，让老虎把他整个吃下去。后来，老虎被这位高僧的大义之举所感化，悄然遁去。对老虎和路人而言，这位高僧的确是一位舍身救人的英雄，一位宽厚仁慈的长者。

宽容别人，是指宽容别人的过去。既然过去的事情已经发生了，不如索性让它过去好了，重要的是能够从过去所发生的事件中汲取经验教训，对今后事态的发展起到一些补益使用。

古代齐桓公可以说是一个宽以待人非常突出的典型。齐桓公之所以能在春秋乱世中成为第一个霸主，主要是依靠他重用管仲，在治国治军方面取得了重大突破，而使齐国迅速强盛起来，最终成为号令天下的公认的霸主。但细说起来，齐桓公以前与管仲不仅不是一个阵营中的，而且还有杀身之仇。

齐桓公的父亲齐襄公死后，诸子争立，引起宫廷内争不断，最后大臣们商议决定，从公子小白（即后来的齐桓公）和公子纠二人中选出一位国君，因二人此时都在国外避祸，遂约定先回到齐国者为国君。听到这个消息后，远在莒国的小白和鲁国的公子纠都急忙赶赴齐国，以求尽早回到皇城即位。此时，辅佐公子纠的管仲，充分运用自己的智谋，一方面让公子纠尽快返回齐国，一方面又率一支兵马埋伏在公子小白返齐的必经之路，以拦截小白。后来，小白果真从这条路上经过，管仲躲在

暗处向小白突施冷箭，正中小白，小白应声倒地。管仲等人见小白中箭倒地，确信小白必死无疑，便放心地撤兵而去。当公子纠得知小白已被射死的消息后，得意忘形，认为自己已经是胜券在握，不必急匆匆地赶路了，因为皇位早一天晚一天都将是自己的，竞争对手已被除去。

殊不知，管仲的那一箭并没有射中小白，而是射在小白腰间的带钩上，并没有入肉而危及生命。小白见有人暗算，急中生智，倒地诈死，骗过了管仲，也骗过了公子纠。待管仲等人离去后，小白迅速翻身上马，率部下急行军，抢先进入齐国都城临淄，并在公子纠到来之前完成了继位大典，成为齐桓公。

齐桓公即位后，立即向曾帮助过公子纠的鲁国发难，通牒鲁国："公子纠是我的亲兄弟，我不忍心亲手杀死他，请你们把他杀掉；管仲是我的仇人，请你们立即给我活着送来，我要亲手把他剁为肉酱，以解心头之恨，如果你们不照办，我将发兵把鲁国灭掉。"弱小的鲁国无力对抗强大的齐国，只好照办，将管仲押解到齐国。齐桓公马上就想将管仲处死以解仇恨，这时他的谋士鲍叔牙劝谏道："大王是想仅仅把齐国治理好呢，还是想称霸于天下呢？"齐桓公回答说当然能够称霸天下更好。鲍叔牙又说："如果只想把齐国治理好，有我就足够了。但是如果想要称霸天下，则非管仲莫属。"接着，他又列举了管仲的才华和处事能力，以让齐桓公相信。齐桓公是一位非常开明的君主，仔细琢磨后，觉得鲍叔牙言之有理，与管仲一交谈，更为他的才华所倾倒。于是，齐桓公摒弃前嫌，授于管仲相国之职，让他负责谋划称霸大业，管仲为齐桓公的宽容所感动，竭尽自己平生所学，果然帮助齐桓公成就了一番霸业。

与宽容大度相反的，便是心胸狭隘，睚眦必报。在这一点上，三国时的奸雄曹操可以充任首选。对曹操一生的评价，可用《三国志》中一句话来概括：治世之能臣，乱世之奸雄。曹操出身世家，自幼聪明机智，饱读诗书，其诗文词赋都堪称上品，与其子曹丕、曹植并称"三曹"。在处世方面，曹操也非泛泛之辈。他起于乱世，用手段和计谋笼络了一大批出类拔萃的谋臣勇士，文有郭嘉、许攸，武有典韦、许褚等，一时帐下能人汇萃，大有一统天下之势。因曹操自恃有才，所以对才思敏捷之人虽然能够屈尊招揽，但是如果他发现此人才气过高，便自然产生一种妒忌之心，必欲除之而后快。

虽说在关羽的问题上曹操表现得非常大度，赠送锦衣华服，歌儿美姬，又封关羽为汉寿亭侯，最后连关羽过五关斩六将时也能大度地放关羽离去。但是对待杨修，曹操却充分显露出不能容忍他人的本质。

杨修素有才气，投入曹操幕府之后，负责军中文书，其文采得到充分体现。但有才之人必有狂气，杨修便是个恃才傲物、放荡不羁之人。早先因为"一盒酥"的问题便惹得曹操满脑子的不痛快，后来又因为"鸡肋，食之无味，弃之可惜"之语，揣透曹操退兵的用意而最终被安了个蛊惑军心的罪名开刀问斩，落了个身首异处的下场。在杨修事件的处理上，曹操因为一己之私，妒贤忌能而招致后人的一片骂声。

被史家称为宽厚仁慈的宋太祖，在这方面做的要远比曹操高明许多。即使是对待敌人，宋太祖也充分体现出宽容和大度，不滥杀降卒，不惊扰地方，每攻占一地，必先安民，更何况对待自己的文臣武将呢？

宽容，并不是任其自然的宽容，其中应有一个度。否则，就会演变成纵容，性质也会相差万里。宋太祖虽以宽容见长，但对宽容的理解基本上还符合度的标准。对那些屡教不改、目无君主的狂徒和佞臣，太祖丝毫不会纵容，而是施以颜色，改正他们的错误。

我们当今社会中的管理者也应该学习赵匡胤的宽容之道。

用人要靠真感情

　　用人之道，不仅要靠利益的驱使。人是有感情的动物，真正征服人心的往往不是利益的诱惑，武力的威逼，而是在感情上给予别人感动。这就要求用人者，为了得到人才的忠心和力量，就要真心对待人才，付出自己的真实感情，感动人才，让人才发自内心的为己所用。而在这一方面，宋太祖赵匡胤无疑是非常成功的。

　　在征伐后蜀的时候，宋太祖赵匡胤派出了自己的大将王全斌。宋朝大军从东、北两路进击，消息传到成都，后蜀宫廷内一片慌乱。又听说派往北汉的密使已被宋廷捕获斩杀，蜀主孟昶更加惊恐，便欲召王昭远等大臣们商量御敌，其母李太后急忙阻止道："王昭远其人，不习兵而好谈兵，志大才疏，好高骛远。平时议事，都恐其多言有误。如今大军自北方、东方压境而来，兵强将勇，其势汹汹。决策国事，关系生死存亡，岂可问计于王昭远？汝父在世时，我常听他说，蜀中真具将才，深有谋略者，惟有高彦俦。因他为人耿直，因而屈居下僚。今日国事危急，若能委以重任，足可保全后蜀。即使不肯擢拔，也该召他来商量对策。"

　　孟昶听后，却深不以为然。他对王昭远的信任几乎达到了迷信的程度，还是把他召来，说道："宋军两路来攻，国家危急，卿可率师抵敌，为朕立功。"

　　这王昭远平日自诩富于方略，用兵如神，根本不把宋军放在眼里，当下慨然应诺，说此去定叫宋军有来无回，让孟昶但放宽心。孟昶大喜，即任命王昭远为西南行营都统，赵崇韬为都监；山南节度使韩保正为招讨使，洋州节度使李进为副，率军以拒北路；东路仍以高彦俦等人在夔州把守。

王昭远出师之日，孟昶命宰相李昊率文武百官在城外为其钱行。王昭远手执铁如意，自比诸葛武侯，眉飞色舞，高谈阔论。他举起一杯酒，一饮而尽，然后将杯子一摔，对李昊说道："我此次北上，岂止克敌取胜？就是率大军直捣汴京，收复中原，亦易于反掌。"

李昊等人见他如此狂傲，大话吹破天，都在心中冷笑。但他是孟昶信之不疑的第一宠臣，谁也不肯当面泼冷水。都围着他一片声地恭维奉承，把那王昭远吹捧得一头雾水，更不知道天高地厚。在众将领们簇拥下，王昭远趾高气昂，威风凛凛地离开了成都，浩浩荡荡地向北开拔。

看着大军远去，李昊绝望地摇摇头，心中叹息道："骄兵必败，看来大蜀的气数到了。"

进入十二月下旬，汴京附近忽然下起了大雪，鹅毛般的雪片纷纷扬扬地下了两天两夜，汴京城里到处粉装玉琢，变成了一个银白色的世界。

朔风凛冽，天寒地冻，气温骤然下降，让人一时难以适应。宋太祖命人在讲武堂内设下毡帐，又在毡帐里生起了炭火，他每天身穿着紫貂皮衣，头戴紫貂皮帽，在这里披阅奏牍，处理政事。

宽大的紫檀木龙案上摆满了各种文牍章奏，其中一摞是从西线战场上传来的捷报。这几日，北路军频频得胜，捷报就像屋外的雪片一般飞传京师。宋太祖再一次拿起这些报捷的急奏，一份一份地仔细翻看着、品味着，脸上洋溢着掩饰不住的喜悦和激动。

王全斌率三万大军从北路出发以后，一路攻关夺隘，所向披靡。

第五章 赵匡胤对你说用人之道

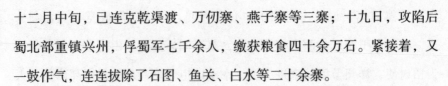

十二月中旬，已连克乾渠渡、万仞寨、燕子寨等三寨；十九日，攻陷后蜀北部重镇兴州，俘蜀军七千余人，缴获粮食四十余万石。紧接着，又一鼓作气，连连拔除了石图、鱼关、白水等二十余寨。

后蜀招讨使韩保正闻听兴州陷落，放弃山南，退守西县。宋军一部在马军都指挥使史延德率领下，直捣县城。蜀军数万，依山背城，结寨固守。史延德率军猛攻，蜀军不战自乱，顷刻瓦解，主将韩保正、副将李进等都做了宋军俘虏。

宋军乘胜前进，过三泉，进嘉州，势如破竹。蜀军拆毁栈道，以阻宋军。王全斌派一支人马取路罗川绕道入蜀，其余人马一边修复栈道一边进军。两支人马很快会师深度，攻取了金山寨和小漫天寨。

蜀军主力退守大漫天寨，王全斌命崔彦进、康延泽、张万友分三路出击。蜀军虽出动精锐拒敌，却如驱羊拒虎，一触即溃，宋军顺利攻占了大漫天寨，擒获寨主王审超，监军赵崇渥和三泉监军刘延祚也都做了俘虏。

都统王昭元、都监赵崇韬引军来救，连战连败。王昭远被宋军凶猛的来势吓破了胆，慌忙逃跑，渡过嘉陵江，退守剑门。宋军乘势攻下了群山环绕、形势险要的利州这个入蜀要塞。

宋太祖看着这些激动人心的战报，心中喜不自胜。征伐后蜀的战斗果如自己预料得那样顺利，他为自己拥有这样一支兵强将勇的雄师劲旅感到自豪，感到骄傲！

他轻轻地搓着双手，脸上兴奋地泛着红光，将那捷报看了一遍又一遍。忽然，毡帐的门帘晃动了一下，一股像刀子一般劲厉的寒风袭了进来，他周身打了个冷战。他望望帐外的大雪，忽然对左右说道："我穿着这样暖和的衣服，又守着火炉，尚且感到寒冷。前线的将士冲霜冒雹，跋山涉水，如此寒冷何以能堪？"说着，便将紫貂皮裘和紫貂皮帽脱了下来，派宦官中黄门快马急驰，送赐给主帅王全斌。

使者不敢怠慢，昼夜兼程，也不按驿站停歇，一路驰奔来到前线中军大帐，将裘帽赐予王全斌，并宣讲了宋太祖的口谕："裘帽本是朕本人所用，无法遍赐诸位将士，表朕抚慰之意而已，愿诸将共勉之。"

王全斌双膝跪在料峭的寒风中，膝行而前，将圣上的厚赐双手接了过来，心中早已掀起了狂涛大浪，口里说着："谢万岁恩赏，吾皇万岁万万岁！"双眼中热泪早刷刷地滚落了下来，挂满了双颊。

周围的将士们也大受感动，一齐匍匐在地，向北连连叩头，并齐声高喊着："皇上万岁！杀敌报国，万死不辞！"喊声如雷，在峡谷中回荡着，经久不散。

之后，宋军将士各个奋勇当先，自出师之日算起，仅用66天，便收复了后蜀全境，得四十六州，二百四十县，五十三万四千九百二十九户。

大雪之中，一顶裘帽，温暖了将士的心，宋太祖正是靠着这种以自己的真感情来对待部下的真诚，获得了将士们的以死相报。

作为一名领导者，应该明白"先得人心，后得天下"的道理，就是在用人上，一定要拉拢住人才的心。作为一名领导者，只会用命令的方式将自己的权力贯彻下去，是不明智的，甚至可以称为是愚蠢的，其最好的结果是让人服从，却不会让人真心喜欢，或者真心的为领导付出。

一个聪明的管理者，对于人才，会不断的关怀他们，付出自己的情感去感动他们，让他们在心灵的最深处感受到自己对他们的关怀，从而心甘情愿的为自己工作，甚至为自己付出生命，作为投资，感情投资不失为一种投资少、见效丰的用人手段。

作为领导，只有和下属搞好关系，赢得下属的拥戴，才能调动起下属的积极性，从而促使他们尽心尽力地工作。俗话说，"将心比心"，你想要别人怎样对待你，那么你就先要怎样对待别人，只有先付出关爱

和真情，才能收到一呼百应的效果。

人有情感、意志、思想，有各自不同的欲望。管理者只有对下属付出关爱和真情，才能使下属感到自身的幸福与团队的发展是紧密相连的。只有坚持为全体下属谋求物质和精神两个方面的幸福，才能使优秀下属与团队管理者同心协力，促进团队共同前进。

不可专宠一人

领导者在用人的时候，难免会带上自己的主观色彩而重视某一个人，或者因为某一个人确实才能出众，因而领导者对这一个人十分的信任，任用上也就多加照顾，进而赋予大权，使得某一个人独揽大权，历史上的亡国之君几乎都有着专宠一人的弊病，而解读赵匡胤的用人之道，我们就会发现，赵匡胤很好地避免了这种情况的发生，赵匡胤这种用人的态度很是值得现今用人者借鉴的。

在宋太祖的人才团体中，赵普足智多谋，善于机变，是不可多得的济世之才。遇到赵普并把他纳入门下，是宋太祖政治命运中的一个契机。在滁州城内，因为赵普照顾病中的宋太祖之父赵弘殷，才与宋太祖偶然相遇。经接触，宋太祖对赵普的见识大为折服，相见恨晚，于是便将赵普延入幕中，帮助他筹策军务和政务。赵普也不负宋太祖的厚望，为他出谋划策，为宋太祖夺取天下立下了汗马功劳。其实，对他们两人来说，这都是一次难得的机遇。在宋太祖步步高升的同时，赵普也因献策有功而逐次高升。两人都在同一契机下互相得利，达到双赢。

此后，宋太祖在战场上东挡西杀，左冲右突，接连大败南唐军，帮助周世宗实现了预定目标。正当宋太祖快速升官进晋爵、春风得意之时，一场变故突然降临。其父赵弘殷在征讨南唐时不幸染病，后来病情加重，就在后周取得胜利后不久，溘然逝去。按礼制，父母去世，子女应守孝三年，辞去所有官职，推掉一切应酬，专心陪伴九泉下的长辈。可是这样一来，就会失去许多建功立业的机会。这对于宋太祖来说，无疑是一次沉重的打击。但作为饱读儒家经典的他，最终还是把仁义孝悌放在首位，辞官为父亲专职守孝。但没过几天，因为战事，周世宗苦于没有合适的人选，一纸诏书命令宋太祖复职，重新回到前线。

在宋初的历史中，赵普是一个位高权重之人，曾一度位居"一人之下，万人之上"。他自从照顾宋太祖之父赵弘殷而逐渐受到宋太祖的重用，他以其智谋辅佐太祖登上皇位、平定内乱、统一全国，其后又以宰辅身份帮助太祖治理国家，其功劳不可计数。

宋建国之初，宋太祖让赵普长时间独掌相权。而赵普确有专权的毛病，但在总体上，他能做到公忠体国，不计个人安危。宋太祖也有意划清君权和相权的界限，不过多侵犯相权，尊重宰相的意见。

对于宋太祖来说，赵普就像唐太宗的大臣魏徵。赵普作为大宋的开国功臣，为宋太祖献了许多治世良策，也提出过许多正确的意见和建议。有的时候，为了说服宋太祖，赵普还显得非常执著和倔强。

有一次，赵普向宋太祖举荐某人为官，评论了这个人的优缺点之后。建议宋太祖应授与此人相应的官职，以便更好地治理国家。宋太祖当时没有同意，也没有说明原因。而赵普对这个人才，却是铁了心要把他推上去。于是，第二天赵普又向宋太祖劝谏，力荐此人为官。宋太祖还是没有同意。第三天，赵普仍旧怀揣荐人的奏章前来面圣。这一下，把宋太祖给惹火了，盛怒之下抓过奏章，一把撕个粉碎然后扔到地上。赵普看到太祖如此举动，仍不灰心，慢慢地蹲下，把太祖撕碎的纸片一

第五章 赵匡胤对你说用人之道

片不落地捡起来，回到府上认真裱糊好之后，又把它呈献给太祖。宋太祖见赵普如此执著，心中也觉得他所荐之人必有过人之处，否则赵普也不会这样三番五次地和自己对着干。于是，宋太祖终于做了妥协，照着赵普的推荐授予此人官职。这个人任职后果然十分称职。

还有一次，有个臣子立了大功，按照规定应该给予奖赏提拔。可是，由于宋太祖对此人一直怀有偏见，硬是不提拔他。赵普听说后，便委婉地请求太祖按规定对此人进行升迁褒奖。宋太祖觉得赵普总是喜欢多事，老给自己提意见，便气冲冲地告诉赵普："我就是不想给他升官，你能怎么样？"赵普一愣，转而劝导说："刑，是用来治罪的；赏，是用来奖功的，这是古今的通理。况且刑赏，是国家的刑赏，不是陛下您一个人的刑赏，怎么能从个人的喜怒出发，想怎么样就怎么样呢？"面对赵普尖锐的批评，正在气头上的宋太祖一句也听不进去，袖子一拂，转身就走，把赵普晾在一边。可是赵普是一个不达目的决不罢休的人，太祖入宫，他就跟在后面立于宫外等候，很久也没有挪动地方。太祖听到手下随从的报告后，很是敬佩赵普的执著，转念一想确实应该给那个官员升迁，而不应该因为自己的私心而坏了法纪。于是，他起身来到宫门口，接受了赵普的建议。

还有一次，太祖在宫中举行盛宴，款待众文臣武将，由于人数众多，便把宴会地点定在宫里的花园中。众人们正吃得高兴，突然间大雨瓢泼而下，欢宴的气氛被这突如其来的大雨冲得一干二净。太祖为此极为扫兴，他怒气满面，口中大发牢骚。众大臣一看皇上如此震怒，个个都噤口无声，不敢劝阻。只有赵普勇敢地站出来向太祖进谏说："今春天气干旱，百姓们都盼望着下场大雨，以解旱情。对我们来说，只不过淋湿一点帐蓬和乐衣而已，既不影响吃，又不影响喝，其实也没有什么损失。在这个时候，下场大雨是非常难得的。百姓们得到雨水是个个欢天喜地，我们应该向他们祝贺才对。请陛下让宫中的乐队在雨中奏乐，共同庆贺这场及时雨吧。"太祖一听，觉得赵普言之有理，遂转怒为喜，命乐官在雨中奏乐，继续与百官欢饮。除赵普之外，宋太祖还有一大批敢于直谏的得力大臣，对于他们的意见和批评，宋太祖也能够虚心接受。

还有一次，开宝二年（公元969年），宋太祖亲征北汉，驻留潞州。当时各地转运的军需物资全部集中潞州城，造成道路堵塞。宋太祖听说后，以为是非理稽留，准备治转运使的罪。赵普急忙劝谏太祖说："军队刚到，而转运使获罪，敌人知道后，一定以为我军储备不足，这不是威慑敌人的办法，应当选任善于处理繁重、难办事务的官吏治理此州。"宋太祖没一意孤行，反倒觉得赵普想得深远，就听从了他的劝谏。

宋太祖与赵普的关系，在朝廷上为君臣，在私交上又情同手足。赵普不仅帮助宋太祖出谋划策，而且也辅佐宋太祖治理国家。宋太祖与赵普私下里以兄弟相称。对赵普的夫人，宋太祖也以"大嫂"称之。

对赵普这样功勋卓著的股肱大臣，宋太祖恩威并用。对他的功劳，不断给以赏赐和提拔，而对他的过失，也能够及时指出，并帮助他改正。在统一吴越的过程中，吴越王钱派人送给赵普一封书信及十瓶海物，以贿赂赵普这位大宋权臣，让他在宋太祖面前多加美言，以保吴越的江山社稷。一天，宋太祖来到赵普家中，恰巧看见了这封书信及十瓶海物。当时赵普十分惊慌，担心会被惩以通敌之罪。在宋太祖的询问下，赵普如实地述说了这封书信及海物的来由，并谢罪说："臣未发书，实不知此。若知此，当奏闻而却之。"宋太祖看到瓶中所装的瓜子金后，笑着安慰赵普说："但受之无妨。彼谓国家事皆由汝书生耳。"这段话的意思是，赵普因为害怕，所以为自己辩解："我还没有来得及

打开书信读，实在是不知道瓶中装的是什么。"宋太祖说："你接受这些金子没有什么不可，送礼的人以为国家大事都是由你这个书生来谋划的！"宋太祖坚持让赵普收下这些瓜子金。这样一来，赵普对宋太祖更加感激了，他决心尽自己所能辅佐太祖，以报太祖的隆恩圣眷。

随着赵普的权力越来越大，他的行为也变得越来越专断。作为一代明君，宋太祖在恩威并施这一点上做得更是恰到好处。对于赵普，宋太祖一方面用他所长，虚心纳谏；另一方面，当赵普的权力渐大，有专权苗头之时，他又采取措施，及时分权。

为防止官员权力过大而威胁皇权，宋太祖采用了"稍分其权"的策略，将权力分配给众多文武官员，使他们每人都有权，但其权绝对不会过大，更不会对中央皇权造成威胁。

宰相的职位由来已久。历史上有过许多著名的宰相，最早的应当算周公旦。周武王去世后，天子年幼，周公旦便担负起了辅佐幼主治理天下的重任。他励精图治，平定管蔡之乱，制定礼法，安定四邦，把周国治理得井然有序。等到幼主长大后，他又主动还政于他，甘心做一个忠臣辅佐天子。他的美名，已成为脍炙人口、老少皆知的传世佳话。

此外，还有汉高祖时的宰相萧何，他善断政务，精于理财，而且忠厚仁义。三国时，刘备的宰相诸葛亮，呕心沥血，为治理蜀国鞠躬尽瘁，死而后已。还有唐朝著名的宰相房玄龄、杜如晦，并称"房谋杜断"他们都为治理国家发挥了聪明才智，使国家不断发展壮大。

但是，如果用人不当，宰相之位被一些贪暴的小人占据，又将是另外一种境遇。春秋五霸之一吴王夫差的宰相名叫伯，此人虽有才学，但为人不端，品行低劣，尤以贪财著称。吴国打败越国后，将越王勾践拘禁。大将伍子胥建议杀掉勾践以绝后患，但伯却因收取越国的贿赂而鼓动三寸不烂之舌，说服夫差饶勾践一死。在不断贿赂的驱使下，伯又劝说夫差放勾践归国，并助越国发展生产。勾践卧薪尝胆、奋发图强，率兵灭掉吴国，夫差被逼只好自杀身亡，吴国也随之灭亡。

唐玄宗后期的宰相杨国忠也同样是一个误国的奸臣。他为相之后，广树党羽，迫害忠良，欺上瞒下，横征暴敛，以满足他贪得无厌的私欲，结果导致怨声载道，兵乱四起。安禄山以此为借口，兴兵反唐，唐朝由此走向衰败。而杨国忠本人，也因作恶太多而被乱军碎尸万段。

对于这些历史教训，宋太祖有所思虑，他决定分散相权，防止其过于庞大。他将国家政务交由三个部门分别管理，即：宰相主管的中书省负责管理政事，枢密使主管的枢密院负责管理军事，三司使主管的三司负责管理财政。这三个部门互不隶属，各司其职，而且互为牵制。其中枢密使同宰相地位相当，号称执政，且与宰相互不通气，奏事时也是分别向皇帝奏报。宋人王明清在《挥麈录》中说："（枢密）每朝奏事，与中书先后上，所言两不相知，以故多成疑贰。祖宗也赖此以闻异同，用分宰相之权。"

开国初，宋太祖对赵普十分信任，让他独掌朝权。赵普也养成了专权的习惯。在他的政事堂里，有一个大瓦壶，无论是朝廷官还是地方官奏上来的奏书，只要他认为不对的，就把它投进那个大瓦壶里。到一定时候，奏书多了，他就取出来，一把火烧掉。

宰相赵普专权苗头显露后，宋太祖为分其权，以配助手，减轻其压力为由，让兵部侍郎薛居正和吕余庆以本官身份参知政事。在当时，参知政事作为初设的官职，权限十分有限，并不能真正起到制约宰相的目的。据《续资治通鉴长编》记载，参知政事"不宣制，不押班，不升政事堂"，"中书印唯宰相得知，事无大小，尽决于（赵）普，（薛）居正等恐栗各位而已"。虽然如此，但毕竟改变了只有一位宰相的惯例，参知政事虽不能预奏政事，但可奉行制书。

宋太祖不想让参知政事的权力再度膨胀，同时也不想打击赵普的积极性，就在双方搞平衡。他让两个新人分赵普的相权，但又不让他们独自宣示诏书，单独值班，也不能掌管相印，还不得到政事堂议事，只让他们到宣徽使厅议事，在殿庭上则另设座位在宰相的位置之后。在公文签字时，他们的官衔与姓名，都要比宰相低几个字。月俸杂给，也只有宰相赵普的一半，总之，让双方都过得去，不过分偏向任何一方。

后来，随着赵普专权的加剧，百官多次上奏揭发其不法之事，宋太祖也对此表示了强烈的不满。为此，宋太祖决定参知政事薛居正、吕余庆升政事堂，与赵普同议政事，并与赵普轮流处理国家大事，以分化宰相之权。自此，宰相独霸政坛的旧例再不复存。

赵普是宋太祖的首席智囊、创业宰相，两人关系非同一般。赵普是不会做出背叛宋家王朝的事的，但赵普专权也可能导致局部动荡。对此，宋太祖也是有所防范。

枢密使李崇矩与赵普互相交结，李崇矩把女儿嫁给赵普的儿子。宋太祖听说此事，心中不高兴。但他不在表面流露出来，而是找机会再采取措施。朝廷的旧例，宰相、枢密使等候皇帝在长春殿接见时，头天晚上就进宫，而同住一庐。宋太祖在李与赵结为亲家之后，就下令为宰相和枢密使各准备一个过夜的房间，表面上是让他们住得更宽敞一些，实际上是不准宰相与枢密使同住一屋。把他们分开，以防他们之间过度亲密，形成朋党。后来，宋太祖干脆罢了李崇矩的官，以警示赵普。

赵普虽然有才能，但他心胸狭窄，好用权术而且贪财无度。贪墨一事，按照太祖制定的严惩贪墨之罪。赵普就应该受到数次重罚。但宋太祖作为宽厚的长者，又顾及赵普的功劳，屡屡给他改过自新的机会。一次是赵普收受吴越王钱贿赂的瓜子金十瓶；一次是赵普违反私贩大木的法令，私自贩木秦陇，经营邸店营利。这两件事，太祖都睁一只眼闭一只眼过去了，给赵普留足了面子。但贪心无度就会使人铤而走险，在犯罪的道路上越陷越深。后来，赵普又倚仗权势，强买他人宅第，聚敛财贿，被大臣雷德骧等告发。

宋太祖虽有心维护赵普，怎奈法令是自己定下的，不能自己扇自己嘴巴子，他在心中怨恨赵普愚昧的同时，毅然罢去了赵普的官职，维护了法令的尊严。

在古代王朝的兴衰史上，宠幸佞臣往往是王朝没落的根源之一。不仅如此，对于社会危机的酝酿，往往由于是对一个臣子的专宠，造成这个臣子独揽大权，进而开始腐化堕落以权谋私，造成社会矛盾不断的酝酿，最终引发社会危机。

宋太祖以一个仁义之君的风度，对赵普的忠心和直言虚心接纳，在赵普稍稍违反制度的时候也多有包容。但是，当赵普贪财无度时，他也只能忍痛将其罢免，结束君臣情分。这一切，充分体现了宋太祖善于纳谏，对臣下宽容爱护却决不溺宠的用人原则。

古代帝王无论是明主还是昏君，多数都会犯专宠一个臣子的毛病。乾隆皇帝在历史上是比较有作为的皇帝，但是他也免不了犯这种错误。和珅并不像传说中一样无才无德，实际上，和珅不仅长相极为俊美，更是武艺超群，是当时少有的文武全才。历史记载，和珅的记忆力惊人、聪明决断、办事利索、多才多艺。和珅精通满、汉、蒙古、西藏四种文字，乾隆年间的班禅与满清建交，主要的交流兼翻译便由和珅负责。和珅还曾经身为《四库全书》总裁官，纪晓岚只是和珅手底下的众多编纂官员之一。和珅其人可谓有才之士，并且和珅也并不是一直都是贪污腐化的。和珅出身并不高贵，他也经历过苦难。做官之后，凭借着自己的才华和机灵逐步取得了乾隆皇帝的喜爱，进而得掌大权。

和珅一开始做官的时候是十分清廉的，他一心报效国家，与朝中的

清官一起打击福康安、福长安等贪污官员，更在二十六岁时就任管库大臣，管理布库，他从这份工作中学习到如何理财，他勤朴地管理布库，令布的存量大增。也因此和珅得到了乾隆皇帝的专宠。

乾隆皇帝对和珅十分重用，一直提拔到一人之下万人之上的地步，专宠带来的弊端开始显现。首先是和珅独揽大权之后，就开始变得腐化。到后来和珅贪墨的财富甚至抵得上国库的收入。其次和珅开始结党营私，和珅将自己的亲信安插进各个重要部门，一时间天下官员半数以上与和珅有着裙带关系，这就造成了政治的腐化。乾隆帝的专宠使得和珅对清朝的经济、政治造成了极为不良的影响。和珅也成了乾隆一朝最大的败笔。

以史为鉴，我们现代的领导者在用人上，一定不能根据自己的个人情感专宠一人，以免影响团队的发展，造成不必要的损失。

第六章

赵匡胤对你说 **纪律**

　　纪律是在一定社会条件下形成的、一种集体成员必须遵守的规章、条例的总和，是要求人们在集体生活中遵守秩序、执行命令和履行职责的一种行为规则。纪律是一切制度的基石，组织和团队要长久生存和发展，纪律是必不可少的。任何一个社会、国家、政党、军队都有维护自己利益的纪律，古今中外，都不例外。

纪律要严明

　　一个团队要谋求发展，首先就要有严明的纪律，没有纪律的团队，很容易就会陷入混乱的情况之中。太祖赵匡胤虽然以宽厚之心对待下属，但是一直都很重视纪律，从来没有放松对纪律的要求。

　　在太宗还是柴荣手下的军官时，雄心勃勃的周世宗发动了针对南唐的统一战争——南征。南征战事在向纵深发展，周世宗一方面命周军继续实施对寿州的包围，另一方面，在探知南唐的江北重镇扬州兵力空虚之后，立即派韩令坤率军前往，奇兵突袭，一举攻克了扬州城。韩令坤挟攻取扬州之余威，一鼓作气，乘胜扩大战果，又连续攻克了泰州等地。

　　南唐朝廷一片慌乱。现在周军与国都金陵只有一江之隔，一旦渡江，南唐将从根本上动摇国基，甚至会从此不保。为了保证国都的安全，只有拼死相搏。南唐主李璟派大将李景达，在国内挑选精锐之师六万，出扬州方向迎战周军。

　　五天之后，南唐将领陆孟俊率领一万兵马攻打泰州，经过一天一夜的激烈搏杀，泰州重新落入南唐军手中。李景达乘胜进击，六万精兵锋芒直指扬州。

　　此时，韩令坤镇守扬州只有两万人马。他见敌强我弱，众寡悬殊，便准备弃城而退。

　　消息传到滁州，周世宗焦躁万分。眼看已经取得的战果就要付诸东流，如何才能变被动为主动？

紧急关头，周世宗想到了赵匡胤。他命赵匡胤带领二千人马迅速赶往扬州西北的六合镇，任务十分明确：迅速扭转战局。一是要立即阻止从扬州溃退的周军，保住扬州城；二是相机攻打唐军，遏制唐军猛烈的进攻势头。

赵匡胤接到命令，必须立即出兵。可此时老父赵弘殷却在滁州城身染重病，卧床不起。匡胤到父亲病榻前辞行，心中万般不忍。赵普在旁劝道："自古忠孝不能两全，赵将军且放心前往督战，为国尽忠。你我兄弟情深，汝父便是我父，自有赵普在此代将军尽孝。"

赵匡胤走后，赵普每日守候在赵弘殷床前，躬亲药饵，朝夕无倦。在他的精心照料下，赵弘殷的病情渐渐好转。从此以后，赵匡胤出于感激之情，完全将赵普待以"宗分"，也就是看成了一家。后来，当匡胤被封为匡国军节度使兼殿前都指挥使时，他立即上表推荐赵普做节度使推官，协助匡胤治理节镇事务。再后来赵匡胤移镇宋州时，又表荐赵普为掌书记。终其一生，这位年长他五岁的赵普一直充当他的谋臣，几乎始终不离左右。这是后话，在此提过。

赵匡胤率两千人马来到六合之后，已有部分驻扬州周军溃退至此。俗话说："兵败如山倒。"赵匡胤看得十分清楚，溃败的势头如果得不到遏止，战局将无法收拾。在此非常时刻，不采取非常手段不足以成事。他必须将自己带来的两千名督军的士兵变作冷酷无情的执行军法的机器。

他将刚刚驻扎下来的两千士卒召集起，刷地一声将周世宗临行时交给他的尚方宝剑抽出来，高声喝道："天子宝剑在此。"士卒们立即齐刷刷地跪倒在地。

赵匡胤脸色铁青，双眼冒火，话声冷得像结了冰："扬州周军有敢

越过六合者，不论何人，一律斩断双腿。有敢擅放一人者，斩！"

一时间，肃杀之气弥漫了整个军营。两千士卒荷刀仗剑，严阵以待。

于此同时，赵匡胤又火速修书一封，派快马交与他儿时的伙伴、如今的同事韩令坤。书中以报国效忠、气节名声和友情乡情晓以利害，敦促韩令坤改变主意。韩令坤见信后，既被赵匡胤的兄弟情谊所感染，亦为赵匡胤决心代天子行事的冷峻和严酷所震慑，心中一层层热浪滚过，脊骨却一阵阵发冷。他已明确地感到，撤退只有死路一条。

于是，韩令坤急下严令，将出扬州城的周兵全部收回。又破釜沉舟，在扬州城外与陆孟俊部拼死一战，终于使唐兵大败溃逃，总算保住了扬州城。赵匡胤得到捷报，又赶紧修书为韩令坤请功求情。周世宗准予将功补过，不予深究。

赵匡胤在六合成功地阻止了周军的溃退，扬州一带暂时处于平静。

可是他却万万没有想到，李景达亲率两万唐军，绕过扬州城，自瓜步渡江，直逼六合而来。一时黑云压城，险象陡生。

赵匡胤手下只有二千人马，本来只是为阻止溃军而来。现在却面临着十倍于自己的敌军，由原来的执行军法变作正面交锋。这支数量极少的孤军一下子被推入了凶险万分的绝境。

两千人对两万人，正面交锋无异于以羊搏虎，以卵击石。

赵匡胤在面对突如其来的险情时，显得异常冷静。当探马报知敌军距六合尚有二十里路时，赵匡胤命兵士们将营帐后撤，紧靠一片小树林下寨。部分营帐设于树林之中，若隐若现。又命士卒们在大帐外席地饮酒，一个个赤手空拳，敞胸露怀，狂呼滥饮，东倒西歪。同时派快马飞驰扬州，让韩令坤派兵增援。

李景达由瓜步渡江后，本欲直取六合。但先头军派哨作来报，说周军在树林中安营扎寨，不知兵力究竟有多少。又有士卒在帐外饮酒作乐，又歌又舞，有的甚至醉如烂泥。

李景达听了，大吃一惊，急忙传令停止进军，在距六合二十里处扎下营寨。部将们都感到诧异，纷纷前来请战。李景达说道："赵匡胤用兵诡诈，多有奇谋。在林中设寨，兵家大忌，临战纵酒，更属荒唐。赵匡胤乃大周名将，这些普通常识岂能不懂？这是明摆着设下钓饵，诱我上钩。我料他必有重兵伏在四周，且不可中计。"于是他下达严令，没有军令，任何人不得擅自进军。

李景达部由攻转守，一连几天都在等待观望。

赵匡胤手下的一些将领们信心大增，纷纷要求主动出击。赵匡胤笑道："敌军设营扎寨，停滞不前，是摸不清我军底细而产生畏惧。此时若主动出击，让敌军知道了我们人数不多，势必拼命进犯。只能待敌军主动进犯，我们借此处的复杂地形，相机杀敌，方保无虞。"

两军相持数日，在这种忍耐力的较量中，唐军终于沉不住气了，开始鼓噪呐喊，蜂拥而至。赵匡胤下令反击。郑恩从左侧岗埠中率五百人杀出，张令铎率五百人从右侧树林中杀出，赵匡胤自率一千人马迎面截击。一时间金鼓齐鸣，杀声震野，双方杀得难分难解。这一带场地狭长不适于大兵团作战，唐军失去了人马众多的绝对优势，只能与周军单兵较量。

"两军相遇勇者胜"。对这一点赵匡胤深信不疑。他亲自在战场上来回督阵，指挥冲杀。见到有怯战退却的士卒，便以督战为名，在他的皮斗笠上以剑划上记号。主帅就在身边，将士谁不用命？周军个个以一当十，越杀越勇。

六合一战，赵匡胤以两千兵力，击败了南唐两万余精锐之师，又一次创造了五代时期征战史上罕见的以少胜多的奇迹。周军将领们对此无不交口称赞。周世宗对于赵匡胤忠勇可嘉的精神和炉火纯青的战术大加

第六章
赵匡胤对你说纪津

表彰。不久之后，即颁诏晋升赵匡胤为殿前都指挥使和匡国军节度使。从此，赵匡胤跻身于节钺大将之列，成为大周的朝廷重臣之一。

但人们发现，面对如此重大的胜利和朝廷嘉奖，赵匡胤却没有一点喜色。

他在六合之战的第二天，便集合所有参战的周军，仔细验看他们的皮斗笠，发现被他以剑划了记号的竟有数十人之多。现在他要执行军法了。他又一次召集了所有的将士，阴沉着脸怒声说道："兵不畏死，乃取胜之本。这些斗笠上划有记号的，都是在激战之时，畏缩不前，怯阵逃跑者，不杀难以整肃军纪，即刻推出去斩首。以后凡贪生怕死，临阵脱逃者，皆依此例。"

几十名活蹦乱跳的年轻士卒，霎时间成了无头之鬼。赵匡胤只觉得一颗心在下沉，士卒们更是身颤股栗，心胆俱裂。

宋太祖曾有一部待卫亲兵，称"班直"，数量约万人。他自豪地称赞这支由他亲自训练的队伍皆猛如虎狼，无不以一当百，足可备肘腋、同休戚，尽管数量不多，但素质极高。他很看重这支队伍，平时多有赏赐。开宝四年（971年）十一月，他在郊祀礼结束后又对侍卫亲兵进行赏赐，因赏钱不等引起了川班内殿直的不满，他们"相率击登闻鼓"，大呼不平。

川班内殿直亲兵是宋太祖平蜀后从后蜀亲兵选拔的，计百人。他们善习弓马，但骄习难改。以往，他们的廪赐优厚，与掌管饲养宫廷马匹的御马院亲兵相等，但这一次，内殿直亲兵却每人比他们多得了五千钱，故击鼓闹事。宋太祖大怒，派中使对他们说："朕之所与，即为恩泽，又安有例哉？"并斩妄诉者四十余人，其余皆配隶许州，并将川班废除。当时，宋太祖曾与左飞龙使李承进谈起后唐庄宗亲国不久的教训，李承进回答说是因为庄宗对亲兵不能严加训教，赏赐无节，宋太祖深以为然，感叹道："二十年夹河战争得天下，不能用军法约束此辈，纵其无厌之求，以兹临御，诚为儿戏，朕今抚养士卒，固不吝爵赏，若犯吾法，唯有剑耳！"

宋太祖严于治军，以剑行法并非停留在口头上。他对下级军官和士卒违法者处理极严，同时健全各种制度，严格阶级编制，不得逾越，小有违犯，罪皆诛死。他特别反对攻陷城池后大肆抢掠，滥杀无辜，"违者以军法从事"。他还规定禁兵之衣长不得过膝，营区附近商贩不得入城门向士卒出售酒食，驻扎在城西的军队要到城东的仓库请领粮秣，城东的到城西领，以使兵士通过担运粮秣锻炼他们的体力，整治他们的骄惰，使其安于辛苦而易于指挥。

宋太祖赵匡胤在挑选地方健卒入补中央禁军的同时，也对原有的中央禁军进行了整顿，主要是进行大规模的彻底清查，强者留，弱者去。被淘汰者称为"剩员"，他们下到诸郡。虽仍给兵俸，但都不再是战斗人员，只是一些担当掌符、看仓、守护、清洁的杂役。宋朝立国时其禁军从晋、汉、周以来留下甲兵几万人，多老弱病残者，经过这样一番汰弱留强，又补入了从藩镇挑选来的精兵健卒，再施以严格的训教与管理，使中央禁军强盛一时，不仅藩镇之兵已远不能与其比肩，而且成为宋太祖统一天下的重要力量。当武人出身的赵匡胤驾临便殿大阅武士的时候，面对着战戟百重，雄兵千列，不禁豪情满怀，喜形于色。经过了费尽心机的谋划和运作，他终于化宏愿为现实。他凭借着这专制的刀斧，摧枯破竹，劈砍出一块幅员辽阔的大宋天地。

从太祖赵匡胤身上我们可以看到那如铁一般的纪律，身为领导者，必须要重视纪律这个问题。领导者的气势有多大，就看他纪律性有多强；组织的竞争力也体现在他的纪律性上。一个好的领导者必定是懂得自律的人，而且也一定是可以坚持及带动团队遵守纪律的人。

第六章 赵匡胤对你说纪律

雄才伟略

赵匡胤有话对你说

不管你要做什么，一旦开始，就要从整肃纪律入手。

战国时期的西门豹是一个纪律严明的代表人物。他性情急躁，射箭射不中靶心，就把靶心捣碎。下围棋输了就把棋子咬碎。魏文侯见他有才能，就派他当邺县县令。西门豹的业绩留在我们记忆中的似乎只有纠治"河伯娶妇"的陋习这一件事上，其实他还在邺县革新吏政，使邺县渐渐富裕兴盛起来。

魏文侯却常听到有人告发西门豹，说邺县官仓无粮，钱库无钱，部队少装备。魏文侯亲自去视察，果然如此。魏文侯很生气，责问西门豹怎么搞的。西门豹说："王者使人民富裕，霸者使军队强盛，六国之君使国库充足。邺县官仓无粮，因为粮食都积储在百姓家里；钱库无银，因为钱在百姓兜里；武库无兵器，因为邺县全民皆兵，武器都在他们手中。"说完后，西门豹就上楼敲鼓。第一阵鼓声之后，百姓披盔戴甲，手执兵器赶来集合。第二阵鼓声之后，另一批百姓推着装满粮的车，集合到楼下。魏文侯见识了西门豹的业绩，龙颜大悦，就示意西门豹停止练习。西门豹又不同意，说："民可信不可欺，今天既然集合起来，就不能随便解散，否则，老百姓会有受骗的感受。大王可不能重蹈千金一笑的覆辙。燕国经常侵我疆土，掠我百姓，不如让我去攻打燕国。"魏文侯同意后，西门豹便带兵攻燕，收回了许多失地。

从这些故事中我们可以看到纪律的重要性。任何公司或组织都需要一套完整的纪律规范。要建立良好的规范，必须找出某个范围，先集中精力整顿，之后要做的便是下决心惩罚那些再不遵守公司规定的人。这可以用罚薪或是加班等方式，到必要时应不惜开除人，只要能保证绝对公平合理。

在纪律松弛的情况下，操之过急、采取过分强硬的措施可能会引起下属的怨恨，这种怨恨和不满反而会影响领导者的领导，引发其他许多

216

问题。总之，这里的关键是把握好一个度的问题。

赏罚要分明

治国之道，要赏罚分明，信赏必罚，当赏则赏，当罚则罚。奖赏有功，可以激励他人，导人为善；刑罚有过，可以抑制恶习，净化社会。只有赏罚分明，才能树立严明的纪律。

宋太祖为政时期，无论是率兵征战，还是治国安民，都强调信赏必罚，并且说到做到。他曾经发布诏令说："国家慎重选贤用才，参加国家大事的管理。钱、财、物等权力集中的职位尤其重要。已经被选拔任用的官员，应各自竭力诚心，尽职尽责。每年年终时都要考核官员的政绩，赏罚的规定是一定要实行的。没有功劳或是不能胜任的就要罢免或辞退，有功劳的则要分别给予奖赏。"

平灭后蜀之后，宋太祖对攻蜀将领进行评价奖罚。大部分将领虽然平定后蜀有功，但并没有按照太祖事先要求的去做，在安定后蜀百姓方面留下了许多隐患。只有曹彬统率的水路军队，严格执行太祖的命令，对百姓秋毫无犯，军纪肃然。因此，太祖对独保清廉本色的曹彬大加封赏，封他为宣徽南院使、义成节度使。曹彬看到其他诸将都受到斥责，而只有他一人受到奖赏，便到朝廷辞谢说："征讨后蜀的将领都获罪，唯独我受奖赏，心中实在不安。我思来想去，不敢接受陛下的封赏。"太祖回答说："你有功无过，又不骄傲自大，连王仁赡都说'清廉畏谨，不负陛下任使者，惟曹彬一人耳'，如果你真的犯有一点过失，他难道会替你隐瞒吗？惩恶劝善，赏功罚罪，是国家必须执行的法令，你就不必推辞了。"

同时，太祖还对王全斌等人违抗圣命、掠夺人口财货、杀戮降兵、私开府库等罪状严加审查。经文武百官议定，王全斌等人罪当大辟。但太祖考虑到他们虽犯有重罪，但在平蜀过程中也立有大功，本着将功抵过的原则，特地对他们从宽处理。王全斌被贬为崇义军节度观察留后，崔彦进被贬为昭化军节度观察留后，王仁赡被贬为右卫大将军。对于太祖如此处理，后人吕中评论说："我太祖之兴，其用兵行师，伐叛吊民，尤切留意于赏罚之际。王全斌、曹彬，平蜀将帅也，曹彬有功无过，则擢用而不疑；王全斌贪恣致乱，则贬降而不恤。"

为了求得永远的和平安宁，太祖还用赏赐的办法，鼓励百官上书直谏。公元972年，太祖下诏：凡官绅、儒士、贤才等一切平常熟知治河的有识之士，或懂得疏导之法的实干之才，可写奏折上书，经驿站送至京城。朕当亲自阅览，采用他们好的建议。凡上书建议被采纳的人，都将分别得到不同的奖赏。

把握住刑罚的尺度，当严则严，当轻则轻，是太祖处事的又一原则。公元967年，禁军将领吕翰率众谋反，有人揭发说禁军中大多数人都参加了这一叛乱，请求将他们及其妻子、儿女一起处以极刑。太祖刚开始既震惊又愤怒，决心严惩谋逆之人，但转念一想，此案牵涉人员过多，如果举报不实，岂不枉杀大批的无辜。经过慎重考虑，太祖召来检校太傅李崇矩商讨。李崇矩认为，叛乱是不赦之罪，应该杀掉，但是这样一来，该杀的人有一万多，也未免太多了。太祖说："我认为这其中绝大多数人是被迫的，谋反并非他们的本意，他们其实并不想谋反。"于是，太祖当机立断下诏免除所有参与叛乱之人的罪，声明只追究为首者的责任。太祖此举立即在叛军中产生巨大反响，被胁迫参加叛乱的将士被太祖的宽厚行为所感动，纷纷脱离吕翰，重新回到太祖阵营。吕翰众叛亲离，不久叛乱便被平定。

对待犯有重大过错的官员，太祖一般不会轻易宽恕。《宋史》称，开国之初，一些武将功臣贪赃遇赦，经过一段时间后仍然可以被升迁。太祖发现这种情况后非常生气，说："这样做，怎么能够惩戒贪吏呢？"于是下诏重新修改法令。新的法令规定：即使大赦之时，十恶之罪、官吏受赃罪等不予赦免。

对于既有功又有过的大臣，宋太祖赏其功，罚其过，尽量做到公正公平。

建隆四年（公元963年）三月，宋太祖授命军校尹勋督民夫疏浚五丈河。尹勋本是个很负责的军校，但处事浮躁，缺少经验，对"度"的掌握不够，结果对民夫督责过严，导致陈留的民夫夜间逃跑了不少。尹勋没有请示上级，就亲自率兵去将逃跑的民夫全部捕获，尔后又将带头逃跑的10名队长斩杀，将七十余名逃夫的耳朵割掉，以示严惩。

尹勋的这种残暴行为引起了公愤，很多疏浚河道的民夫到京中上诉要求严办尹勋。兵部尚书李涛气愤不过，抱病上奏，力请宋太祖斩杀尹勋以平民愤。李涛的家人担心他的病会加重，极力劝阻他不要管这件事，李涛断然说道："我身为兵部尚书，知军校无辜杀人，岂有不论？"

宋太祖非常赞赏李涛的作为，对他慰勉有加，又委任他为督疏浚河官，对被害民夫予以抚恤。但他认为尹勋是忠事朝廷，并无私情，只宜薄责，不宜处以极刑，于是降尹勋为许州团练使而了事。

《宋史》赞曰："宋初诸将，率奋自草野，出身戎行，虽盗贼无赖，亦厕其间，与屠狗贩缯者何以异哉？及见于用，皆能卓卓自树，由御之得其道也。"按照《宋史》此论，驾驭宋初出身于草野戎行的军中将领，甚至包括盗贼无赖、屠狗贩缯者在内的乌合之众，是"非圣人不能为之"的事，宋太祖虽非圣人，然而却本着一颗真诚之心，通过种种

手段，将之整顿为一支训练有素、战无不克的军队，可见他的用人谋略之高明。

正因为宋太祖坚持赏罚分明的治国、治军方法，宋太祖得到了有功之臣的忠心辅佐，也有效地防止了不法之臣的作乱。他的军队纪律严明，具有强大的战斗力。

宋太祖通过恩威并重的方法实现了对臣民的有效统治。他对有功之臣不吝施恩，通过金钱和感情获得将士的忠心。同时，他又宽严有度、赏罚分明，给臣下以威严。正是这种恩威并重的方法，让宋太祖的臣下对他既忠心又尽心，同时维护了大宋的统治，使宋朝摆脱了五代十国以来"短命王朝"的命运，为大宋统一中原打下了坚固的基础。

明君不赏无功之臣，不赏不战之士。

赏与罚，曾被古人称为管人的两把利剑，是领导者统御部属，使用人才的重要手段。孙武把"法令执行"、"赏罚分明"作为判明胜负的两个重要条件。曹操也说："明君不赏无功之臣，不赏不战之士。"赏罚分明得当，是古今中外一切用人者的根本原则。领导者一定要正确使用赏罚，切莫随心所欲，无原则赏罚。

不赏私劳，不罚私怨。不奖赏对私人利益有功的人，不惩罚对自己有成见或隔阂的人。现实生活中的很多当权者，在这个问题上往往处理不好。且不说封建社会中的帝王将相常常把大量恩荣给予侍候自己的心腹之人——慈禧太后把大太监李莲英捧上天就是一例，就是现代少数领导者，也是把给自己出过力的司机、秘书等人施以种种特权，惹起其他部属的反感和不平。

君主运用权力，主要是通过对臣下的控制和驾驭，来完成治理国家的任务。而驾驭臣下最好的方法，莫过于奖功罚过。依法赏罚，得到奖赏的官员就会因受到鼓励而更加努力地建功立业，被惩处的官员也会改过。臣子对君主的评价，很大程度上取决于君主处事的能力和态度，能做到赏罚分明，便是对臣子最好的鼓励和鞭策。

贤明的君主，一般都能够依照制度规定，比较公正地行使手中的权力，对官员进行赏罚鉴定，能起到激励贤能、打击邪恶的作用。

唐太宗曾说过："国家大事，唯赏与罚，赏当其劳，无功者自退，罚当其罪，为恶者咸惧，则知赏罚不可轻行也。"

《十六经》中说："天德皇皇，非刑不行；穆穆天刑，非德必倾。刑德相养，逆顺乃成。刑晦而德明，刑阴而德阳，刑微而德彰。其明以为法，而微道是行。"

这些话的意思就是说，帝王的奖赏是光明的，但如果没有刑罚的配合也不能生效；帝王的刑罚是严肃的，但如果没有奖赏的配合也注定要失败。所以刑罚与奖赏应该相辅相成，治理国家既需要施以光明之赏，也需要施以阴晦之刑。

奖赏，是对人的为善之举和功劳的一种肯定和褒扬，用以激励人们朝着这个方向前进，继续为国家和社会作出自己的贡献。刑罚，是对人的作恶之举和过错的一种否定和惩戒，用以制止这种行为的继续发生，防止再出现危害社会和百姓的不良影响。

奖赏形成一种制度，大约在春秋以前就出现了。据记载，西周的天子对有功绩或有权势的官员进行赏赐，共有九种形式，即"九锡"。其中，舆马、衣服、乐则、朱户、纳陛、虎贲，是用来表示荣誉地位的，弓矢表示军事权力，铁钺表示司法权力，秬鬯表示祭祀权力。这些奖赏，不仅是对有功官员的一种物质奖励，还是对他们赋予的一种权势和地位。

随着封建官僚制度的出现和确立，赏赐制度也越来越完善，统治者采用各种手段来激励官员建功立业。俗话说：不予奖励，何以勉善？重

赏之下，必有勇夫。在和平年代，奖赏可以导致民风教化淳美，狱中无囚，争讼绝息。在战争年代，奖赏可以激励士气，振奋人心，使将士们作战更加勇敢，对将帅更加效忠。

随着赏赐制度的逐步完善，褒扬也更多地出现在国家政治生活中。作为一种精神鼓励，褒扬虽不能直接带来物质上的实惠，但对振奋人心，满足人们的虚荣心却大有益处。古人重视名节，信奉"雁过留声，人过留名"，把名节看得比生命还要重要。统治者正是看到这一点，才广泛采取这种没有本钱的做法，以玺书勉励、荣誉称号、画图像、榜记、赐谥号等方式，对有功之臣大加封赏，从而起到激励人心向上、向善的作用。

刑罚作为惩恶的手段，自古以来便存在于社会之中，并且随着社会的发展进步，其内容与程度也不断发展变化。官员遭受刑罚的原因很多，大致也归为四类：一是谋反作乱，一是贪污受贿，一是渎职失守，一是残害百姓。刑罚的方式也是多种多样，数不胜数。

在诸多刑罚中，最严厉的应数诛灭九族。秦王嬴政曾下令，将与太后私通并扰乱朝政的嫪毐"灭九族"。在历代史书中，遭受灭族之灾的官员也不在少数。随着法制的强化，刑罚也逐渐变得更为严密。仅死罪一项，便有凌迟、枭首、弃市、赐死等许多形式，其他的刑罚更是多如牛毛。因《史记》而名传后世的司马迁，便曾因上书汉武帝而招致宫刑；孙膑因遭庞涓妒忌而惨遭膑刑；屈原也曾被楚王杖刑后放逐。此外，还有罚俸、降职、免官等较轻的刑罚。

但是，不论赏罚，都是人治社会对某些行为规范的判断，其出发点也是基于统治者个人的好恶。君主的决策正确与否，对于赏罚制度的公正起着决定性作用。

治国之道，在于赏罚分明。只有赏罚公正，才能起到惩恶扬善的作用，否则，乱赏就会使臣民不思进取，不严守国法；滥罚，就会使坏人暗中为非作歹，不思改过自新。无功受赏，无罪被罚，就会丧失民心。君主一旦失去民心，就失去了治国的稳定基础。

西汉哀帝因宠爱年轻帅气的郎官董贤，不仅提拔他做官，而且对他言听计从，赏赐他大量的珍宝，他的家人也因此被授予各种封号和爵位。随后，哀帝又晋封董贤为高安侯，位列三公，掌握朝中军政大权。像董贤这样一无战功、二无政绩的人得到如此重赏，自然引起大臣们的不满和反对。丞相王嘉代表众臣向哀帝进谏说："高安侯贤，佞幸之臣，陛下倾爵位以贵之，单贷财以富之，损至尊以宠之，主威已黜，府藏已竭，惟恐不足。"但哀帝丝毫听不进去忠言，反而下令将王嘉逮捕入狱。正是因为哀帝的滥赏与乱罚，引起了朝中百官的强烈不满，一些有野心的政客乘机广结势力，图谋篡权。哀帝死后，外戚王莽便夺取了政权。

滥赏不行，严刑峻法同样不可取。前秦厉王苻生性格怪僻内向，反复无常，经常滥杀臣吏。一次，京城刮起龙卷风，苻生认为这是有人故意捣乱，便随意杀了不少无辜的大臣和侍卫以平息天怒。还有一次，他突然下诏让群臣至咸阳故城面圣，因事情仓促，许多大臣未能及时赶到，苻生二话没说，便宣布将迟到者通通处死。大臣们在他面前说话，个个心怀恐惧，唯恐哪句话得罪了苻生而招致杀身之祸。

贤明的君主赏功罚过，应遵循一定的尺度，而不应随着个人的喜怒情绪肆意妄为。臣民们依法办事而建有功业，就应当奖赏；臣民违法办事而犯下罪过，就应当惩罚。应该得到奖赏的，即使对君主没有直接益处，只要有利于国家和民众，也同样要依法奖赏。应该受到惩罚的，即使对君主的名声威望没有损害，但只要损害国家和百姓的利益，也要依法惩处。同样，贤明的君主不能让臣民不经努力便轻易获得奖赏，也不

能惩罚那些尽了力而没完成任务的人。

宋人徐宗仁说："赏罚者，军国之纲纪。赏罚不明，则纲纪不立。纲纪不立，军国将倾的日子也就为期不远了。而只有信赏必罚，军国之纲纪即可立也。否则，误国之罪不诛，则用兵之士不勇；而利国之功不赏，则建功之臣日怠。"因此，除害建功者一定要赏其功，使其获其利；而兴害为祸者一定要惩其过，使其受其罚。

领导者要想树立严明的纪律，一定要做到赏罚分明。只有这样，才能保证管理的有效实施，才能够让下属自觉地遵守纪律。

不可因私废公

人都有个人感情，而个人感情对一个人对事情做出的判断会有很大的影响，个人感情因素甚至会对一个人对纪律的贯彻执行产生影响，这就要求在个人感情与纪律产生冲突时，放弃个人感情，而选择遵从纪律，做到不因公废私。

古人有云：三十而立。30岁的时候，赵匡胤还是后周将领，在后周军中南征北伐。赵匡胤30岁这年，发生了滁州之战，当时飘扬在滁州城下的后周军旗为他的30岁生日增添了光彩。站立在滁州城关，北望开封，回想伴驾出征的经历，赵匡胤心中充满了得意。这一段时间来，后周军数与南唐军交战，多获胜利，但也有兵锋受挫和损兵折将的记录，而赵匡胤却是不辱使命，每战必胜。

想起这些，高辛庙台卜时那个"圣铰"吉兆又浮现于赵匡胤脑际，他暗自思忖：当初求神问卜是在颠沛流离、大志难伸时不经意而为之，想不到真的成了大吉之兆，今后的路若还是这样一帆风顺，步步登高，执国政、当天子也许并不虚妄！

赵匡胤越想越兴奋，激情澎湃，热血沸腾。但是，赵匡胤却理智地克制住自己的情绪。他深知，自己资历尚浅，功不高、位不显，还远不是自鸣得意的时候。木秀于林，风必摧之，须谨慎从事，处处小心，对皇帝要表现出始终一贯的忠诚，绝不能给谗谄小人留下可乘之机。若谗谄之口不禁，君怀猜忌之心，将会前功尽弃，功亏一篑！

经过这一番利弊得失的权衡比较，赵匡胤发热的头脑又冷静下来。他不再陶醉于往昔，决心谨慎地去开拓未来。滁州小憩期间，他一方面整肃军纪，遏止涣散，同时又厉兵秣马，枕戈待旦，准备更加出色地完成皇帝赋予的使命。

这天夜半，滁州城外来了一干人马，声称是马军副都指挥使队伍，急迫地传呼开门。守城的兵士将来人的旗帜标识仔细地察看了一番，虽觉确为自己人，却仍不肯把城门打开。他们委婉地对来人说，主帅有令，夜间不得开城门，以防有诈，请他们天亮后再进城。

当时正值严冬，天气寒冷，夜风如刀，那干人马听说不让他们进城，鼓噪声大起，连声埋怨滁州守军不讲情面，故意刁难，还有的大声叫骂，污言秽语不绝于耳。守城的兵士们却只当没听见，硬是不肯开城门。

这时，一位五十多岁的老将驰马近前，怒气冲冲地说："我乃马军副都护使赵弘殷，是你们主帅之父，快将城门打开，让我等进城！"

守城兵士闻听，惊得直咋舌，赶紧去报知赵匡胤。刚刚就寝的赵匡胤得知此事，马上披衣而起，随守城兵士来到城门楼上，当赵匡胤的目光投射到城下那位老将身上的时候，心中陡然升起一股热流。自己二十岁离家出走，闯荡天下，不觉已历十年。十年来，他无时无刻不在怀念着他的亲人，始终如一地牢记着父母对他的教诲。这期间，他曾打听过

父亲的消息。他得知，父亲在后汉乾祐年间，曾领兵征讨王景于凤翔，战于陈仓。那次战斗中，他左眼中箭，仍奋勇冲杀，大败敌军，因功迁护圣都指挥使。周太祖广顺末年，改为铁骑第一军指挥使，转右厢都指挥，领岳州防御使。征淮南之役，也建有战功。赵匡胤为父亲的成功而欣喜，也为父亲失去左目而牵挂。但是，因征战连年，无暇多顾，鲜尽孝心。今日父亲风尘仆仆夜至滁州，赵匡胤何尝不想把父亲迎入城中，倾诉别情？

然而，父子亲情却没有动摇他严守军纪的意志，他没有让兵士把城门打开。他歉疚地对赵弘殷说："父子虽至亲，城门王事也，不敢奉命。"

赵匡胤看似无情的拒绝使赵弘殷一时愣住了。他有些恨这个不孝的儿子。但转念一想，儿子舍弃父子之情而尽忠王事，无可指责。他身为人子，亦为人臣，事君高于事父，国事重于家事。赵匡胤能舍小而取大，疏亲情而重君命，堪称明理之举。于是，赵弘殷原谅和理解了他的儿子，带领部下在城外露宿一夜，直到天亮才进入城中。可是，入城后却因夜感风寒病倒了。

在赵弘殷病卧滁州的日子里，赵匡胤精心照料，克尽孝心，使赵弘殷颇感宽慰。这期间，还有一人殷勤侍奉于赵弘殷病榻之侧，"朝夕奉药饵"，赵弘殷"待以宗分"，此人便是赵匡胤的挚友和谋士赵普。

赵普比赵匡胤大5岁。原籍幽州蓟县，因避后唐赵德钧兵戈之乱迁居洛阳。关于赵匡胤与赵普的结识，一说他们自幼便是好友，曾与赵匡胤同时求学于陈学究。赵普小时候好动贪玩，不安心学业，一部《论语》只学了一半便搁置一边，以为天下混战，成大事全凭谋略之事，不在学术精深。日后，赵普曾三度为相，为宋王朝躬献良策，政绩斐然，"半部《论语》治天下"之说即由此而来。

据《宋史·赵普传》记载，赵普成年后曾为永兴军节度使刘词幕僚，后由刘词和后周宰相范质举荐于朝廷，与赵匡胤同为周世宗部下，并一起攻人滁州，任军事判官，所以便有了赵弘殷病卧滁州期间赵普朝夕侍奉这段故事。现在我们姑且不去考证赵匡胤与赵普的结识始自何时，还是回到滁州城内，回到赵弘殷病榻前。此时，赵普已像对他自己的父亲一样，精心照料赵弘殷多日了。

也许，就是在这些暂无战事的日子里，赵匡胤与赵普交情益深。赵匡胤惊异于赵普的才能，暗自钦佩不已。一日，赵匡胤欲斩盗贼百余名，交赵普审讯。赵普怀疑内有无辜者，便详加审讯，以避免错杀，结果使许多人得以幸免，赵匡胤从此更加敬重赵普。赵匡胤因功被封为定国军节度使后，立即把已任涓州军事判官的赵普招到自己身边，做了佐理节镇事务的推官。从这以后，赵普始终跟随赵匡胤，成为他创立北宋王朝的核心人物。

赵弘殷在滁州病愈后又参加了扬州之战，与周世宗会师于寿春，因功封检校司徒、天水县男，与赵匡胤分典禁军，一时荣之。他死于显德三年（956年）。按古礼，父母死，得免官守丧三年。但因战事紧张，重任在身，赵匡胤略尽孝心后便又忙于战事去了。

赵匡胤年轻的时候就非常重视纪律，他把国家的纪律看得比亲情还重，也正是因为他能不计较私人感情，才能让他在日后一统天下。

当感情与原则、纪律、法律发生冲突时，必须把个人的感情放在一边，把原则、纪律、法律放在第一位，做到讲党性不讲私情，讲原则不讲关系，讲真理不讲面子，决不能以感情代替原则，更不能因为感情而违反纪律，甚至触犯法律。

在中华民族的传统美德中，孝道是最为人看中的个人情感，正所谓，身体发肤，受之父母，不敢毁伤，孝之始也。一部《孝经》传承了

中华儿女的精神寄托，然而在面对老父在城下要入城的时候，是遵守纪律，紧闭城门，还是要遵从个人情感，开城门让父亲进城休息，这时赵匡胤当时面临的两难选择。我国最早的一部解释词义的著作《尔雅》对于孝道所下的定义是："善事父母为孝"。而赵匡胤当时的举动无疑在世人大观念中是违背了孝道的，但是我们要说这时符合纪律的，赵匡胤没有因私废公。

英国人一向很看重纪律，有这样一个小故事：小火车站的站长威廉是一个非常注重纪律的人。因为车站较小，所以作为站长，威廉要负责车站的所有工作，卖票、检票、打信号、甚至打扫卫生都是他亲力亲为。威廉平时严格遵守所有的制度，并竭力维护制度。在车站内，如果有谁胆敢破坏制度，谁就会被威廉当作敌人。威廉退休时，为了表彰威廉出色的工作成绩和他勤劳的工作态度，铁路部门给他一件礼物——一节报废的火车车厢，威廉将他放在自己家后院。一个下雨天，威廉的一位朋友去看望他，发现他十分狼狈的坐在那节车厢的外面在雨中吸烟。朋友不解地问他为什么不到车厢里吸烟，威廉沮丧地回答说：他们送给了我一节"NO　SMOKING"的车厢。

这个故事颇有一些英国式的幽默，却在一定程度上反映出英国文化对纪律的重视。在这个幽默的小故事中，威廉本来可以在车厢中安逸的吸烟，可是如果为了自己的舒适而违反纪律，那就是因私废公，是对纪律的不遵守，所以威廉选择在室外淋雨吸烟。

现在有许多人会在一定的时候选择倾向于个人情感，而不遵从纪律，因私废公，甚至会造成很严重的后果。三国时期的大将关羽，是个很注重个人感情的人。曹操曾经礼遇关羽，希望关羽能够为自己所用，但是关羽顾念和刘备的情谊，过五关斩六将离开了曹操。时光流逝，到了赤壁之战，曹操战败，一路逃亡，诸葛亮神机妙算，要在华容道埋伏兵马诛杀曹操，这时候关羽主动请战，考虑到关羽注重个人感情，并且曹操有恩于关羽，诸葛亮不主张关羽出战。但是关羽强行请战，并为此立下了军令状，保证诛杀曹操。但是华容道上，关羽念及旧情，不忍心下手，反而放走了曹操，最终曹操得以北归。

在华容道捉放曹的故事中，关羽可以说是因私废公的典型，他顾念旧情，不忍杀曹操，就是私的一面，而与诸葛亮立下的必杀曹操的军令状，就是树立的纪律，是公的一面。关羽因私废公，使得曹操在华容道得以生还，错失了消灭曹操的最佳时机，战争由此也转入了三足鼎立的局势。这就是不遵从纪律而放纵个人情感带来的不良后果。

我们在自己发展的道路上，一定要确立严明的纪律，并遵从于纪律的约束，进而做到不因私废公。

恩威并重树纪律

要慑服众人，就必须有一定的胆魄和权谋。芸芸众生，大家看起来都相差不多，但总会有出类拔萃之人。在一个群体中，总会自然而然地产生出一个领袖人物，也就是大家公认的头领。

赵匡胤的威信来源于严明的军纪。加入郭威的部队之后，赵匡胤更是凭着出众的武艺和过人的胆识在同僚中树立起威信。在高平之役中，赵匡胤的表现可圈可点。在周军败退，阵脚大乱之际，是赵匡胤挺身而出，力挽狂澜，有条不紊地指挥禁军侍卫，勇猛向前，挫败了敌军的锐气，也鼓舞了己方的士气，终使周军反败为胜。这一仗，赵匡胤打出了名声，得到了上至皇帝周世宗柴荣，下到一般卫队士兵的敬服，他的威

望在军中日渐提高。在随周世宗统一国家的过程中，赵匡胤披坚执锐，身先士卒，更加确立了他在禁军中无人比及的地位。治军应从严，只有把军队震慑住，让他们绝对服从指挥调度，这样的军队才有战斗力，打起仗来才能够无往而不胜。赵匡胤对军队中的将领和士兵，平时有什么奖赏，大部分分给将士们，自己仅取其中的一小部分，在将士中赢得了不贪财的美名。在战斗中，他却是绝不手软，对违抗军令、不服从指挥的将士严加处置。

在六合战役中，赵匡胤率2000人的部队驻守六合，而南唐部队有2万之众。经过顽强抵抗之后，南唐部队寡不敌众，被迫撤离而逃。面对战机，赵匡胤不顾已方兵少，断然决定追击溃逃之敌。但有的士兵认为，双方兵力悬殊，能把他们打退就已经不错了，追击起来，万一敌军顽强抵抗，或者反扑过来怎么办？所以，有一部分士兵在追击过程中畏缩不前，不敢向前冲。坐镇指挥的赵匡胤为鼓舞士气，亲自在后督阵，催促士兵勇猛向前。对那些怯懦怕战的将士，宋太祖在他们每个人所戴的竹笠上用剑砍下记号。战后，又毅然决定将这些人全部斩首示众，以儆军心。这样一来，整个后周的军队立刻传遍了此事，全军为之震动。以后，跟随赵匡胤行军打仗的队伍中再也没有类似的事情发生。

另外一员大将王全斌也是因为触犯军纪而受到严惩。大将王全斌英勇善战，随周世宗平定淮南，收复瓦桥关，后来又追随宋太祖赵匡胤南征北战，平定李筠叛乱，又率军伐后蜀取得大捷，可以说为宋太祖统一天下立下了赫赫战功。但是，他的骨子里仍然是五代以来将领贪暴不羁的性情。在平定后蜀时，他违背了太祖事先立下的军法，即"不得焚荡庐舍，殴掠吏民，开挖丘坟，剪伐桑柘，滥杀无辜"，而是日夜宴饮，不理军务，还纵容部下随意掠夺女子和财物。此外，王全斌擅自开启国库，敛民财物，专门杀戮降兵，致使后蜀百姓官员心怀怨恨，反抗者此起彼伏，浪费了国家大量的人力和财力。对王全斌这样既有战功又是亲信心腹的人，宋太祖为了严明法纪，还是给了他严厉的惩罚，将王全斌革职查办，永不录用。

对待"将在外，君命有所不受"的外征将领，宋太祖以威治人，防微杜渐。

在征讨江南时，太祖命曹彬为主将，潘美为副将。出发之前，宋太祖赐宴于讲武殿。酒过三巡，曹彬等人起身跪拜于榻前，请求面授机宜。曹彬表示自己能力有限，可能无法完成任务。但身为副帅的潘美，却极力表示自己对征江南的信心及意见。于是太祖正色对曹彬说："所谓大将者，在于能斩出位犯分之副将而已。"太祖从怀中取出一封折叠好的书信交给曹彬，说："如何处置军务，尽在其间。从潘美以下有罪之人，只要打开文书，就可径自斩之，不需上奏禀告。"站在一旁的潘美等人大惊失色，不敢仰视。在征讨过程中，众将士严格遵守军纪军规，没有一人违法犯罪。

大军凯旋之后，太祖又在讲武殿设宴为他们接风。酒过三巡，曹彬、潘美二人起身跪于榻前，禀告说："我们幸好没有违犯军法，没有袭掠百姓的事情发生，临行前您交给的文书，现在可以还给您了。"太祖接过文书后，慢慢拆开，将其中的信纸拿给众人看，众人不由面面相觑。原来，这只是一张白纸，没有任何字迹。

所以，史书记载说，宋太祖英明妙算、机巧威权至如此，实凡俗辈难料。太祖这样做的真正意图是为了警诫诸将士，申明法令，不使江南丧失民心，而且在将帅之中树立威权。众将士一直奉此事为太祖用术的经典，对太祖佩服得五体投地，无不折服听命于他。

宋太祖治军严厉有法，因而使军中无骄将悍卒。因此也使宋军在统一战争中屡战屡胜，很快就消灭了大多数的割据势力，实现了统一大业。宋太祖不仅厉行军法、执法如山，而且不徇私情。

古人有大义灭亲的忠臣，宋太祖也能大义灭亲。乾德三年（公元965年），宋太祖的内弟、国舅王继勋指挥的禁军雄武军，因为主官领导无方而导致军纪松懈，竟在大街上掠人子女，京城里巷为之不安。宋太祖闻讯大惊，将肇事者全部捕获，又将百余名参与者连同肇事者悉数斩杀，连小黄门阎承翰也因为见而不奏被决杖数十。直接长官王继勋虽然由于孝明皇后的关系，又因没参与违纪的事而未被追究责任，但在次年六月却因恃恩骄恣、多办违法之事而被部曲告发。经查实后，宋太祖立即把他的军职革除。

被免职后，王继勋闷闷不乐以致心理变态，便拿家中的奴婢发泄怨气，将奴婢身上的肉割下来切碎为乐，前后被伤害者很多，而外人不得知。一日下大雨，王继勋家的围墙倒塌，被他伤害的奴婢一起逃奔到国门诉冤。宋太祖这才了解了王继勋所做的坏事，立即将他的一切官职全部免去，又将他软禁在私宅，后又定罪流放登州，继而斩杀。

王继勋是王皇后的亲兄弟，皇后母仪天下，他便是国舅。他若能老老实实地做人，决不会失去富贵，可他却依仗地位的尊贵，不好好做官，对属下不加约束，恣生邪僻，违乱法纪。他自己也恃恩骄恣，多为不法，以脔割奴婢为乐，伤害苍生。《诗经》上说："人而无耻，不死何俟？"荒淫无耻，不守法制，诛之事小，万人唾骂事大。

宋太祖不仅以执法如山、惩治奸邪、镇压暴虐之徒标榜于天下，而且以身作则，身为皇帝而处事质朴自然，不藏邪僻，不徇私情。既不惜爵赏，也不吝执法。软硬结合，刚柔相济，宋朝之初社会风气之澄明，由此可见其成因。

借用自己和身边的亲信来立威，大概是最简单而又最有效的捷径了，因为大家从中感受到了公平和公正。曹操割发代罪，诸葛亮挥泪斩马谡，都是极有说服力的范例。这样的举动，虽然对自己的心理造成一定的损伤，但其收效却事半功倍，不仅树立了自己的威信，而且鼓舞了士气，起到了良好的宣传作用。

对待原来各割据小国的君主，宋太祖也是很好地贯彻了恩威并施、以恩取胜的策略。

平定后蜀后，宋朝的疆域急剧扩大，与建都于广州的南汉政权相接壤。在当时各个割据政权中，南汉统治者最为昏庸残暴，其奢侈残忍令人发指，使国中臣民人人自危。南汉主刘𬬮在位时，整日在后宫淫乱，将政事全部委托给宦官和宫女，宫中仅宦官就多达7000余人。他还认为，大臣有家室，便不能对国主竭忠尽智，于是强迫朝中有才能的官员全部自宫，然后才可以做官。此外，刘𬬮还仿效商纣王，在宫廷中设立烧煮、剥剔、刀山、剑树等酷刑，或者强迫犯人与虎豹等猛兽决斗，从中取乐。在他的统治下，全国上下怨声一片，人民生活得极为痛苦。宋太祖听说后，惊骇至极，决定救此一方之民于水火之中。当宋军还在筹划之时，刘𬬮自动送给宋太祖一个征讨的口实。当时宋汉接界，南汉军为了抢掠，经常骚扰宋境，烧杀抢劫，无恶不作。宋军完全准备齐全之后，便开始了名正言顺的自卫反击战，一鼓作气，将刘𬬮俘获。

南汉主刘𬬮降宋后，被封为恩赦侯。一天，刘𬬮随宋太祖到讲武池，太祖赐刘𬬮一大杯酒。这一举动宋太祖虽是无意，却把刘𬬮吓得魂飞魄散，以为性命休矣。原来，刘𬬮在南汉时经常用鸩酒毒害臣下，此时他以为太祖赐给他的也是一杯鸩酒，所以泣不成声，跪地求饶说："臣承袭祖父基业，违抗朝廷，有劳王师前来征讨，本来罪重当斩。陛下既然赦臣之罪而不斩，但愿做一个普通百姓，有机会能看到大宋的太平盛世，实在不敢饮此酒。"宋太祖听到侍从的解释后，抚须大笑，上前搀起刘𬬮，说道："我与你推赤心于腹中，哪里有想毒死你的意思？"于是命人取过刘鋹的酒一饮而尽，又另赐给刘鋹一杯酒。刘鋹感到十分惭愧，无地自容。

在平定江南时，宋太祖以南唐后主李煜托词有病而不到开封觐见之名，命大将曹彬率10万大军伐唐。后主李煜虽然在文学方面卓有建树，号称"词中之帝"，但对于治国和统军却知之甚少。战前便自乱阵脚，多次在部下中散布悲观情绪："宋军强劲，谁能敌之！"而宋太祖为了一举灭掉南唐，战前做了充分的物资和心理准备，他一方面周密部署部队，一方面又告诫统帅曹彬："平定江南之事，全靠你了。切记要严明军纪，用恩信争取民众，不要滥杀无辜，不要抢掠民财；并应尽可能地迫使南唐投降，不要逞一时的匹夫之勇而攻城陷阵，避免无谓的伤亡。如果迫不得已而攻城，破城之后也不要加害李煜及其家属。"这一番话，虽然主要意图是巩固胜利成果，以便尽快恢复南唐的安定，但也不难看出，宋太祖对后主李煜及其家属，甚至南唐百姓还是比较仁义的。

统一基本实现之后，对各地政权统治者的安抚工作就摆在宋太祖的面前。要想安定各地民心，稳定形势，除了要在各地废除苛捐杂税，取消以前的暴政外，对各地的统治者也要妥善安置。在这一方面是，宋太祖毫不吝惜官位和金钱，他隆恩广布。

后蜀主孟昶被封为检校太师兼中书令、秦国公；南汉主刘鋹被封为检校太保、右千牛大将军、恩赦侯；南唐后主李煜被授予检校太傅、右千牛卫上将军、违命侯。其家属也都得到厚赏和封赐。这些本来担心受斩的降王，看到太祖如此厚待，非常感激太祖的仁厚。在讨伐北汉之前的一次宫廷宴会上，刘鋹高兴地向宋太祖进言："现在皇上的恩泽遍布天下，天下的伪主今天都在此，只是缺少北汉的刘继元。刘继元迟早也会来的。等到天下的伪主都聚齐的时候，请皇上按照先来后到的顺序，在降王中封我一个降头。"这话虽然是嬉笑之言，但也可以从中看出宋太祖仁政怀柔之下，降王们尽皆心悦臣服之态。

宋太祖对这些降王，可以说仁至义尽，不要说把他们杀死或处罪，连责骂也很少听见。宋太祖之所以这样做，目的是让他们感受大宋王朝的皇恩浩荡，借以晓谕新征服地区的官员和百姓，使他们认为宋太祖是一个仁义的贤君圣主，以此使百姓和官员能够很好遵守国家的法令，本本分分地做人，以维护大宋王朝的基业。

宋太祖虽给这些小国的君主封公赐侯，但不难看出，在其所赏赐的封号中，有威权的意思。刘鋹被封为恩赦侯，其意很明显，刘鋹本来是罪犯之身，理应受到重罚，但考虑到安抚南汉民心，所以才封他为侯，其中的"恩赦"二字，便是宋太祖对他以往罪行的宽大。南唐后主李煜投降之后，被封为违命侯。这其中的意思更加明显，意即李煜胆敢违抗圣命，对抗天朝的统一大业，实乃违抗天命，应当重罚。虽然出于与对待刘鋹同样的目的，但对李煜却是比较严厉，故封其为违命侯，使其时常牢记自己的违命之举。

我们可以从宋太祖的事迹中发现，采用仁政和恩义要远比采用暴力和滥杀更有益于国家的稳定。秦始皇统一六国时，对六国君主杀的杀，贬的贬，造成国内怨声一片，各地的亡国之君迫于无奈，纷纷豢养死士，准备刺杀秦王。像荆轲刺秦，图穷匕见的故事，已从民间传说中被搬上了戏剧舞台。恩惠与威慑一样，都是笼络人心的一种手段，只不过方法不同而已。一把无坚不摧的绝世利刃，虽可以削金断铁，无往而不胜，但它在绵绵的流水面前，却也无可奈何。它的锐利，挡不住涓涓的细流。而一段木头，一堆泥土，却可以阻挡流水的速度，改变流水的方向。治理国家也是如此，一味用强硬手段，只能使人们在内心产生一种畏惧心理，并不能使人们心服口服。而重用恩典，再辅以威严，才可以使人们心口俱服。

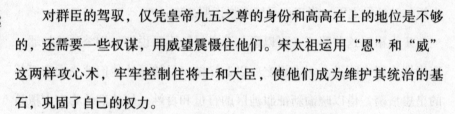

对群臣的驾驭，仅凭皇帝九五之尊的身份和高高在上的地位是不够的，还需要一些权谋，用威望震慑住他们。宋太祖运用"恩"和"威"这两样攻心术，牢牢控制住将士和大臣，使他们成为维护其统治的基石，巩固了自己的权力。

领导的威严虽然重要，但是威严过度则会对下属由疏忽导致的错误绝不姑息纵容，绝不允许下属讨价还价，结果成了独断专权，让下属对自己产生敬畏之心，这样的威严会使自己失去了人情味，结果得不偿失。

一个寒冷的冬夜，在纽约的一条有点冷清的道路上，已经没有了行驶的车辆。但在这个时候，一位衣着考究的人从街中心的地下管道中钻了出来。路旁一位行人觉得十分奇怪，便走上前去问原因，当他走近时，一看便愣住了，钻出来的不是别人，正是大名鼎鼎的、美国电话巨头、密歇根贝尔电话公司的总经理福拉多！

原来，福拉多公司的两位工人正在地下管道内紧急施工，他是特意去地下管道内慰问他们的。

福拉多是个严肃的人，但是他却不忘"人情味"。也正是因为这一点，所以他才与他的同事、下属、顾客甚至是竞争对手都保持着良好的关系，被人称为"十万人的好友"，从而这位富有人情味的企业巨子，事业如日中天。

可见，威严之后的人情味在和他人相处中的重要性。

当然，恶言相向，破口大骂，整日拉着脸并不等于威严。威严主要是指工作时对待下属必须令出法随，说一不二。对下属由疏忽导致的错，指出后即令其纠正，威严是领导人的一种独特的气质。

我国古代著名的军事家孙武就是一个威严却不缺人情味的人。当年他曾劝说吴王"男兵不足，可征用女兵"。吴王来了兴头，便把150名宫女全部交给孙武训练，还叫他的两名爱妃当队长。

孙武军训最重军纪。孙武宣布三条军纪后，要求吴王派出两位军法官，严格按军纪执法。吴王答应了。

这150名宫女，平时只会涂脂抹粉，歌舞升平。如今，飘然的衣裙变成了笔挺的军装，酥胸细腰变为挺胸立腰，很不适应。一到校场，她们三五一群，说说笑笑，嬉嬉闹闹，压根儿没把军纪当一回事。特别是吴王的两个爱妃，虽然充当队长，也从不将孙武放在眼里。孙武在连发三次命令仍不见整肃后，下令军法官把两位带头违纪的"爱妃队长"依法处斩，并在宫女中重新挑选任命两名队长。没过多久，竟然训练出了一支很像样的女兵队伍。

孙武训练宫廷女兵，主要是为了示范：一方面练给吴王看，一方面激励国人居安思危，从武立国。果然没过多久，孙武便奉吴王之命率军打败了楚国，声威大震。

孙武练女兵还说明以下几个道理：

一、世上万事的成功，关键在于认真的培养和严格的训练，即"只要功夫深，铁杵也可磨成针"。我们要办成什么事，都应当有明确的目

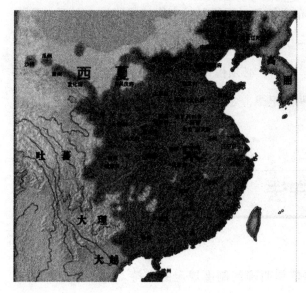

北宋时期疆域图

标和远大的志向，还要有认真刻苦的磨砺精神和磨砺过程。如果遇事老是畏缩不前，不图奋进，莫说兵中女流，就是丈二金刚，也必将是无所作为的。

二、作为领导，要管理下属，就必须在威严的同时赋予人情味。恩威并重是上司有效管理下属，赢得下属心悦诚服的重要途径。

所谓恩，即亲切的话语及优厚的待遇，特别是话语。记得下属的名字，每天早上打招呼时，如若能亲切地叫出下属的名字并加上一个赏识的微笑与信赖的眼神，这名下属当天的工作效率会大大提高，他会感到，上司知道我，我得好好干！另外，还要关心他们的日常生活，聆听他们的心声。特别是要为他们解决后顾之忧，比如户口、住房、子女上学、养老保险等忧虑。

所谓威，就是一定要有严格的命令与严厉的批评。一定要令出行随，不可为了维护自己谦和的形象而不对其错误给予严厉批评与斥责。上司的威严必须要拿出来，让下属知道你的决策是正确的，必须不折不扣地执行。

对下属交代工作、布置任务时更要显示出你的威严。一方面，要敢于放手让下属去做；另一方面，交代任务时，要求要明确，比如什么时间完成，达到什么标准。之后，必须检查任务的完成情况。

恩威并重，树立严明的纪律，才能管理好下属，发挥他们的潜能。

遵纪守法　树立法制观念

纪律的保证，需要依靠明确的制度规定的支持。为了保证严明的纪律，就要建立明确的制度，做到有法可依、有法必依。封建统治者历来推崇以武得天下，以文治天下，而且他们都认识到得天下易而治天下难，所以文人是最具先进性的社会力量之一。文化需要文人来传播，礼仪需要文人来制定，科技需要文人来发明，可见文人对社会和国家的重要程度。在"知识就是力量，知识就是财富"还没有被提出的古代，许多圣哲就早已悟出了这个道理，因为所有的律法都是由文人制定并执行的。

中国有史以来就非常重视刑律。《诗经》有句："仪式刑文王之典，日靖四方。"由于刑法之不可少，宋太祖修订了《宋刑法》，以靖民众。"靖"是"安"的意思。他下诏说："纲欲自密而疏，文务从微而显。"所谓纲，即纲要，总纲大要也；所谓密，缜密也；所谓疏，义理通明也，宋太祖要求作法典要缜密细致，义理通明。所谓微，精妙也；所谓显，通达也，又要求作法典的文辞内容要精妙通达。

按照宋太祖这一修订法典的原则，翰林学士窦仪等在不到一年的时间内修订成《宋刑法》，并编成《新编敕》四卷，分二百十三门，共三十卷，首列律条、律疏，以下按顺序分列敕、令、格、式。其中的敕、令、格、式则是前代法律条文中没有，成为一部有独创性的新型法典。

窦仪等人经过不懈努力，《宋刑法》很快修订成书，宋太祖十分高兴，知道在修订法典上选对了人。当时，宋太祖欲作法典，寻觅适当人选，遂与宰相范质商量。范质推荐了窦仪。窦仪是后晋时的进士，素有学名，清介重厚，不畏权势，精通法典，文辞优美。当宋太祖知道他在端明殿当学士时，特令窦仪再回翰林院出任学士，并对范质说："非斯人不可处禁中，卿当谕以朕意，勉令就职。"窦仪出任翰林学士后，奉命修订法典，进表奏太祖，明确指出编纂这部法典的主要目的，是要使普天之下共同遵行，使国有常科，吏无敢侮。听他这样说，宋太祖更加

赞赏，这一说法正与宋太祖的想法一致。因为宋太祖能够认识到，中国历来是礼不下庶人，刑不上大夫，既然民为邦国之本，就要尊重国民，因而制定新的法典就要体现出民为邦本的思想，不能只针对老百姓，而是各层人士都得遵行，官吏们既有驭民之责，也就更要有模范守法的义务和责任。

建隆四年（公元963年）七月，《宋刑法》连同新《编敕》四卷一同刊板摹印，颁行天下。这部带有民本思想的法典在全国立即生效，官民一体，都要遵行，无分阶级，从此结束了长期以来混乱的司法历史。

有法可依，有法必行，这就是法治。《宋刑法》的颁用，对于宋朝各地司法机关依法办案，规范司法程序，实行统一法律，防止司法官员徇私枉法起到了重要作用。充分显示着宋太祖以法治国的思想和具体内容。

在封建皇帝的统治下，封建社会也可以有法治国家。遵行法制，以法办事，这就是法治国家的标志。与以往崇尚法治的秦、汉等朝不同的是，宋朝的法治具有了更多的民本性和公理性，也不再具有更为严酷的刑罚，这正是宋太祖引为欣慰的。

为此，他意识到抓紧进行普法宣传的现实性，诏令全国各地认真贯彻《宋刑法》，以使官吏和民众共同树立法制观念。

开宝二年（公元969年）四月，有关人员就四川地区存在的执法不严情况，向宋太祖提出建议，称："朝廷自削平川、峡，即颁《宋刑法》、《编敕》于管内诸州，具载建隆三年三月丁卯诏书（指关于诸州处决死刑犯，须录案奏闻，报刑部详复的命令）及结状条样。而州吏弛怠，靡或遵守，所决重罪，只作单状，至季未来上。状内但言为某事处斩或徒、流讫，皆不录罪款及夫所用之条，其犯者亦不分首从，非恶逆以上而用斩刑。此盖兵兴以来，因寇盗之未静，率从权制，以警无良。

分即谧宁，岂可弗革？望严敕川、峡诸州，遵奉公宪，敢弗从者，令有司纠举。"

这篇报告充分表达出地方官员对新颁刑法的熟悉程度及其对新占领地方进行法治的需求。地方官员对《宋刑法》既已颁布，而州吏弛怠，靡或遵守的现象表示气愤。认为既有法典，就应率从权制，以警无良，并要求朝廷严敕遵法，有不遵法守法者，要求有司纠举。

由此可见，《宋刑法》在全国颁布影响是非常大的，也可以看出地方官吏已经有了很强的法制观念和积极要求以法治国的愿望。朝廷既已颁行了统一的法典，各地完全可以做到有法可依，而新占领地区也应该和其他地区一样普法执法，官吏的这种要求充分表明，此法是可行的，宋朝原属地的官吏有着执行新刑法的自觉性，说明宋朝的法制通过《宋刑法》已经得到完善，人民对以法治国的政策也已经认可。

一部《宋刑法》产生了深远的影响，后世的人们也对宋朝的法制给予了很高的赞誉。文学上有反映宋朝以法治国内容的作品，戏剧和说唱艺术上反映宋朝法制的作品也每每所闻，"包公"认法不认权的形象至今为人民所传颂。所以说，在中国封建社会中的朝代里，宋朝算得上是一个做得比较好的封建性质的法制国家。宋太祖在封建社会诸多帝王中，也算得上是一个崇尚法制的皇帝。

宋太祖以法治国，并不只是作一部法典就算了事，他不但注意法典在国家的贯彻执行，而且认真挑选执行和掌握法典的人，从而达到以法治国的目的。宋初，由于刚从五代发展沿袭而来，必然法制不健全，司法活动仍是实行军事干预。譬如在京城开封设左右军巡院，在诸州设立州司马步院，以此来进行司法工作，管理监狱，军中都虞侯担任审判官。在地方和京城里，州府军队管理的监狱为了防止犯人逃跑，在监狱之外又另修了一道子城加以环卫，司法者则不经一定的程序，动不动就

第六章 赵匡胤对你说纪津

241

关押人犯。

宋太祖对军队干预司法的事是了解的，因为他在后周军中也曾经干预过司法。在攻下南唐所属的滁州之后，如果不是赵普反对简单地照搬法律，建议他对军方捕获的一百多个所谓的盗贼先审讯，然后再判决，他也差一点会冤枉七十多名并非盗贼的无辜者。正因为认识到了军队干预司法的弊端和严用刑罚，所以他即位之后，曾下令禁止各地州府在监狱之外再另外加修子城。

据《史记·夏本记》所记："皋陶曰：'日宣三德，早夜翊明有家。目严振敬六德，亮采有国。翕受普施，九德咸事，俊贤在官，百吏肃谨。毋教邪淫奇媒。非其人居其官，是谓乱天事。'"皋陶很明确地表示，法制需"俊贤在官"，不能"非其人居其官"，指出那样就会乱了法制上的事。

开宝六年（公元973年）六月，宋太祖首先将京城左右军巡院的典狱官换成了非军人的文官，任命前馆陶县令李萼为光禄寺丞兼左军巡检，任命安丰县令赵中衡为太府寺丞兼右军巡检，取代了典狱的牙将。同年七月，他又进一步废止各州的州司马步院，改名为司寇院，同时将马步军都虞侯判官改名为司寇参军。对这些较为职位高级的掌刑狱的官员，他都以新及第的进士、九经（以《易经》、《尚书》、《诗经》、《春秋》、《左传》、《礼记》、《周礼》，《孝经》、《论语》、《孟子》这九种经书立学所考出的官）、五经（以《诗》、《书》、《礼》、《易》、《春秋》这五种经书立学所考出的官）及选人资序相当者来充任。

宋太祖任用有文化，有知识的人担任地方司法官员，对于贯彻执行法律自然是很有利的。正可谓"济济多士，秉文之德"。文人们过目即懂，对法制内容容易掌握，也能很快接受法制教育，能够准确地利用法律条文去处理案件，对于严格执法和依法办事都有积极作用。

宋太祖出于对军人干政、干法的体验和认识，也立志要以法治国，而要达到这一目标，就必须在官吏以及全社会贯彻和树立法制观念，用现在的话说就是普法教育。因此，他大力提倡读书人学法，以通吏道。为了培养和选拔法律人才，他特地设置了律学博士之职，教授法律，在中国历史上首创法学。又在科举考试中设置了刑法试，既以宋朝法典《宋刑法》中的内容为考试题，奏补人愿试刑法者，兼治（学习）两小经（《编敕》及涉及各个方面的法规），如中选，即入大理评事，或任刑司检法官，可逐渐升至刑部尚书。

刑法试的设立，为立志于司法工作的读书人开辟了一条进入最高司法机关的途径，同时也使宋朝的法典在文人中得到广泛普及，这都是史无前例的。

还在建隆三年（公元962年）八月的时候，知制诰高锡建议说："对注授法官及职官，问书法十条以代试判。"就是对委任司法职务的官员，要以十条法律知识来进行考试，对不知法律的人不宜授予司法之职。宋太祖采纳了这一建议。为了真正实现以法治国，后来他又把这条建议列入考核官员政绩范围，要求为吏者必须明白法令。

正如皋陶所谓"俊贤在官，目吏肃谨"，宋太祖重视对俊贤的发现，十分留意有司法才干的官员，努力做到人尽其才。此外他还留意听地方官吏的断案，对民间的案情含冤者予以怜恤。因此对司法官御史、大理的任职选用十分小心，决不轻易用人。他曾在任命殿中侍御史冯炳为侍御史知杂、判御史台事之后，特意召见冯炳，嘱咐说："朕每读《汉书》，见张释之、于定国治狱，天下无冤民，此所望于汝也。"

《汉书》中所记的张释之是汉朝文帝时人，任廷尉（掌刑狱，为九卿之一）。一日，汉文帝行出中渭桥，因有一人从桥下走过，使文帝的马受惊。于是侍卫将这个人捕获送了廷尉那里。张释之怕加枉此人，当即奏道："这人论法当罚金。"汉文帝大怒，欲重罚。张释之说："法者，天下公共也，今法如是也，更重之，是法不信于民也。"文帝听了，悟到了道理而息怒称是。当时有个叫于定国的人，是汉朝宣帝时的廷尉，他决狱审慎，有疑者皆从轻处理，被人称赞为宽平的执法者，当时不少人都称赞他能够决疑平法。在这里，宋太祖以汉时的张释之、于定国为执法的榜样来教育官吏，可见以法治国心之深重。正缘于此，宋朝时形成了重法的社会风气，为中国封建专制社会的一个奇迹。

在古代社会，文人是社会上最活跃的一支力量，他们的思想能够影响一个国家的意识形态和观念。同时，作为学识渊博的人，他们不仅懂得治国之策。为国家的建设和发展提供有力的参考，而且他们了解人民的心理，能够很好地承担起教育和感化人民，维护统治的重任。文人的这种性格，使得他们在法制不健全的封建社会中的作用尤为重要。

我们说到的有法可依，并不仅仅限制于法律，其实可以推广到各种规章制度，确定明确的规章制度，也是为了给纪律提供明确而有力的制度保障。

因为我们缺少明确的相关规章条文性的制度保障，使得纪律在我们的意识中不够明确，进而造成了对纪律的重视性不够。

举例来说，我们社会中延续千年、屡禁不绝的腐败现象，历史上从古至今对腐败惩治从来没有间断，但是腐败现象却一直没有灭绝，而且只要有适合的土壤，就会迅速地生根发芽，蔓延开来。腐败现象引人注目，究其原因，在一些社会学家看来，这是因为执掌权力的人（官员）道德水平的下降所致。但是，如果我们透过现象，进入本质中寻找根源，我们会发现，其本质还是因为我们的纪律及我们确立的制度、法律中存在着问题。一个社会存在的腐败问题，不仅是社会道德的下降，更多的是这个社会没有有效的制度来约束腐败，即"无法可依"或者"有法不依”，这就造成了对纪律的破坏和践踏。

曾有一位经济学家做出了一个幽默的比喻："你要放一个妖艳的女子在我的卧室，又要我对她没有非分之想是不可能的；要我对她没有非分之想的最好办法就是，让她离开我的卧室。"这就是要确立一种明确的"法"：即不允许这样的女子进入自己的卧室，这样就可以明确纪律，达到最有效的约束力。同样的道理，我们可以想象一下，在一种制度缺失、无法可依、有法不行的纪律氛围内，要掌握权力的人群仅仅依靠保持自己的操守，是多么困难！如果有一套制度安排，明确了纪律的范围，并且确定了违背纪律会受到惩罚，并且对违背纪律的人，切实地施以应有的惩罚，如果长期坚持下去，就会形成约束力，使得他们根本没有腐败的想法，那么对于腐败会从根源上遏止，治理起来也会相对简单一些。

因此，我们要想确立明确的纪律，就要把纪律作为"法"来进行保障，并且，对这个"法"要严格执行，只有这样才能保障团队纪律的严明。所以，要想保证一个团队中有效的执行力，就要建立明确的规章制度，以保证纪律的落实，做到有法可依，有法必行。

第六章 赵匡胤对你说纪律